DIE ZEIT

Erzählte Wissenschaft

Friedrich Christian Delius

Die Frau, für die ich den Computer erfand

Roman

Mit einem Nachwort
der ZEIT-Redaktion

Zeitverlag Gerd Bucerius GmbH & Co. KG

Lizenzausgabe des Zeitverlag Gerd Bucerius GmbH & Co. KG, Hamburg,
für die ZEIT Edition »Erzählte Wissenschaft«, 2011
Herausgeber: Andreas Sentker

Umschlaggestaltung: hißmann, heilmann, hamburg
Satz und Repro: Buch-Werkstatt GmbH, Bad Aibling
Druck und Bindung: GGP Media GmbH, Pößneck

Printed in Germany

ISBN: 978-3-938899-61-8

Bildnachweis Einband: Arcangel/plainpicture

Inhalt

»Was ihr nicht rechnet, glaubt ihr, sei nicht wahr«
(Mephisto in Goethes *Faust zweiter Teil*)

An einem heißen Julitag 1994 entdeckte ich auf der Terrasse des Gasthauses »Burg Hauneck«, auf einer abgelegenen Höhe des hessischen Berglands, den alten Herrn, den ich seit Jahren zu sprechen suchte. Obwohl wir verabredet waren, glaubte ich im ersten Moment an eine Erscheinung: so weiß leuchtete sein Haar im Spätnachmittagslicht. Ich trat näher, schaltete das Aufnahmegerät ein, begrüßte ihn und fand später folgende Sätze auf sieben Tonbändern gespeichert:

(Zwischen Oberstoppel und Unterstoppel)

Ja, der bin ich. Aber sprechen Sie meinen Namen nicht so ehrfürchtig aus, junger Mann! Ich bin hier in Zivil, und Sie hoffentlich auch … Setzen Sie sich! Nein, neben mich, damit Sie was von der Landschaft haben. Außerdem hör ich besser auf dem linken Ohr. Ich hab Ihnen ja gesagt, Sie werden mich auf Anhieb finden, so viele Doppelgänger hab ich nicht, jedenfalls nicht auf der Höhe zwischen Oberstoppel und Unterstoppel … Ganz meinerseits. Ich freue mich, Sie wiederzusehen. Bitte, nehmen Sie Ihr Gerät aus der Tasche, legen Sie es auf den Tisch, ich hab keine Angst vor diesen Maschinchen … Dafür sind wir ja noch gut, wir Alten, dass wir die Mikrofone füttern, die unersättlichen Raubtiere … Sie haben auch so ein winziges. Früher die großen fand ich viel schnittiger, da kam man sich gleich irgendwie bedeutend vor … Sie haben Ihr Zimmer bezogen? Alles in Ordnung? … Ja, es ist einfach, aber solide, ich mag diese einfachen Landgasthöfe. Das Schwimmbad im Keller hätten sie sich sparen können meinetwegen, Schwimmen auf dem Stoppelsberg, das passt irgendwie nicht, oder? … Haben Sie die Hitze gut überstanden? … Ich hab uns den Ecktisch reservieren lassen, mein Stammplatz, bin oft hier oben. Ist doch schön, der weite Blick in die Rhön hinein, auf die spitzen Berge, direkt auf das Hessische Kegelspiel … Sehr gut, ich sehe, Sie haben keine Frage im Gesicht, was das nun wieder sein soll, das Hessische Kegelspiel. Schon die Hessen aus Frankfurt oder Wiesbaden, keine Ahnung haben sie von den Schönheiten der Vorderrhön, von diesen Basaltkuppen, den eleganten Basaltkuppen, erloschne Vulkane, einer neben dem andern. Fast so anmutig wie die Hügel in der Toskana, finden Sie nicht? … Ich weiß, das hab ich nicht vergessen … Trotzdem, ich gratuliere, der Test mit dem Kegelspiel ist bestanden. Heimatkunde, das ist immer ein Pluspunkt bei mir. Auch das glaubt mir keiner … Aber nicht dass Sie denken, ich hätte Sie nur deswegen hierher auf den Stoppelsberg eingeladen, weil Sie die Gegend kennen … Das werd ich Ihnen noch verraten, später, weshalb Sie heute neben mir sitzen und kein anderer … Verschnaufen Sie erst mal, wir haben den ganzen Abend und die ganze Nacht, wenn Sie durchhalten. Haben Sie schon gemerkt, ich hab uns extra eine Vollmondnacht ausgesucht ... Weil ich da sowieso nicht schlafen kann. Wie geht es Ihnen damit? ... Nach dem heißen Tag serviert man uns eine laue Sommernacht, falls die Vorhersage stimmt. Mal sehn, ob wir Glück haben mit dem Mond und den Wolken, es sieht ja ganz gut aus ...

(Der Festakt)

Aber ich warne Sie, heute bin ich bester Laune ... Vorgestern erst hab ich abgesagt in Braunschweig und meine Tochter hingeschickt. Ja, vorgestern erst, aus Gesundheitsgründen, so kurzfristig kann man nur mit Gesundheitsgründen absagen bei solchen Festivitäten ... Ich geb es zu, als wir uns vor drei Wochen verabredet haben, da hatte ich die Absage schon im Hinterkopf. Ich wollte den Vollmond nicht verstreichen lassen. Ich wollte den Termin mit Ihnen und nicht mit Braunschweig. Aber bilden Sie sich bloß nichts darauf ein! Das ist mein Vergnügen und nicht Ihr Verdienst! Und jetzt sitz ich hier in der freien Natur und nicht im getäfelten Saal in der ersten Reihe, und hier schwirren keine Fotografen rum, die mich zum Grinsen nötigen. Und jetzt, in diesen Minuten, kurz nach sechs, fängt der Festakt an. Es ist wie Schuleschwänzen, nur viel schöner. Weil sie mich nicht mehr bestrafen können. Im Gegenteil, sie können sowieso nur das Beste über mich erzählen, Oberbürgermeister, Minister, Präsidenten, Professoren ... Es ist der vierzehnte Ehrendoktor, ich hab extra noch mal nachgezählt ... Ja, für mich auch, und die Karte bitte, Kathi ... Und jetzt gleich, nach der Musik, Mozart passt immer, ein Flügel passt immer noch in die Ecke, spricht der Oberbürgermeister. Wissen Sie, das Händeschütteln, die Blitzlichter, das Lächeln, die Konversation über das Wetter und den neusten Streich von Bill Gates, und dann Mozart, das ginge ja noch, wenn nicht die Reden wären, die immer gleichen Reden, die immer gleichen Sätze. Glauben Sie mir, ich kenne die Oberbürgermeistersätze, ich kenne sie alle auswendig, die Ministersätze, die Professorensätze. Das ganze Arsenal der Lobreden, die auf mich abgefeuert werden und die mir gleichgültig geworden sind und gegen die ich mich nicht mehr wehren will und nicht mehr wehren kann – außer mit einer Absage aus Gesundheitsgründen zwei Tage vorher. Und das Schlimmste, nein, das Komischste ist eigentlich, dass ich meine eigenen Reden nicht mehr hören kann oder nicht mehr hören will. Ich kann nichts Neues mehr sagen, in dem Rahmen nicht, wo alles so künstlich und feierlich und weihevoll ist, bei einem Festakt kann ich nichts Neues mehr sagen, obwohl ich noch einiges zu sagen habe oder zu sagen hätte, was ich noch nie gesagt habe ... Nein, aber darum hab ich Ihrer Drängelei nachgegeben, deshalb hab ich Sie erhört, sozusagen, Ihre Anfrage wegen eines ausführlichen Interviews, eines langen Gesprächs. Erhört, das klingt anzüglich, oder? ... Sei's drum, redigieren Sie das weg, meinetwegen. Streichen Sie, was Sie wollen ... Hauptsache, Sie kapieren, dass ich endlich mal, wie soll ich sagen, anders reden will. Keine Frackrede, keine Krawattenrede, sondern eher im Arbeitskittel, verstehen Sie? Ich will wenigstens den Versuch machen ... Nein! Bloß nicht schreiben! Nie wieder! Einmal Memoiren, das ist Strafarbeit genug. Was das an Kraft kostet, sag ich Ihnen, nie wieder. Da nimmt man Rücksicht, da lässt man so viel weg, da mogelt man sich durch, da stellt man sich, ob man will oder nicht, aufs Podest, wo man vielleicht objektiv hingehört, aber das ist einem trotzdem peinlich, und dann untertreibt man wieder, was auch falsch ist, es ist eine höllische Arbeit. Nein, ich traue den Autobiografien nicht, nicht mal meiner eigenen. Da nehm ich mir doch lieber vor, eine ganze Nacht vor einem Rekorder zu sitzen, sieben, acht, zehn, zwölf Stunden reden und sich ausfragen lassen. Was ist das schon gegen wochenlanges, monatelanges, jahrelanges Schreiben und Verwerfen und Verbessern und Verschlechtern, nie wieder freiwillig so eine Tortur. Einen ganzen Abend und eine ganze Nacht, das ist doch menschlich, finden Sie nicht? Menschlicher als die eigenen Erinnerungen geradezubiegen und auf Zeilen zu quetschen. Lieber Schwung holen und in einem großen Bogen festhalten, was ich vielleicht noch zu sagen oder zu ergänzen habe. Ich werd versuchen, mich nicht allzu oft zu wiederholen, das ist versprochen. Aber den großen Bogen, den inneren Bogen, die Gefühle ... Genau: laut denken, ohne Rücksicht, ohne allzu viel Rücksicht. Das bin ich mir und meinem Alter noch schuldig. Und vor allen Dingen einer Frau bin ich das schuldig. Der Frau, die keiner kennt. Der Frau, für die ich den Computer erfunden habe ... Nein, dazu später, haben Sie Geduld ... Dafür brauch ich Sie, hab ich beschlossen, ganz einfach. Ich brauch Ihr

Mikrofon auf dem Tisch und nicht die Braunschweiger Mikrofone auf einem blumengeschmückten Rednerpult. Vor Oberbürgermeistern, Ministern und Professoren könnte ich von der Frau gar nicht reden, von einer heimlichen Liebschaft sowieso nicht … So ist es, wir machen uns unsern eigenen Festakt hier auf fünfhundert Meter Höhe, auf der Terrasse. Wir feiern mein Schuleschwänzen, prost! … Ich hoffe auf Ihre gefällige Kooperation … Aber seien Sie vorsichtig, ich hab Sie gewarnt, ich bin bester Laune …

(Nichts gegen Feinschmecker)

Suchen Sie sich erst mal was zu essen, die Karte ist kurz, die Küche einfach und herzhaft, wie man so sagt. Ich werde Jägerschnitzel bestellen mit Kroketten. Das nehme ich hier immer. So groß ist die Auswahl nicht, so doll ist die Küche nicht, aber das Jägerschnitzel, immer zuverlässig mittelmäßig … Ich weiß auch nicht, warum das Jägerschnitzel so einen schlechten Ruf hat bei den Feinschmeckern. Da ist bestimmt dieser Kochpapst aus Hamburg schuld, der gegen das Jägerschnitzel zu Felde zieht seit Jahrzehnten und nur die französische Küche gelten lässt und die italienische. Das Jägerschnitzel wird systematisch verkannt und verleumdet, und Sie kennen mich ja ein bisschen, Sie haben meine Memoiren gelesen, das haben Sie jedenfalls behauptet. Dann verstehen Sie, dass einer, der selber verkannt und verleumdet wurde, ungefähr dreißig Jahre lang, verkannt als Erfinder und verleumdet als Spinner, dass einer wie ich für das verkannte und verleumdete Jägerschnitzel eine bestimmte, sagen wir, verwandtschaftliche Vorliebe hegt … Scherz beiseite, aber eins steht fest: Wenn ich mit Geschäftspartnern essen gehe und was erreichen will, darf ich auf keinen Fall Jägerschnitzel bestellen oder gar Eisbein, dann bin ich schon unten durch, dann hab ich verloren. Einmal Eisbein bestellt am Tisch mit feinen Leuten, das können Sie nie wieder gutmachen, das ist die einzige Sünde, die Ihnen nie vergeben und vergessen wird bis ans Lebensende. Sie können wegen Korruption verurteilt werden, Sie können Ihrem schärfsten Konkurrenten die Frau ausspannen, Sie können IBM in die Hacken treten, alles wird verziehen, nur das Eisbein nicht … Alle wollen sie Feinschmecker sein, die Museumsleute erst recht, mit denen ich in letzter Zeit oft zu tun habe. Und darum genieß ich es, hier ganz einfach Jägerschnitzel mit der mittelmäßigsten aller Pilzsoßen zu essen ... Wissen Sie, eigentlich habe ich nichts gegen Feinschmecker, ich glaube nur, nein, ich bin fest davon überzeugt, wenn ich Feinschmecker gewesen wäre, dann hätte ich nicht den Computer erfunden. Dann wär ich nicht Erfinder geworden ... Wenn Sie gewohnt sind, jeden Pfennig in Ihre Maschinen zu stecken, wenn Sie jahrelang nur von den Ersparnissen Ihrer Familie und Ihrer Freunde leben und, ich übertreibe mal, ich übertreibe gern, wenn ich gute Laune habe, wenn Sie monatelang von Erbsbrei leben, den meine Mutter übrigens wunderbar zubereitet hat, in der Nazizeit konnte man sowieso nicht wählerisch sein mit dem Essen ... Und wenn Sie die ganzen Fünfziger,- Sechzigerjahre hindurch, als es mehr zu futtern gab, Tag und Nacht an nichts anderes denken als an Ihre Rechner, die immer schneller und immer perfekter funktionieren müssen, und an das rasant wachsende Personal, für das Sie Verantwortung tragen, von fünf Mann auf zwölfhundert in zwölf Jahren, und an die viel zu dünne Kapitaldecke ... Jetzt hab ich den Faden verloren ... Ja, dann sind Sie nicht gerade der geeignetste Kandidat für diese Sorte Dekadenz ... Was machen Sie denn für ein Gesicht, sind Sie etwa von der Gewerkschaft, von der Gewerkschaft der Feinschmecker? ... Ich muss mich für meine Wortwahl nicht entschuldigen in meinem Alter, ich meine die Dekadenz der immer feineren Feinschmeckerei ... Ich könnte Ihnen auch mit den alten Römern kommen, aber ich will nicht zu sehr abschweifen ... Obwohl, ich hab mir vorgenommen, heute Abend nicht nach Konzept zu sprechen, nicht chronologisch, nicht Einleitung, Hauptteil, Schluss, so geordnet ist das Leben nicht, sondern so, wie mir die Gedanken zufallen, zufällig zufallen ... Lassen wir die alten Römer, bis hierher sind sie sowieso nicht vorgedrungen, bis in diese Wälder nicht, hundert Kilometer hinter dem Limes. Hier jedenfalls, im Gasthof »Burg Hauneck«, kann ich essen, was ich will – und mir ist es völlig egal, ob Sie, wenn Sie über mich schreiben, irgendwelche abfälligen Bemerkungen über meine Essgewohnheiten machen oder nicht. Sehen Sie, das ist das Schöne, wenn man einmal achtzig geworden ist, dann kann einem das alles herzlich wurscht sein ...

(Jägerschnitzel-Test)

Jetzt sollten wir aber bestellen ... Sie bleiben beim Jägerschnitzel? ... Gut so, sehr gute Wahl. Ich nehme Wildgulasch, ja, mit Salzkartoffeln und Salat, ja, und ein Bier ... Schauen Sie nicht so, es ist alles in Ordnung! Ich bin auch in Ordnung, keine Sorge. Sie denken, ich seh es Ihnen an, und wenn Sie noch so höflich über die Nasenspitze schielen, Sie denken, der Alte ist vielleicht wirr im Kopf. Nein, genau das Gegenteil ist der Fall. Sehen Sie, Sie sind ja nicht der erste Journalist, mit dem ich rede ... Ja, ich weiß, Sie sind kein Journalist, Sie sind was Besseres oder wollen was Besseres sein mit Ihren Büchern. Das ist mir völlig egal, da halte ich mich raus, davon versteh ich nichts. Also, Sie sind jedenfalls nicht der erste fachfremde, wahrscheinlich mathematisch völlig ungebildete, ingenieurtechnisch völlig unbegabte Mensch, mit dem ich über meine Computer und über mein Leben rede ... Da brauch ich Ihnen gar nicht Ihre Mathematikaufgaben vom Abitur vorzulegen, das rieche ich gegen den Wind, dass Sie eine mathematische Niete sind ... Und immer, wenn ich mit Leuten wie Ihnen zusammensitze, hier auf dem Stoppelsberg oder in der Kantine des Deutschen Museums, schwärme ich von einem mittelmäßigen Jägerschnitzel oder einem kreuzbraven Kotelett. Wenn ich die Mitleidsplatte auflege vom verkannten und verleumdeten Jägerschnitzel und vom verkannten und verlachten Erfinder, dann dauert es nicht lange, bis mein Gegenüber so weit ist, das Jägerschnitzel oder das Kotelett zu bestellen, obwohl er vielleicht lieber die Rhönforelle gehabt hätte. Sie auch, geben Sie es zu, Sie sind auch so ein Rhönforellen-Kandidat ... Das Experiment funktioniert immer, ist doch klar, die Leute wollen sich bei mir einschmeicheln, indem sie meiner Empfehlung folgen. Sie meinen es gut, weil sie nicht wollen, dass ich verkannt war und da und dort immer noch bin, genau wie das Jägerschnitzel. Sie wollen mich endlich aus meiner Verkanntheit erlösen und fangen schon mal mit dem verkannten Jägerschnitzel an. So simpel ist der Mensch gestrickt. Sie lassen sich manipulieren, weil sie was von mir wollen, ein paar schöne Geschichten, ein paar neue Anekdoten, ein paar Schnurren aus der Pionierzeit. Auch Sie lassen sich manipulieren, obwohl Sie eigentlich ein ganz Kritischer sind oder sein wollen, der sich nicht gern reinlegen lässt. Und schon sind Sie reingefallen. Ja, warum mach ich diesen Test? Um zu zeigen, dass aus Ihnen kein

Erfinder geworden wäre! Wer sich anpasst, wer sich von irgendwelchen Erwartungen seiner Chefs lenken lässt, wer den Mittelweg geht, den völlig stumpfsinnigen goldenen Mittelweg, der kann, vielleicht, vielleicht ein guter Beamter werden, ein Schnarchsack im Patentamt, oder ein tüchtiger Handwerker meinetwegen, aber kein Erfinder. Deshalb war mein Leitspruch schon immer: Mensch, werde hart! … Schauen Sie nicht so erschrocken, prost! Ich weiß, der Spruch passt nicht mehr in unsere Zeit, wo man alles immer bequemer haben will und immer weicher liegen will, aber genau deshalb komm ich Ihnen ja damit. Und wenn ich Ihnen sage, dass ich den Spruch von einem Oberleutnant habe, aus der Nazizeit, aus unserm Wehrsportlager, dann erschrecken Sie noch mehr. Aber es ist mir egal, ob Sie darüber erschrecken und die Stirn runzeln oder ob der Zeitgeist unserer goldenen Neunzigerjahre damit einverstanden ist oder nicht. Mir hat der Spruch, das können Sie mir glauben, immer geholfen, nüchtern und zielklar zu bleiben. Und Sie wollen ja von mir ein paar interessante Sachen hören und nicht, was der Zeitgeist diktiert. Vielleicht verschwindet der Spruch mit mir von der Bildfläche, den nehm ich gern mit ins Grab, und den anderen sowieso, meinen zweiten Wahlspruch: Im Grunde bist du stets allein. Ein Spruch, der spätestens auf dem Friedhof seine volle Wahrheit entfaltet, sehr tröstlich, nicht wahr? Sage mir deine Sprüche, und ich sage dir, wer du bist. Nur damit Sie sich kein falsches Bild von mir basteln, ich bin kein netter Opa zum Anfassen … Also, der Jägerschnitzel-Test … Ich mach das, damit Sie noch mehr Respekt vor mir kriegen. Ich meine nicht nur diesen Respekt, den beispielsweise die Laien vor den Mathematikern haben wegen der verzwickten Formeln oder die Technik-Idioten vor dem Fernsehtechnikergesellen, wenn der Kasten wieder läuft. Ich meine einen ganz praktischen Respekt vor der Härte des Erfindens, weil … Im Nachhinein verklärt sich immer alles, da wird einem alles zur Story umgebogen. Besonders dann, wenn man mit euch journalistischen Geschichtenerzählern plaudert. Die Morgenröte der Computerei mit Laubsäge und Erbsbrei, die Wohnzimmer-Story, die heroische Rettung der A4 im Chaos der letzten Kriegstage. Als hätte immer alles nach Anekdote geschmeckt. Wie waren Ihre Gefühle, bitte schön, als Sie unter dem Beschuss der Tiefflieger den ersten Computer der Welt durch Schlamm und Bombentrichter nach Süden bugsiert haben?

Bei solchen Fragen, auf diesem Niveau kann doch nur Geschwätz rauskommen, respektloses Geplapper. Wenn ich konsequent wäre, müsste ich antworten: Es war hart, es war schwer, es war bitter, es war enttäuschend, danke, auf Wiedersehen … Wenn ich sentimental wäre und mich an einem Rednerpult festhalten könnte, würde ich vielleicht sagen, es war mit Blut und Tränen erkauft. Aber Sie haben Glück, ich bin nicht sentimental … Und konsequent auch nicht. Gerade deshalb, entschuldigen Sie die Abschweifung, brauch ich den Jägerschnitzel-Test. Damit Sie von der Zunft der Schmarotzer, nehmen Sie das bitte sportlich und als Zeichen meiner guten Laune, dass ich so offen bin, damit Sie kapieren, wie viel Charakter und Eigensinn man braucht, was sag ich, Eigensinn hoch zehn. Als Erfinder muss man ein Naturell haben wie ein großer Künstler, ein Leonardo, ein Michelangelo, ein Goethe. In Wirklichkeit hat es der Künstler meistens noch leichter als wir, der muss auch darben, aber der wird nicht von morgens bis abends nach der Verwertbarkeit gefragt. Dem wird vielleicht einmal in der Woche und nicht in jeder Minute die berühmte Pistole auf die Brust gesetzt von ahnungslosen Bankiers oder vom eigenen Finanzchef … Kurz gesagt, dafür will ich Respekt, in einem ganz existenziellen Sinn, wenn Sie verstehen, was ich meine. Der Jägerschnitzel-Test, der hilft mir, das hoff ich doch, dass Sie mich ernst nehmen und nicht nur den schrulligen Alten in mir sehen, den Anekdoten-Opa. Ich will, dass Sie mir besser zuhören, auch wenn ich nur unbeholfen und ungeschickt daherrede. Und dass Sie mir mehr zutrauen, als ich mit meinen schlichten Worten ausdrücke. Bin nun mal kein Wortmensch, für mich war ein Wort immer eine Folge von Bits … Lassen wir das. Aber Sie sollen heute Abend nicht vergessen, dass ich einiges mehr in meinem Speicher habe, als ich Ihnen hier auf Ihr Band spreche …

(Ein weltberühmter Unbekannter)

Ja, ich komm gern hierhin, ich kenn den Wirt und seine Familie seit Urzeiten, Rudi an der Theke, Magda in der Küche, und Kathi haben Sie ja schon kennengelernt, die Serviererin, die Schwiegertochter. Ich komm gern hierhin, wo die Gäste mich nicht erkennen, die braven Wanderer sowieso nicht, die Rentnerhorden … Gucken Sie nicht so kritisch, ich darf das! Ich darf mir ein paar Portionen

Spott leisten, wie sich andere Leute Schlagsahne leisten. Wenn ich diese jungen Leute sehe, so rüstig, so seniorenstolz, mit Geld gepolstert und trotzdem untätig, nichts als Reisen und Wandern im Kopf. Das kann mir keiner verkaufen, dass Wandern und Reisen was großartig Aktives sein soll. Passive Leute hab ich nie gemocht, und nur weil einer läppische sechzig oder siebzig wird, ist das doch kein Grund, auf diese rüstige Art faul zu werden ... Damit Sie gleich sehen, was ich für ein reaktionärer Kerl bin: Ich plädiere für den Beginn des Rentenalters mit fünfundsiebzig, in einigen Branchen mit siebzig, Maurer und Dachdecker meinetwegen mit fünfundsechzig. Haben Sie das drauf? ... Nein, lauter sag ich das nicht, ich will ja nicht gelyncht werden, jedenfalls nicht heute ... Schon dies Wort, Rentner! Ich sag manchmal Rentiere, weil sie still und brav ihr Gras in sich hineinmümmeln in Form von Torten und Rotwein und keine echten Interessen haben. Jedenfalls nicht an den Wissenschaften, an geistigen Großtaten, keine Interessen außer weiterzuleben mit dem Fitnessprogramm ihrer Hüpfgruppen und einfach nur weiterleben wie ein Rentier in Lappland. Die meisten kennen nicht mal die wichtigsten Erfindungen ihrer Zeit, Computer kennen sie nur als Monster ... Ja, kann schon sein, dass sich das ändern wird, dass die Alten auch noch mal in die Tasten greifen. Aber ich wunder mich immer wieder, mit wie viel Nichtwissen man alt werden kann, alt und einigermaßen mit Geld versorgt und noch stolz auf das Nichtwissen ... Und jetzt, wo wir wiedervereinigt sind, im fünften Jahr der Vereinigung, muss natürlich besonders fleißig gereist und gewandert werden, Mecklenburg, Brandenburg, Thüringen warten und haben noch Zimmer frei, und das Jägerschnitzel kostet zwei, drei Mark weniger. Heute muss man in Dresden gewesen sein, in Potsdam, aber von der wichtigsten Maschine unserer Zeit muss man nichts wissen, immer noch nicht ... Kurz und gut, keiner von den tüchtigen Wanderern würde auf den Höhen der Vorderrhön den Erfinder des Computers vermuten, und deswegen geht's mir gut hier, wo ich ein bisschen palavern darf über Gott und die Welt und ... Nein, auch die Leute aus den Dörfern, Steinbach, Buchenau, Eiterfeld oder Dittlofrod, die hier mal ein Bier trinken oder sich ein Essen leisten, die kennen mich nicht, obwohl ich seit Jahrzehnten in dieser Gegend wohne und den Leuten Arbeitsplätze verschafft habe oder, um genau zu sein, ihren Eltern vor dreißig, vierzig Jahren. Man kennt mich nicht, obwohl ich weltberühmt bin. Ein weltberühmter Unbekannter, ein wunderbarer Zustand, glauben Sie mir. Sie sind hier oben der Einzige außer den Wirtsleuten ... Rudi kennt mich, seit er laufen kann, aber dem hab ich eingeschärft, er soll mich behandeln wie jeden anderen alten Herrn ... Klar, schon in den frühen Fünfzigern bin ich hier raufgestiefelt, seit wir in Neukirchen wohnten, wenn ich mal Ruhe haben wollte und nachdenken ... Was ich sagen will, genau das gefällt mir, dass hier keiner von mir Notiz nimmt, während gleichzeitig in Braunschweig Lobgesänge erschallen und in Berlin oder München die Professoren streiten, ob ich nun Deutschlands größter Erfinder des Jahrhunderts bin. Ich oder der Braun mit seiner Röhre oder der von Braun mit den Raketen oder dieser Mensch, dieser Fischer mit den Dübeln oder doch Otto Hahn, aber der war ja im eigentlichen Sinn kein Erfinder ... Ja, das Gulasch für mich. Danke. Wissen Sie, so etwas gefällt mir, während die Experten sich mit ihren Gutachten die Schädel spalten meinetwegen, wie sie mich nun werten und taxieren auf ihren albernen Ranglisten, und während der Braunschweiger Oberbürgermeister durch seine Rede stolpert und den Schluss nicht findet, hier mit Ihnen in aller Ruhe in die Rhön hinein zu schauen und über das Hessische Kegelspiel zu meditieren und das Bierglas zu heben ... Stimmt, der müsste allmählich fertig sein, dann wird nun der Staatssekretär XY sein Grußwort aufsagen, ein Großsprecher muss den nächsten überbieten, prost! ...

(Codewort Ada)

Jetzt lassen Sie sich's erst mal schmecken, trotz allem. Vielleicht ist das hier das einzige Jägerschnitzel, an das Sie Ihr ganzes Leben denken werden. Vielleicht sitzen Sie, wenn Sie so alt sind wie ich, mit Ihren Enkeln oder Urenkeln auf dieser Terrasse und verzehren zur Erinnerung an mich wieder ein Schnitzel, und Sie erzählen den lieben Kleinen, dass Sie noch den Erfinder des Computers gekannt haben und wie der Sie reingelegt hat mit seinem albernen Jägerschnitzel-Test. Sehen Sie, so gerät alles zur Anekdote, man muss nur warten können. Lassen Sie sich's schmecken, junger Mann ... Mein Wildgulasch ist auch nicht besonders interessant, da schaut man noch weniger durch als beim Schnitzel. Beim Wildgulasch weiß man nie genau, was drinsteckt, Hirsch oder Reh oder Wildschwein, irgendwie gemischt, vielleicht auch Hase, das kommt neuerdings alles aus Polen ... Verzeihen Sie, ich erzähle Ihnen lauter Unsinn über das Wildgulasch und überlege die ganze Zeit, wie ich Sie am besten darauf vorbereite, dass ich Ihnen eine, nun ja, soll ich das wirklich sagen, eine Liebesgeschichte zu Gehör bringe heute Abend. Und wie ich am besten anfange, und wie ich die auftische ... Meine schönste Liebesgeschichte, meine Affäre, eine lebenslange Affäre ... Ich hab keine Übung darin, verstehen Sie, ich hab die Geschichte noch nie erzählt ... Vor drei Wochen, als wir den heutigen Termin ins Auge gefasst haben, da, wie soll ich das sagen, da hab ich den Beschluss gefasst, da haben die zwei Seelen in meiner Brust einstimmig den Beschluss gefasst, an diesem Samstag, an diesem Juliabend, in dieser Vollmondnacht werd ich das Schweigen brechen. Obwohl ich Sie ja praktisch gar nicht kenne. Aber das ist vielleicht ein Vorteil. Das machen die Katholischen doch auch, dass sie am liebsten zu einem fremden Priester beichten gehen, oder? ... Aber vorhin, als ich mich hier auf den Berg chauffieren ließ, da hat mich der Mut verlassen. Und jetzt denk ich schon wieder anders: Wer weiß denn, denk ich, wie viele Gelegenheiten ich noch haben werde, mit ein paar Heimlichkeiten herauszurücken. Auch wenn man sich fit fühlt in meinem Alter und immer noch fit für Wildgulasch und fit für ein Bier und fit für einen kleinen Spaziergang nach dem Essen hinauf zur Burgruine – der Schlag kommt immer unerwartet. Wissen Sie, ich will nicht erst auf dem Totenbett die große Beichte ablegen, das kriegt so was Feierliches, so was Tragisches. Das hätte was von Reue, eine Lebensbeichte, ein letztes Geständnis vor der Höllenfahrt. Dabei ist es doch was Fröhliches! Es gibt nichts zu bereuen! Und meine Geschichte mit Ada der Welt erst dann mitzuteilen, wenn ich fast nicht mehr sprechen kann, wenn ich gelähmt bin, wenn ich flachliege, umstellt von lauter Menschen mit Trauergesichtern, das wäre unwürdig, das wäre unmännlich, das passt da nicht hin. Im Übrigen widerspräche es meiner ganzen Einstellung zum Leben: Mensch, werde wesentlich! Und wie wesentlich diese Geschichte ist, werden Sie hören ... Also, ich werde im Lauf des Abends darauf hinsteuern, versprochen, das Codewort heißt Ada. Und wenn ich mal nicht weiterweiß und wenn Sie gerade keine gescheite Frage auf Ihrem Block haben, dann nennen Sie einfach das Codewort Ada, dann spielen Sie mir das zu, und ich werde … Denken Sie bloß nicht, dass ich dauernd abschweife, ich bin eigentlich immer noch beim Jägerschnitzel. Ich wollte was zum Manipulieren sagen. Zweimal in den letzten zehn, fünfzehn Jahren, seit ich diesen Test mache, hatte ich es mit Damen zu tun. Leider schicken einem die Redaktionen immer Herren, weil sie meinen, das passt besser, Männer und Technik und so. Zweimal jedenfalls hatte ich Damen zum Interview, eine kam vom Radio, eine von einer Wirtschaftszeitschrift, glaub ich – und beide haben auf ihrer eigenen Menüwahl bestanden, die sind nicht reingefallen auf mein Jägerschnitzel. Als ich ihnen gratuliert und gesagt habe, sie hätten eine wichtige Voraussetzung, wenn nicht die wichtigste Voraussetzung zum Erfinderdasein, nämlich Eigensinn, da haben sie das für ein billiges Kompliment gehalten. Die haben mich gar nicht verstanden, die haben nur gedacht, der Alte will ihnen auf die Pelle rücken … Das ist übrigens eine völlig vernachlässigte Frage, warum wird der Eigensinn der Frauen, ich spreche jetzt mal ganz allgemein, so wenig genutzt für die Technik, für Innovationen? Was für Potenziale da brachliegen! In jeder zweiten Rede können Sie mich rufen hören: Wo bleiben die Erfinderinnen? Das steht auch in dem Braunschweiger Manuskript, das meine Tochter nachher vorlesen wird, wenn die Herren endlich durch sind mit ihren acht oder neun Grußworten und Lobreden. Sie sehen, ich hab eine hohe Meinung von den Frauen. Das verdanke ich Ada, Ada Lovelace … Sie ist die Ausnahme … Jetzt ist es raus … Jetzt ist der Name genannt, jetzt kann ich nicht mehr zurück …

(Faust zum Frühstück)

Na ja, das ist einfach so. Sie haben bei mir einen Stein im Brett. Sie glauben gar nicht, wie mich das überrascht hat damals. Das hab ich nie vergessen, unser Gespräch bei dieser Tagung an der Nordsee, wie lang ist das her? … Nicht zu fassen, ich dachte fünf Jahre oder sieben höchstens … Beim Frühstück über das Faustische reden, das kommt ja auch nicht alle Tage vor. Das hat mir schon mal gefallen, dass da einer, so ein junger Kerl, diese Stelle in meinen Memoiren nicht überlesen hat. Und wissen Sie noch, was Sie dann zu mir gesagt haben? … Nein, nein, ich hab das besser in Erinnerung, wörtlich: Faust ist doch ziemlich humorlos, aber Sie sind es nicht, haben Sie gesagt. Zuerst hab ich nicht gewusst, ob Sie mir schmeicheln oder mich auf den Arm nehmen. Schließlich, muss ich zugeben, fand ich den Gedanken doch ganz nützlich. War schade, dass wir das abbrechen mussten, ich hatte keine Zeit mehr für den Spaziergang zum Leuchtturm, aber auf der Rückfahrt ist mir das lange im Kopf geblieben … Seit neun Jahren haben wir es nicht geschafft, das nachzuholen, mal sehn, wie weit wir heute damit kommen. Ich hab mich jedenfalls vorbereitet und die alte Schwarte aus dem Regal geholt. Ich hab meine Hausaufgaben gemacht und den *Faust* noch mal gelesen und den *Faust zwei* zur Hälfte. Wer tut so was schon freiwillig, ich meine, wenn er nicht vom Fach ist … Ja, eins hab ich dabei gelernt, und das sag ich Ihnen gleich: dass Ada nicht mein Gretchen ist, sondern meine Helena, wenn schon … Das sag ich Ihnen gleich zu Anfang, damit Sie bei Ada nicht auf falsche Gedanken kommen, so ein schäbiger Hund wie der Faust bin ich dann doch nicht … Nein, später … Kurz und gut, Sie sind der Einzige, nehmen Sie das ruhig als Kompliment, junger Mann, der meine Gedanken zum *Faust* verstanden, nein, der sie bemerkt hat. Ob Sie mich verstanden haben, ist eine ganz andere Frage, da hab ich eher meine Zweifel, das werden wir vielleicht herausfinden heute Abend. Alle andern haben darüber hinweggelesen in meinen Erinnerungen, obwohl ich im Vorwort, deutlicher geht es ja nicht, die Leute mit der Nase drauf gestoßen habe. Kein Mensch hat mich je auf die Faust-Frage angesprochen in all den Jahren, in fünfzig, in mehr als fünfzig Jahren nicht. Alle lachen nur über den *Faust*, Schulkram, abgedroschen … Und deshalb, Sie verstehen schon, muss ich Sie ins Vertrauen ziehen, wen denn sonst? Ich sag es mal so: Wer den Faust in mir versteht oder ihn wenigstens bemerkt, der versteht auch die Ada in mir … Nein, nachher … Ich möchte heut gar nicht viel über den Computer-Erfinder sagen, sondern über die Leidenschaft des Computer-Erfinders, über seine Gefühle, den Antrieb. Nicht über die Mathematik, sondern über faustische Energie, über die Lust am Erfinden. Es hört sich immer so aufgeplustert, so pathetisch an, wenn man vom Faustischen spricht, von der faustischen Seele, und ich will gar nicht aufgeplustert daherreden … Sie verstehen wenigstens, was ich meine, das hoff ich jedenfalls. Bei meinen Freunden und Bekannten mach ich mich lächerlich, wenn ich mit dem *Faust* anfange … Die wollen einfach nichts davon hören, dass der alte Goethe etwas verstanden hat – von mir, ich sag es mal so frei heraus ... Manche von denen schauen mich schon so an, mit dem Doktorblick: Senil? Debil? Fragil? Als müssten sie prüfen, ob ich wirklich noch der gute alte Formelfummler bin, der liebe und nette Erfindergreis. Ich gebe zu, ich mach es den Freunden nicht leicht, ich mute ihnen schon meine Kunst zu. Dass ich male auf meine alten Tage, nicht etwa pinsele, wie ein Rentner sich seine Freizeit auspinselt, sondern ernsthaft male und ringe mit meiner Kunst, das ist eigentlich eine Frechheit von mir. Und wenn ich denen dann auch noch mit Dr. Faust komme, mit faustischer Leidenschaft für den Fortschritt, dann seh ich, wie sie innerlich abwinken ... Ja, Sie hören richtig, bei mir ist das Wort Fortschritt noch nicht aus der Mode ... *Wer immer strebend sich bemüht,* das ist doch kein Schülerkram, da steckt der ganze Ernst des Daseins drin, oder auch der Witz des Daseins, wie Sie wollen. Na ja, und lächerlich mach ich mich erst recht vor den jungen Computer-Narren, ich sag nicht gern Computer-Freaks, da sehen Sie, wie altmodisch ich bin, und vor den Effizienz-Enkeln, wie ich sie nenne, vor den Betriebsblind-Wirten, den Informatik-Idioten – ich darf das sagen als Nestor der Informatiker, ich hab da ein kleines Arsenal von Schimpfwörtern für jede Gelegenheit. Auch dieser Orden muss provoziert werden, und außer mir traut sich ja keiner. Als wenn es unter den Informatikern weniger Idioten und Scheuklappenträger gäbe als anderswo. Diese Generation, die kennt das Stück schon gar nicht mehr, die haben das nicht mal in der Schule gelesen ... Es ist eine Schande, wie wir mit unserm Know-how umgehen. Auch Goethe ist für mich Know-how und Wachstumsmotor und Multiprozessor für Geist und Seele und Innovation. Zugegeben, Geist und Seele sind auch nicht gerade in Mode. Hin und wieder bei Vorträgen oder beim Dankeschön zum soundsovielten Doktorhut sag ich was in diese Richtung. Aber wenn die mich, den Alten, vom uralten Goethe reden hören, dann bin ich sowieso schon von gestern. Und wenn ich nur den Namen Faust ausspreche oder Mephistopheles, schalten die gleich ab, es ist eine Schande ... Ich seh das förmlich an ihren kurzhaarigen Köpfen, wie sie den Impulsgeber umschalten ... Und wer was vom *Faust* versteht, die Fachleute von der Literatur, wie heißen die noch mal ... Germanisten, ja, Germanisten, die sind sich zu fein, mit einem Dilettanten wie mir über ihren Gott Goethe zu reden. Ich kenn ja solche Leute eigentlich nicht, nur einmal hab ich einen getroffen auf einem Empfang in Heidelberg, ich dürfte also nicht verallgemeinern. Ich hab nur gemerkt, der wollte gar nicht sehen, der wollte gar nicht verstehen, dass es auch heute die Faust-Problematik gibt. Sogar in Heidelberg! Ich sage nur: Biochemie! Die Stammzellen und was da alles auf uns zukommt. Auch heute gibt es Erfinder und Entdecker, die das Faust-Drama in ihrer Brust austragen und den kalten Hauch einer Mephisto-Gestalt neben ihrem Schreibtisch spüren … Ich hab Ihnen doch gesagt, Sie sollen mir ins Wort fallen, wenn ich sentimental werde, und natürlich sind das Sentimentalitäten, woher hab ich das mit dem kalten Hauch? Bestimmt ein Zitat, also passen Sie auf, passen Sie besser auf mich auf! … Nein, verstehen Sie mich bitte richtig, ich hoffe doch auf Sie, auf Ihr Faust-Verständnis, weil Sie weder zu den Computer-Narren noch zu den Goethe-Narren gehören, wenn ich das richtig sehe. Genau deshalb hab ich Sie auf den Stoppelsberg bestellt … Nicht ganz so hoch wie der Brocken, aber auch hier ließe sich eine hübsche Walpurgisnacht zaubern, was meinen Sie? Ich bringe meine Dame mit, und welche Hexen brauchen Sie? …

(Der Grundstein vons Janze)

Dann das Vergnügen, Sie haben recht … Nein, da denke ich nicht an Faust, sondern an einen jungen Mönch, der seine Mitmenschen von der Qual des stumpfsinnigen Rechnens befreien will. Der sich hinsetzt, besessen von seiner Sache, und die Architektur eines Rechners entwirft, ein paar Rechtecke und Quadrate auf ein Blatt Papier kritzelt, ich vereinfache ein bisschen, es war nicht nur eine, es waren tausend Skizzen, was weiß ich, die hab ich nicht gezählt. Und der seinen Freunden sagt: Wir bauen drei Speicherblöcke mit vierundsechzig Wörtern zu je zweiundzwanzig Bits, verbinden die mit einem Wählwerk zur Speicherung der binären Gleitkommazahlen. Das Wählwerk packen wir neben die arithmetische Einheit, ein binäres Gleitkommarechenwerk für die Grundrechenarten, dazu die Eingabeeinheit und die Ausgabeeinheit, selbstverständlich im Dezimalsystem mit den Mantissen und Exponenten, und dahinter postieren wir die Einheit zur Übersetzung der Dezimalzahlen in binäre und umgekehrt. Dann hier die Programmsteuerung, die erfolgt mittels Lochstreifenleser, durch den die Filme mit den gestanzten Befehlen laufen, alles gesteuert vom Leitwerk mit Impulsgeber für den Takt von einem Hertz. Dafür brauchen wir etwa dreißigtausend Einzelteile, Bleche, Federn, Stifte, Schrauben, und jetzt ran an die Arbeit, jetzt heißt es beten und arbeiten … Ich seh schon, da gucken Sie nervös, da halten Sie die Luft an. Dabei sprech ich nur von der oberflächlichsten Skizze der simpelsten aller Maschinen, der A1, der Grundstein vons Janze. Und ich hab Sie verschont mit den Fragen der halblogarithmischen Zahlendarstellung und den Grundlagen der Logik und allem, was uns der Herrgott der Formeln geschenkt hat … Ich seh schon, wenn ich rede, wie mir der Schnabel, der Fachschnabel, gewachsen ist, dann kommen wir nicht weit heute Abend. Aber ich weise Sie in aller Form darauf hin, ich habe meine Hausaufgaben gemacht und mich durch den *Faust*, ich will nicht sagen gequält, aber doch gekämpft – und Sie, möcht ich wetten, Sie greifen zur Vorbereitung nicht mal zum Lexikon und prägen sich ein paar Grundbegriffe der Logarithmenrechnung ein … Sehen Sie, mein Pech ist, dass ich nie jemanden treffe, mit dem ich über beides reden kann, über das Gleitkomma und über Mephisto. Ehrlich gesagt, ich hab gar keine Lust mehr auf Gespräche über das Schema der A1 oder über die Logik. Wirklich, auf die Logik kann ich mittlerweile verzichten, ich bin nicht mehr so scharf darauf, jede Sprache in Zahlen zu übersetzen. Wissen Sie, ich bin der größte Freund der Logik, aber jede Logik ist natürlich eine Verarmung. Wenn Sie etwa an die Negation denken, die können Sie logisch nur mit einem Wort ausdrücken: nicht. In der gewöhnlichen Sprache, da haben Sie verschiedene Wörter und Akzente für eine Negation: nicht, kein, nein, nie, nirgendwo, un-, ohne – und so weiter. Deshalb red ich, je älter ich werde, umso lieber in der Alltagssprache. Ein Leben lang, jedenfalls während der Arbeitszeit, im Ja-Nein-Schema zu Hause, da hat es lange gebraucht, bis ich Gödel akzeptiert habe, Sie wissen, es gibt nicht nur Ja und Nein, es gibt auch nicht entscheidbar, unentschieden. Auf meine alten Tage ist das eine sehr angenehme Freizeitbeschäftigung, von der Logik zurück zur Sprache zu stolpern. Am Ende zählen nicht die Zahlen und die Logik … Was zählt schon am Ende … Ich glaube, es bleiben nicht die Festplatten, die verrosten und versiffen irgendwann, wahrscheinlich bleiben eher die Wörter und die Bilder … Am Anfang war das Wort oder *Im*

Anfang ist das Wort und so weiter, das halte ich für Käse, wenn ich an die Ursuppe denke, aber … Hat nicht mal ein kluger Mensch gesagt, am Ende ist das Wort? Oder das Bild? … Jedenfalls nicht die Zahl, das steht fest …

(Nie ein Schweiger, nie ein Schwätzer)

Entschuldigen Sie, das hat nichts mit unserm Thema zu tun. Aber Sie müssen nicht auf die Stopptaste drücken, lassen Sie das Band einfach laufen, mir ist es egal, was Sie daraus machen. Wissen Sie, wenn man so alt ist wie ich und wenn man so viel erreicht hat und spürt, dass man vielleicht noch zwei oder drei Sommer zu leben hat, wenn es gut geht, dann will man einfach noch ganz viel sagen, und alles, was einem so einfällt, wird irgendwie wichtig. Auch die Plattitüden über Anfang und Ende und was bleibt und so weiter, die kriegen irgendwie einen neuen Sinn. Da hört man sich plötzlich gern reden, und schon hat man wieder einen Beweis, dass man lebendig ist. Nicht dass Sie denken, ich neige zu Selbstgesprächen, ich fühl mich einfach nur gut in Schwung heute Abend … Ach was, ich hab nie viel geredet, und meistens nur dann, wenn ich dachte, ich hätte vielleicht was Vernünftiges beizutragen. Ich war nie ein Schweiger und nie ein Schwätzer, behaupte ich mal. Und jetzt auf meine alten Tage red ich manchmal einfach drauflos, als wollte ich ganze Bücher vollreden, voll mit letzten Worten oder vorletzten Worten. Es juckt mich immer mehr, auch das zu sagen, was ich nie vorher gesagt habe oder nicht einmal gedacht habe … Sogar die Frau mit den drei Buchstaben, ja, die will plötzlich raus aus meinen geheimen Ecken … Unsinn, für weise hab ich mich nie gehalten, und wenn man viel redet, wird vielleicht die Trefferquote höher, ich weiß nur, ich rede mehr als früher … Meine Frau, die Kinder und die Freunde, denen will ich ja nicht auf den Wecker fallen mit meinen Sätzen, die so schnell keinen Punkt finden … Ja, auch deshalb hab ich die drei Verabredungen arrangiert für drei lange Interviews, mit drei Vertretern der Medien, mit Ihnen und zwei anderen Herren … Drei Vollmondnächte in diesem Sommer, da schlaf ich sowieso nicht, wieso soll ich die nicht für Interviews nutzen? Juli, August, September. Vielleicht eine spinnerte Idee, aber wenn wir Erfinder keine spinnerten Ideen mehr haben dürften, dann sähe es wirklich traurig aus in der Welt. Drei intensive Gespräche, darauf kommt es an, schöne, lange Gespräche. Ein bisschen Aufwand muss sein, wenn es um die Leistungen eines Lebens geht. Und um die Leidenschaften. Und wer etwas von mir will, wer sich für mich interessiert oder angeblich für mich interessiert, der muss es schon eine Nacht mit mir aushalten. Ein Dutzend Namen von Journalisten mit Interviewwünschen hatte ich auf der Liste, ich konnte wählen. Ich gebe zu, es hat mir Spaß gemacht, die meisten abzuschrecken mit der Drohung: Aber nur ein langes Gespräch von sechs Uhr abends bis sechs Uhr morgens … Das passt nicht in unser Format, hat einer gesagt. Da hab ich wieder was gelernt: Das Leben muss in Formate passen. Andere haben nachgefragt: Warum in der Nacht? Und bei meiner Antwort: Weil ich das Tageslicht zum Malen brauche! erst mal stumm reagiert und den Kopf geschüttelt. Das höre ich ja am Telefon, wenn jemand den Kopf schüttelt und keinen echten Respekt vor mir und keinen Respekt vor der Kunst hat … Am Ende waren es nur noch drei. Und diesen Test haben Sie bestanden, gratuliere! Der zählt mehr als der Jägerschnitzel-Test … Nein, ich hab Sie wirklich nicht ausgesucht, weil Sie aus Wehrda kommen, weil wir Nachbarn waren in den Fünfzigern … Nein, selbst wenn Sie sagen, dass Sie fünf Kilometer von meiner Werkstatt entfernt laufen und lesen gelernt haben und wir beide Patienten bei Dr. Huth waren, das wäre kein Grund. Oder weil Sie eher ein Buchschreiber sein wollen als ein Zeitungsschreiber. Da hab ich keinerlei Prioritäten. Schreiber bleibt Schreiber, also Schmarotzer, wie ich vorhin schon in aller Freundlichkeit gesagt habe, und Macher bleibt Macher. Nichts für ungut, aber so seh ich das. Wir Ingenieure ändern die Welt und sorgen für ein bequemeres Leben auch für euch, und ihr dürft dann meckern, so ist nun mal die Arbeitsteilung. Immerhin, Sie haben den Faust-Bonus, also machen Sie was draus …

(Was wird am Ende nicht alles falsch verstanden)

Nichts ist schlimmer als diese Fünfminutengespräche im Radio, oder neuerdings drei Minuten: Bitte erklären Sie unseren Hörern, wie Sie damals den Computer erfunden haben, aber bitte in drei Minuten! Oder: Wie funktioniert der rechnende Raum? Oder: Was haben Sie falsch gemacht, dass Sie mit Ihren Erfindungen kein

Millionär geworden sind? ... Das hat doch nichts mehr mit Journalismus zu tun. Am Telefon betteln sie stundenlang, fürs Telefonieren haben sie immer Zeit. Aber fürs Interview, für die Sache selbst oder für die Argumente soll man sich mit ein, zwei Sätzen begnügen. Nein, solche Galgenvögel kommen mir nicht mehr ins Haus und solche Galgenvögelinnen auch nicht, egal wie kess und dekolletiert sie sich anschmeicheln und mit ihrer properen Jugendlichkeit ablenken ... Da kann ich Sie beruhigen, Ihre beiden Kollegen haben genau wie Sie unterschrieben, keiner ist bevorzugt, keine Sorge, die Vereinbarung gilt für alle. Das hab ich Ihnen von Anfang an gesagt, was wir hier und heute produzieren, soll erst nach meinem Tod an die Öffentlichkeit. Den Text hab ich mir vom Anwalt formulieren lassen, wie Sie gemerkt haben, ich will mich nicht ärgern nach meinem Tod und vorher erst recht nicht ... Auch die andern beiden, die im August und September mit mir reden, auch die dürfen die Gespräche verwerten, wie sie wollen. Man kann unmöglich die ganzen Stunden ... Mal sehen, wie weit wir kommen, man kann unmöglich achtzig Jahre einfangen und zusammenschnurren lassen, ein Artikel in der Zeitung, ein Buch, eine Radiosendung, das ist doch alles ziemlich dürftig. Ihr werdet viel weglassen müssen. Genau deshalb will ich die Bänder alle in Berlin im Museum eingebunkert haben. Jeder von euch dreien wird seine eigene Auswahl treffen, hab ich mir gesagt, aber jeder ist ein Profi, und ich sag immer: Vertrau den Profis, jeder soll seine eigene Version liefern. Kann ja sein, ich rede bei jeder Aufnahmerunde wieder anders, das hängt natürlich auch von den Fragen ab. Bestimmt mach ich mir das Vergnügen, mir zu widersprechen ... Klar, kürzen müssen Sie alle, und ich werde mir dann vom Himmel aus den Spaß machen und schauen, wer am besten gekürzt hat. Aber wehe, wer etwas hinzufügt, was ich nicht gesagt habe! Den werd ich sofort in die Hölle werfen lassen ... Wissen Sie, Zahlen sind objektiv, Schaltkreise auch, und ich hab ein ganzes Leben lang mit Zahlen operiert. Auf die kann ich mich verlassen, das hab ich gelernt. Natürlich gibt es Fehler, aber wenn die Fehlerquellen überprüft und die Fehler beseitigt sind, dann kann ich durchatmen und mich zurücklehnen, dann gibt es nichts mehr zu deuteln. Bei den Wörtern jedoch, da gibt es immer was zu deuteln, da kann man sich nie befriedigt zurücklehnen, da lauern Tücken, da lauert das Subjektive, da muss man höllisch aufpassen. Sie und Ihre

Kollegen von der schreibenden Zunft, bei Ihnen müsste ich eigentlich in jeder Sekunde skeptisch sein und skeptisch bleiben. Also, ich geh auch ein Risiko ein, wenn ich mit Ihnen rede. Bedenken Sie das bitte. Was wird am Ende nicht alles falsch verstanden! Ich hab einen Ruf zu verlieren. Wie steh ich da, wenn ich mich bei Ihnen verplappere. Oder wenn da Sätze stehen, die ironisch gemeint waren und prompt missverstanden werden. Oder wenn ich Herrn X im September etwas sage, was exakt dem widerspricht, was ich Ihnen heute sage. Dabei bin ich ein Freund des Widerspruchs. Wer sich nicht ab und zu mal selbst widerspricht, der landet sowieso im Irrenhaus der Normalität. Deshalb will ich nichts korrigieren und redigieren an dem, was Sie und Ihre Kollegen aus diesen Gesprächen filtern. Ich hab ja keine zehn Gebote zu verkünden, keine letzten Worte, keine Enzyklika. Die Leute sollen über mich streiten, solange sie Lust haben, Streit ist gesund ... Nein, das nicht, die beiden andern erfahren Ihren Namen auch nicht. Wettbewerb tut gut, aber Wettbewerb ist nur fair, wenn er anonym ist ...

(Mit Karajan beleidigen Sie mich)

Nur eins verrat ich Ihnen, Fernsehen ist nicht dabei, das halt ich einfach nicht mehr aus. Der ganze Aufwand, die Schminkerei, ich hasse Schminkerei. Und das Schwitzen unter den Scheinwerfern, ich hasse Schwitzerei. Und diese nervösen Teams, ich hasse nervöse Leute, all die Wichtigtuer, die an einem herumfummeln und kommandieren. Und ständig läuft was schief, ständig trampeln sie einem ins Wort, ständig muss man wieder von vorn anfangen. Alles gekünstelt und geschminkt, und es erfordert übermenschliche Anstrengung, ab und zu wenigstens einen gescheiten Halbsatz zustande zu bringen. Und den findet man dann nicht mehr, wenn man vor dem Bildschirm hockt und wartet, weil sie den natürlich rausgeschnitten haben ... Was bin ich froh, denk ich manchmal, dass ich nicht das Fernsehen erfunden habe ... Eine geniale Sache, sicher, nur, ich werde blöde davon ... Ja, das weiß ich, aber beim Farbfernsehen, da waren wir den Amis voraus. Beim Fernsehen steht es eins zu eins. Die Farbfernseherfinder, die hatten ihre stürmische Zeit, als ich meinen ersten Rechner bastelte. Die Entwicklungen liefen fast zur gleichen Zeit nebeneinanderher in Berlin. Wissen Sie, das sind so Gedanken, bei denen ich sentimental werde: Der Farbfernseher in Tempelhof, der Computer nebenan in Kreuzberg. Ach, was hätten wir deutschen Techniker für Möglichkeiten gehabt, wenn dieser Hitler nicht alles in Trümmer gehauen hätte ... Na los, ich bitte Sie, fallen Sie mir ins Wort, wenn ich rührselig werde. Das ist eine Altersschwäche, eine Peinlichkeit, die ich mir nicht leicht verzeihe, die pubertäre Sicht auf die Geschichte: Was wäre, wenn das und das anders gelaufen wäre ... Vielleicht haben Sie recht, vielleicht ist es falsch, nichts mit dem Fernsehen zu machen. Die Bilder bleiben, die Filme können wieder und wieder laufen, vielleicht schaut man in hundert Jahren nur noch auf die Schirme, und was mit dem Radio und den Büchern wird, ich weiß es nicht, ich seh das keineswegs pessimistisch ... Ich kann mich irren. Vielleicht haben Sie recht, vielleicht ist es dumm von mir, das Fernsehen auszusperren ... Aber ich bitte Sie, Herr von Karajan ist kein Argument! Und wenn er fünfhundert Filme von sich am Pult hat machen lassen, von vorn und von hinten, von unten und oben und schrägseitwärts, mit allen fünfhundert Sinfonien, die er je dirigiert hat. Mit Karajan beleidigen Sie mich ... Hat Karajan etwa die Musik erfunden? ... Na, sehn Sie ... Lassen Sie mich doch auch mal eitel sein. Karajan kennen alle, mich kennt fast niemand, da hab ich wohl das Recht, Sie mit der Nase auf einen gewaltigen Unterschied zu stoßen. Ich erfinde, ich entwickle Algorithmen, Karajan entwickelt keine, er lässt Algorithmen abspielen, das muss mal so bescheiden gesagt werden. Da haben wir es wieder, Kunst wird überschätzt, und die Kunst des Ingenieurs, des Erfinders wird unterschätzt, grausam unterschätzt. Nur weil es unsere Kunst ist, uns zu verstecken hinter der Funktion der Maschine ... Schon gut, ich verzeihe Ihnen, dass Sie mich mit einem Dirigenten verglichen haben. Sie wollten mir schmeicheln, was Karajan für die Noten, bin ich mit den Zahlen ... Lassen wir das ... Ich würd gern Nachtisch bestellen, Sie auch? ... Nett von Ihnen, dass Sie mich überreden wollen, zur Konkurrenz zu gehen. Ja, das werd ich noch mal überlegen, vielleicht lass ich mich doch auf ein viertes Gespräch ein vor der Kamera. Wenn heutzutage alles ins Fernsehen kommt, jedes Geplapper, jedes Gezappel von völlig unfähigen Selbstdarstellern, mehr Schüsse pro Stunde, als ein Durchschnittsmensch in achtzig Jahren erlebt, und jede halb- oder viertel- oder achtelinteressante Lebensgeschichte, dann doch meine erst recht, bitte schön. Dann muss ich diese Tortur wohl auf mich nehmen … Ich fürchte, Sie haben recht. Besser ich mach das selber, als dass andere an mir herumdeuteln, meine alten Freunde und früheren Mitarbeiter, nichts gegen die, oder irgendwelche Menschen, die mich einmal von weitem gesehen haben und sich nun im Scheinwerferlicht sonnen, Zeitzeugen. Alle sind plötzlich Zeitzeugen, aber der beste Zeitzeuge über mich bin doch immer noch ich! Sie haben recht, besser mach ich das selber … Nicht dass man Sie befragt als Zeitzeugen in zwanzig Jahren, nur weil wir dieses Interview gemacht haben. Ausgerechnet Sie, der nichts versteht von Mathematik und Technik und allem, da sollte ich doch lieber selber was für die Archive aufzeichnen lassen, da haben Sie recht … Aber was red ich von Zukunftsprojekten, der Abend ist viel zu schön dafür. Lassen Sie uns den Augenblick genießen, den berühmten Augenblick. Alles wird langsamer, die Schatten länger … Verweile doch, diese Melodie könnte ich auch singen … Wissen Sie, mein ganzes Leben lang hab ich versucht, ein Romantiker zu werden. Hab in mich hineingelauscht, hab meine Gefühle geöffnet, wenn Wälder rauschen, Bächlein plätschern und der Mond seine Bahn zieht … Und hab immer erwartet, dass ich innerlich tief ergriffen werde. Nichts da, nur beim Mond, beim Vollmond funktioniert das hin und wieder … Nun wissen Sie, warum ich eine Vollmondnacht ausgesucht habe … Also vorwärts auf der Pirsch zu meinen Geheimnissen, aber langsam, immer schön langsam, so bleiben wir beim Thema, auch wenn wir abschweifen. Die Eile ist des Teufels, und wenigstens im Greisenalter darf ich da etwas Abstand halten … Ja, der bin ich, ein Freund der Geschwindigkeit, ein Feind der Eile …

(Himbeeren)

Jetzt aber der Nachtisch! … Diesmal werd ich mich hüten, Ihnen was zu empfehlen. Ich nehme Vanilleeis mit frischen Himbeeren. Die Himbeerzeit hört langsam auf, das müssen wir ausnutzen, da brauch ich gar nicht auf die Karte zu gucken. Ich schwärme für die hessischen Himbeeren … Dann auch polnische … Ich muss halt immer an unsere Himbeerhecke denken, hinter der Werkstatt … Ja, als wir anno neunundvierzig hierherkamen nach Neukirchen, als Bayern-Flüchtlinge, als Berlin-Flüchtlinge, mit dem ersten Computer der Welt im Gepäck, und die Firma aufgebaut haben in der alten Poststation ... Und im ersten Frühsommer, als die Himbeeren reif wurden, Sie glauben gar nicht, wie glücklich ich da war ... Zum ersten Mal eine eigene Wohnung, eine Familie, zum ersten Mal eine Werkstatt, die nicht jede zweite Nacht mit Bomben beschmissen wurde. Zum ersten Mal das Gefühl, du bist angekommen, endlich, die Odyssee des Krieges und des Nachkriegs ist so langsam vorbei ... Verstehen Sie, wir konnten Himbeeren essen, ohne von misstrauischen Bauern belauert zu werden oder von neidischen Nachbarn. Wir durften Himbeeren essen, die wir nicht gesät und gepflanzt und gepflegt hatten ... Gemietet, ja ... Es waren natürlich nicht viele Beeren dran, aber jede einzelne hat geholfen, dass wir uns wohlfühlten, und weil wir uns wohlfühlten und tatendurstig waren, ging es aufwärts, wie man so sagt ... Also, alles klar mit dem Nachtisch? ... Jetzt empfehle ich Ihnen doch wieder was ... Ich kann es einfach nicht lassen, die Jugend zu belehren, erst Schnitzel, dann Faust, dann Himbeeren. Dabei bin ich ein ganz schlechter Pädagoge ... Nehmen Sie von mir aus Schokoladeneis oder Pudding, essen Sie, was Sie wollen ... Bei Himbeeren bin ich bestechlich, bei Himbeeren kann ich nicht anders, da denk ich an die Hecke von Neukirchen und an Ada, ganz automatisch. Ich bin sicher, dass auch sie gerne Vanilleeis mit Himbeeren gegessen hätte. Wer so viel mit Zahlen und Formeln zu tun hat, ich kenne meine Branche, der ist ein Schleckermaul, und das hat bekanntlich nichts mit der ausgeklügelten, dekadenten Feinschmeckerei zu tun ... So seh ich Ada vor mir, mit Himbeeren und Eis, als Ausgleich zur Formelfummelei und zum Zahlenzirkus ... Nein, nein, da zitiere ich mich selber, diese Wörter hab ich schon als Schüler erfunden ... Ada und Himbeeren, das muss ich jetzt einfach mal aussprechen ... Ich vermute, nein, ich bin sicher, Sie schätzen die Erotik. Sie sind auch ein Frauenfreund, deshalb kann ich das sagen ... Bei Himbeeren denk ich ... Jetzt teste ich Sie wieder, passen Sie auf, dass Sie das richtige Gesicht machen ... An Adas Busen denk ich, an die Brüste mit den Himbeeren in der Mitte, die süßen braunen Himbeeren ... Lächeln Sie nur, junger Mann, Sie werden sich an meine keusche Liebe gewöhnen müssen. Immer öfter schwebt sie mir in den Sinn ... Wissen Sie, im Alter verliert man die antrainierte Disziplin beim Denken und Reden, plötzlich lässt man seine Gefühle viel deutlicher und rücksichtsloser raus, bei Schlaganfallpatienten können Sie das beobachten. Lang genug hat man Anstand gewahrt, Anstand und Abstand, man durfte ein ganzes Leben von morgens früh bis abends spät nie aus der Rolle fallen. Mensch, werde hart, und so weiter. Nun aber, wenn man nichts mehr zu verlieren hat, verliert man etwas von dieser Selbstzensur, Monat um Monat ein Scheibchen mehr. Ich finde das wunderbar, eine Befreiung, ich hätte nie gedacht, dass einem das Alter solche Befreiungen schenkt ... Ich bin ja immer ein eher verschlossener Mensch gewesen oder galt als verschlossen bei den meisten. Hab viel vor mich hingedacht, geplant und fantasiert und bin lieber schüchtern und vorsichtig aufgetreten. Und nun, da mein Leben erfüllt ist, wenn ich das so pathetisch sagen darf, ist diese sogenannte Verschlossenheit wie weggeblasen, fast weg. Seit ich offener werden darf, ohne gleich was auf die Finger zu kriegen oder ein Patent zu verlieren oder eine Million Mark wegen einer vorlauten Bemerkung, seitdem das alles von mir abgefallen ist, seitdem schwebt Ada wieder öfter durch meine Gefühle und Gedanken wie in der Jugendzeit. Ich bin ein Träumer, vergessen Sie das nicht. Der Erfinder ist ein Träumer, ein Spieler ... Wo ich ohne Ada wäre? ... Nein, das kommt später. Da muss ich etwas ausholen, da nehmen wir uns Zeit, dafür müssen wir uns ganz viel Zeit nehmen ...

(Wie definieren Sie einen Computer?)

Und Sie, Sie rechnen nicht und programmieren nicht und dürfen trotzdem Himbeeren bestellen ... Gut, vielleicht rechnen und programmieren Sie mit Buchstaben wie wir mit den Zahlen, aber wenn ich Sie so neben mir sitzen sehe, werde ich meine fixe Idee vom Schmarotzer nicht los, verzeihen Sie ... Sie rechnen nicht, Sie programmieren nicht, wie die Vögel im Himmel oder die Lilien auf dem Felde, und finden doch Ihr Auskommen, indem Sie einem Rechenmeister einfach nur zuhören. Sie sperren Ihre Ohren auf, stellen ein paar Fragen und bedienen den Rekorder, nichts weiter ... Nein, bei mir kommen Sie nicht so leicht davon. Ich muss Ihnen schon noch ein paar Tests abverlangen. Also, wie definieren Sie einen Computer? Das wenigstens müssten Sie draufhaben, wenn Sie stundenlang mit mir reden ... Ja, ganz gut, es könnte nur etwas flüssiger kommen ... Hören Sie, ich hatte schon Interviewpartner, die nur dumm herumgestottert haben und denen ich dann, weil ich leider ein höflicher Mensch bin, vorbeten musste, was ich jahrzehntelang allen Laien vorgebetet habe und was heute jeder Hilfsschüler weiß: programmgesteuerte Rechenmaschine mit Speicherwerk ... Also gut, bis 1936 werden Sie hoffentlich mithalten, bis zur A1 ... Nehmen Sie mir das nicht übel, meine Belehrungen, Sie sind ein erwachsener Mensch. Aber ich muss schon wissen, ob Sie wenigstens das Minimum, sagen wir 0,01 Prozent, verstehen von der Sache, über die wir plaudern. Ich will dem Laien verständlich bleiben, aber ein bisschen was erwarten vom Laien muss ich auch ... Was denken Sie, wie viele Leute in Europa herumlaufen, ich nehme mal nur Europa, die nie etwas gehört haben vom binären System? Fragen Sie mal die Leute hier auf der Terrasse nach dem binären System, man wird das bestenfalls für was Musikalisches oder was Pornografisches halten. Und was schätzen Sie, wie viele Leute in Deutschland, die Abitur haben, auf die entsprechende Frage antworten können: Ja, Leibniz war es, der ein neues Zahlensystem erfunden hat, das auf den Ziffern Null und Eins aufgebaut ist, und der eine entsprechende Rechenmaschine aufs Papier gekritzelt hat. Keine fünf Prozent wissen das – die Grundlage des Rechnens heute, der gesamten Computerei und aller Fortschritte, auf allen Gebieten! Keine fünf Prozent, der Gebildeten! Am Ende des zwanzigsten Jahrhunderts wissen nur fünf Prozent von dem Geniestreich von 1679! Alle andern kommen mit ihrer Bildung nicht weiter als bis zum Leibniz-Keks, und der stirbt auch bald aus ... Ich bin ja ein geduldiger Mensch, aber dazu hab ich wirklich keine Lust mehr, bei diesen Fünfundneunzig-Prozent-Journalisten immer wieder mit Adam und Eva, bei null und Eins anzufangen ... Ja, ich nehme auch Himbeeren mit Vanilleeis, also zweimal bitte. Sind die hier aus der Rhön? ... Habt ihr noch genug? Dann die doppelte Portion, Sie auch? ... Sind Sie enttäuscht? Dass ich Sie diesmal nicht gefoppt habe? Dass diesmal keine Anekdote herausspringt, mit der Sie Ihren Enkeln imponieren können? Vielleicht erzählen Sie Ihren Enkeln ja von den Himbeeren und einem alten Mann, der überall Himbeeren sieht ...

(Ein Zwerg aus Germany)

Ach, meine Kindheit, lassen wir das, das ist so eine typische Nullachtfünfzehnfrage, das haben Sie doch nicht nötig. Diese Fragen, wann es anfing mit meinen technischen Neigungen und Fertigkeiten, als Kind, in der Schule, in der Pubertät, der Stabilbaukasten und welche Lehrer das Verdienst haben, mein Talent gefördert zu haben, Schülerstreiche und so weiter, der ganze Kinderkram – darüber hab ich geschrieben, ausführlich genug. Das ist abgeschlossen, da kann ich nichts Neues mehr nachtragen ... Ich gehöre auch nicht zu den Alten, die nie richtig erwachsen geworden sind und die immer noch was an ihrer Kindheit zu vergolden haben oder zu beklagen, was ja noch komischer ist. Manche bohren ganz weit zurück, bis zum Säugling, ob einer da schon glücklich oder unglücklich und ob da was faul gewesen ist zwischen Vater und Mutter. Ich bin in der Hinsicht völlig uninteressant. Mein Vater hat alles getan, damit ich meiner fixen Idee nachgehen konnte, und meine Mutter hat nicht nur mich, sie hat alle meine Freunde und Helfer bemuttert ... Wissen Sie, ich hab keinen Grund zu klagen, Pech für Sie, ich bin ein ziemlich zufriedener Mensch. Meine Geräte sind heute die Schmuckstücke in den großen Museen, was will ich mehr. Die Memoiren finden Sie im Buchhandel, und einer wie Sie hat sie sogar gelesen. Mein Testament ist geschrieben, die Familie versorgt. Die Nachrufe auf mich liegen in den Schubladen, ich kenn euch Schreiberlinge, ihr habt mit meinem Leben früher abgeschlossen als ich ... Was red ich, nein, ich kenn euch nicht, ich will euch auch gar nicht näher kennenlernen, euch Vögel unter dem Himmel, die nicht säen und nicht ernten ... Aber das weiß jeder, warum eure Nachrufe immer pünktlich zur Stelle sind. Ja, und irgendwann, wenn dies Haupt in der Erde liegt, kommt es auf Briefmarken. Der Nachruhm ist ziemlich gesichert, das läuft jetzt alles, pro Jahr oder Halbjahr ein Ehrendoktor. Sogar die Amis haben mein Erstgeburtsrecht inzwischen bescheinigt, jedenfalls für die A1 und die A3 und die A4 ... Sie haben recht, das ist falsch, ich meine natürlich die Vaterschaft, die Vaterschaft haben sie mir bescheinigt. Das ist ihnen verdammt schwergefallen, als sie nach und nach mitbekommen haben, dass da einer, so ein hergelaufener Ingenieur aus Nazideutschland, fast im Alleingang bei einigen entscheidenden Ideen und Entwicklungen ein paar Nasenlängen voraus war, ihnen, den großen Professoren und Nobelpreisträgern mit Millionen Forschungsgeldern und ganzen Universitäten, mit dem Militär und den mächtigsten Firmen im Hintergrund. Was hab ich unter der Arroganz gelitten! Arroganz war das, nicht Stolz. Gegen amerikanischen Stolz hätte ich nichts gehabt, aber diese amerikanische Arroganz … Das waren ja Götter. Die Atomforscher, die sind von ihren Sockeln gerutscht nach Hiroshima, die konnte man nicht mehr so richtig vorzeigen. Dafür sind die großen Computerforscher aufgestiegen, ohne die es all die Beschleunigungen und Entwicklungen der letzten fünfzig Jahre nicht gegeben hätte, die Götter des Fortschritts, die Sieger unter den Siegern, die Stars. Und die werden plötzlich von so einem kleinen Zwerg aus Germany gestört, der sich neben ihren Sockel stellt und kräht: Ich bin auch noch da! Und nicht aufhört mit seinen frechen Behauptungen und Beweisen. Ich geb zu, ich bin nie geschickt gewesen in der Selbstvermarktung, immer viel zu bescheiden im PR-Business – und auf so einen hören die Amis erst mal gar nicht. Heute ist das anders, endlich, jetzt haben sie nach und nach auch ihre Bücher über die Geschichte der Hochleistungsrechnerei umschreiben müssen, und mein bescheidener Name ist von den Fußnoten in den Hauptteil gewandert. Sie können sich vorstellen, das ist eine meiner großen diebischen Freuden, lange genug bin ich mit dickem Hals herumgelaufen als verkannter und unterschätzter Erfinder. Und heute kenn ich keinen, der mir diese Freude nicht gönnt … Und der mir die Freude an den Himbeeren nicht gönnt. Lassen Sie sich's schmecken …

(Schöngeisterei und Rechnerei)

Wie bin ich jetzt auf die Amis gekommen? … Diese Sachen sind doch bekannt genug, oder? Da hätten Sie auch nach Braunschweig fahren können, da hören Sie das ganz ähnlich, in diesen Minuten, im Ton der vornehmen Großsprecherei. Nein, Verzeihung, in gesetzter, würdevoller Rhetorik, Frackrhetorik … Freut mich, wenn ich Sie zum Lachen bringe … Nein, was ich sagen wollte, das Leben ist nicht so gradlinig, da geht es nicht so logisch von Erfolg zu Erfolg, wie das im Museum oder in den Memoiren oder in den Nachrufen aussieht. Oder im Braunschweiger Festsaal. Das Leben ist Zufall, ist chaotisch und richtet sich nicht nach Schaltplänen …

Sagen Sie es ruhig deutlicher: Ich rede banales Zeug ... Da schweigen Sie höflich, schon gut ... Es war nur eine schlechte Überleitung zu Ihrer Frage, zur Antwort auf Ihre Frage, auf die ich eigentlich erst später eingehen wollte, warum es mich zur Kunst drängt ... Weil ich ... Nein, ich muss anders anfangen ... Nehmen Sie die Himbeere hier auf dem Löffel. Versuchen Sie, nicht an Brustwarzen zu denken, nicht an meine Ada oder irgendeine andere Frau. Nicht an Hessen oder Polen. Auch nicht an Ihre Kindheit, als Sie im Garten heimlich die verbotenen Früchte und so weiter. Nicht an Himbeereis oder Himbeergeist oder Himbeermarmelade. Schauen Sie das Ding selbst an. Schauen Sie, so lange Sie können. Schauen Sie, die Form, die Farbe, die kleinen Bausteine, die feinen Stockwerke, diese zarten Waben. Das Zarte schlechthin. So lange, bis Sie zu staunen anfangen. Hören Sie nie auf zu staunen! Und jetzt in den Mund damit, über die verschiedenen Geschmackszonen der Zunge. Herrlich! Meine Mutter hätte gesagt, eine Gottesgabe. Ich sage, ein Wunder. Was mir kein Computer der Welt zusammenrechnen und zusammenbauen kann, auch in hundert Jahren nicht, selbst mit den schönsten genetischen Codes für Himbeeren und mit den raffiniertesten künstlichen Duftmarken nicht. Mit null und eins ist da nichts zu machen, mit Ja und Nein auch nicht. Sehen Sie, und deshalb behaupte ich, die Zukunft gehört der Kunst. Ohne Kunst ist das Leben ein Irrtum, wer sagte das? Hab ich vergessen ... Danke. Wenn ich, Vorsicht, jetzt steig ich auf den Sockel, als Pionier der Computer, als Pionier des Programmierens und der künstlichen Intelligenz, wenn ich jetzt auf die Kunst poche, will ich damit auch provozieren, ist doch klar ... Stimmt, die war immer schon da, die Neigung zur Kunst. Aber Neigung ist zu wenig, Neigung reicht nicht, Leidenschaft muss man haben ... Und die hatte ich als junger Student. Wie gern wär ich ans Theater gegangen oder ins Atelier, als Maler, Zeichner, nichts da ... Ingenieur. Damals musste ich vernünftig sein. Damals hab ich gegen meine Neigung zur Schöngeisterei die Rechnerei gesetzt. Und heute, wo die Rechnerei zur Ideologie geworden ist, setze ich die Schöngeisterei dagegen und die Malerei ... Na, da ist mir aber eine hübsche Formel unterlaufen, da haben Sie was von mir auf dem Band, was Sie getrost nach Hause tragen können. Löschen Sie das bitte nicht! Auch nicht aus Versehen. Das ist ein Satz, den ich mir merken muss: Heute, wo die Rechnerei zur Ideologie geworden ist, setze ich wieder auf … Genau … Aber jetzt muss ich erst mal was anderes, entschuldigen Sie mich einen Moment … Nee, nee, junger Mann, das könnte Ihnen so passen, Schluss mit den Fragen zur Kunst! Vorher gehen wir brav zurück ins Jahr sechsunddreißig, es wird Zeit, dass wir über meine Maschinen plaudern und die Geheimnisse des Gleitkommas … Alles schön der Reihe nach, die Kunst kommt am Ende der Tagesordnung, immer am Ende … Jetzt gehn wir zur Burg rauf, einverstanden? …

(Der erste Urlaub meines Lebens)

Der Tisch läuft uns nicht weg … Ja, den Rekorder nehmen wir mit. Wer weiß, vielleicht fällt mir oben auf dem Stoppelsberg noch was ein, so was wie eben mit der Rechnerei und der Schöngeisterei, und dann würd ich mich ärgern. Und Sie sich erst recht. Sie können mir das Mikro an die Jacke klemmen. Was die Fernsehfuzzis dürfen, das dürfen Sie doch allemal, und Sie stecken das Gerät wieder in die Tasche. Der Rekorder, den man in den Spazierstock bauen kann, ist ja leider noch nicht erfunden … Schon haben Sie wieder eine Szene für Ihre Memoiren. Sie dürfen sich rühmen, einmal im Leben mit mir verkabelt gewesen zu sein … Wenn ich die asphaltierten Feldwege sehe, dann denk ich immer, was wir für ein reiches Land geworden sind. Ich hab noch den Matschweg vor Augen, wo die Kühe den Wagen gezogen haben und die Stoppeler Bauern die Mütze … Und dann die Manöver, wenn die Amis mit ihren Panzern und Jeeps sich hier ausgetobt haben, da konnten Sie den Gang zur Burg Hauneck vergessen … Irgendwann gab's ein anständiges Schotterbett, und dann der Asphalt, jetzt könnten die Förster hier Porsche fahren und die Bauernjungs im Ford Mustang auf die Felder … Bisschen Spott muss sein, junger Mann. Bin ganz zufrieden mit den rentnerkompatiblen Asphaltwegen, auf einem Feldweg der Fünfzigerjahre mit Grashuppeln und Matschlöchern möcht ich nicht gern herumstolpern mit meinen drei Beinen … Auch eine völlig unterschätzte Ingenieurleistung, die zuverlässigen Wasserwerke … Nein, das schaff ich ohne Probleme, so kleine Steigungen … Oben, wo es steil wird, da gucken wir einfach, wie hoch wir kommen … Bewegung tut gut, das Wildgulasch will bewegt werden, das Wild will in den Wald … Haben Sie eine vernünftige Erklärung dafür, dass der Mensch am

Waldrand immer Wild essen will und am Meer immer Fisch? ... Na, sehr originell ist das nicht, lassen wir das ... Ja, hier oben hab ich meine ersten Urlaube verbracht in den frühen Fünfzigerjahren. Sehen Sie, da hätten wir uns schon begegnen können auf den Wegen rund um den Stoppelsberg, ich, der Hexenmeister der Rechnerei aus Neukirchen, und Sie, der Volksschüler aus Wehrda beim Ausflug, *Das Wandern ist des Müllers Lust* ... Wie viele Schulklassen mir hier schon begegnet sind ... Der erste Urlaub meines Lebens, ich erinnere mich genau, 1951 hier oben im Gasthaus, fließend kaltes Wasser, das war der ganze Luxus. Aber die Betten waren in Ordnung, sonst wär ich nicht geblieben. Was hab ich unter schlechten Betten gelitten auf meinen vielen Reisen ... All die Jahre vorher war ja an Urlaub nicht zu denken, das Los der Selbstständigen. Und noch vorher, als junger Mann ... Wenn Sie einmal besessen sind von Ihrer Idee, dann kommt Ihnen kein Urlaub in den Sinn, da stört Sie schon der schlichte Gedanke an Urlaub. Da können Sie froh sein, wenn Sie Freunde haben oder Eltern, die Sie am Sonntagnachmittag rauslocken für drei Stunden ... Jeden Tag nach dem Mittagessen eine halbe Stunde an die Luft, auf den Kreuzberg meistens, der lag ja vor der Tür, oft mit einem Freund, und vor lauter Fachgesprächen sind wir kaum zum Durchatmen gekommen ... Na, was schätzen Sie, wie oft ich damals ins Strandbad Wannsee gefahren bin? In den zehn Jahren zwischen sechsunddreißig und fünfundvierzig? Gut, fünfundvierzig zählt nicht mehr, also vierundvierzig ... Sehr gut! Wieder einen Test bestanden ... Zwei-, dreimal in einem heißen Sommer war ich am Müggelsee, das war der ganze Urlaub in siebzehn Jahren ... Die Nachkriegszeit, die Flucht, der Aufbau, das waren bekanntlich auch keine Liegestuhljahre. Und der Stoppelsberg lag vor der Tür. Ich konnte den Betrieb nicht allein lassen, ich hab gesagt: Gebt mir eine Woche Ruhe. Telefon im Urlaub ist verboten. Wenn Not am Mann ist, dann schickt jemanden den Berg rauf, aber nur mit dem Fahrrad, damit ihr euch das dreimal überlegt. Das sind ja an die dreihundert Meter Höhenunterschied auf drei Kilometer, da musste man viel schieben, Gangschaltung hatte man nicht. Kurz und gut, so hatte ich einigermaßen Ruhe. Telefon war verboten, wie gesagt, aber ich musste Ausnahmen machen. Wenn die Schweizer mit der A4 Probleme hatten oder andere wichtige Kunden, dann konnten die im Gasthaus anrufen, all die Firmen, die mich sonst auch nachts aus dem Bett klingeln durften. Ich hätte mich niemals erholen können ohne das Gefühl, im Ernstfall erreichbar zu sein. Was ist man für ein sozialer Mensch, wenn man Unternehmer ist! … Nein, ich wollte gar nicht weit weg reisen, ich war beruflich so viel unterwegs. Ich bin ja mein eigener Vertreter, mein eigener Verkaufschef, mein eigener Werbechef, mein eigener Chefingenieur gewesen, das glaubt einem heute auch keiner mehr. Da war ich froh, hier auf fünfhundert Meter Höhe ein anständiges Bett und gute Luft zu haben und köstliche Heidelbeeren im Wald. Und manchmal sogar Himbeeren, nicht hier oben, weiter unten Richtung Unterstoppel, auf der Südseite. Es hat viele Gründe, junger Mann, wenn ich von Himbeeren schwärme … Ja, ein Stück geht noch. In Braunschweig müsste ich jetzt auf dem Empfang herumstehen und Hände schütteln, da nehm ich doch lieber Schwung in die Beine und steige noch ein bisschen … Viel gewandert sind wir, rüber zu den andern Bergen des Hessischen Kegelspiels, zum Lichterberg, Appelsberg, Wieselsberg, Stallberg, und wie sie alle heißen. Der Stoppelsberg, sagen die Alten, ist für die Riesen die Kugel gewesen im Kegelspiel, also rollten wir von hier los zum Lichterberg, Appelsberg, Wieselsberg und so weiter bis ran an die Zonengrenze, die Kinder immer mit. Abends hab ich mit meiner Frau Schach gespielt und Radio gehört, dazu kam ich ja sonst nicht, *Familie Hesselbach* oder *Die Insulaner.* Ab und zu ein Sinfoniekonzert. Aufregend, nicht wahr? … Hier bleib ich immer stehen, seit einundfünfzig, damals hat die Eiche auch schon nach Caspar David Friedrich ausgesehen, die abstehenden, abgestorbenen Äste … Ja, ein Stück geht noch … Zwei Urlaubswochen, länger als zwei Wochen hab ich den Betrieb nie allein gelassen … Nein, meine Frau wollte endlich mal nach Italien, also sind wir an den Gardasee gefahren. Eine herbe Enttauschung, sag ich Ihnen. Was hab ich von fotogenen Felsen, wenn ich da schlecht wandern kann. Das allgemeine Entzücken für Italien hab ich nie begriffen, und bin dann doch nicht ungern mitgefahren … Die Hotels waren besser. Im Freien frühstücken, im Freien essen, das hat mir schon gefallen, das muss ich zugeben. Das war mein Luxus nach fünfzig Wochen Schufterei, fünfzig Achtzig-Stunden-Wochen … Aber man wird auch fauler im Süden, und das liegt mir nicht … Gescheite Gedanken sind mir da nicht zugeflogen … Nein, noch nicht, das Malen hab ich erst später entdeckt …

So ist unser guter Stoppelsberg ein bisschen aus der Mode gekommen … Jetzt wird's mir doch zu viel … Ich hätte langsamer gehen sollen, langsamer reden … Wenn das Band läuft … Ich denk dann, ich müsste gehorchen und sprechen … Kabeln Sie mich ab … Ja, oben wieder an, von mir aus …

(Aus dem Bilderbuch)

Herrlich! … Die Weite! … Dafür keuch ich gern, jedes Mal wieder … Ich bleib hier, im Hof. Auf den Bergfried verzichte ich, die Stufen sind mir zu hoch und zu schief. Das ist nichts mehr für einen Achtzigjährigen mit Stock … Steigen wir auf die Wehrgänge, da steht man auch über den Wipfeln, über der Landschaft … Ich staune immer wieder, wie steil es runtergeht ins Haunetal. Früher, auf dem Bergfried, auf der schmalen Platte da oben, ist mir manchmal fast schwindlig geworden … 520 Meter und ein paar mehr, Rundblick 360 Grad … Und Sie, Sie sehen mir auch nicht gerade schwindelfrei aus … Da haben wir also wieder was Gemeinsames, leicht schwindlig blicken Sie und ich auf unsere alten Dörfer hinab … Und dann in der Abendsonne … Mir kommt hier oben sogar das Wort Heimat in den Sinn, und das will was heißen für einen Berliner … Man hört förmlich die Männergesangvereine aus den Tälern röhren *Im schönsten Wiesengrunde* … Neukirchen hatte einen, Wehrda auch? … Gab es da nicht Sängerfeste und Wettbewerbe? … Heute ist alles die Großgemeinde Haunetal, ich werd mich nie dran gewöhnen … Hier bin ich gern allein gewesen und hab den Blick schweifen lassen über die Wälder und Felder und Dörfer, rundum in der Ferne die Bergketten. Das ist ja der Witz, man schaut auf die Berg- und Tallandschaft aus dem Bilderbuch mit Fachwerk und wogenden Kornfeldern, und in Wirklichkeit ist das die Rennbahn Nord-Süd und ein Verkehrsknotenpunkt erster Ordnung. Die Autobahnkreuze am Herzberg und bei Kirchheim drüben, und direkt unter uns rast der Intercity-Express durch die untertunnelten Wälder, und auf der alten Strecke der Express nach Osten, nach Thüringen … Entschuldigung, Sie kennen sich ja aus, ich erzähle das fast automatisch wie ein Fremdenführer, weil ich schon vielen Leuten begreiflich machen musste, was mich in diese Gegend getrieben hat, und erst recht, was mich in dieser Gegend gehalten hat … Es versteht ja keiner, weshalb ich nicht spätestens Mitte der fünfziger Jahre nach München gegangen bin oder in den Frankfurter Raum … Und dann, die Flugzeuge. Das haben Sie früher sicher auch beobachtet, wie die Flugzeuge genau hier über der Vorderrhön, wo der Luftkorridor, wo die russische Zone endete, genau hier über dem Stoppelsberg, wie die Maschinen aus Berlin ihre Linkskurve machten und Richtung Frankfurt und München abgedreht sind und umgekehrt die Rechtskurve nach Berlin. Der Luftkorridor ist nun abgeschafft, aber auch heute noch fliegen sie über uns ihre Kurve … Alles um diesen Berg herum in rasender Bewegung, und ich, selbst ich komme aus dem Staunen nicht raus, dass es fast keine Fortbewegung mehr ohne Computer gibt. Fußgänger, Radfahrer nehmen wir mal aus, bis auf Weiteres, aber sonst kommt doch kein Mensch mehr von Ort zu Ort ohne Computer, ob auf der Straße, der Schiene oder in der Luft … Für Sie ist das banal, aber verstehen Sie, was da in mir vorgeht? … Wälder und Felder, die ganze grüne Landschaft sieht von oben fast aus wie vor fünfzig Jahren, oder sagen wir wie 1951, und doch ist alles, ich sage alles, total anders geworden … Damals hab ich hier gestanden und gedacht, jede größere Stadt sollte einen Rechner haben und jede Uni einen, das war völlig utopisch, man hätte mich für verrückt erklärt, wenn ich das laut gesagt hätte … Und heute, auf jedem Schreibtisch einer, die Computer sind bis in die Dörfer vorgedrungen, bald führt kein Bauer mehr seine Geschäfte ohne so ein Gerät in der guten Stube … Da werd ich ganz still, ganz bescheiden … Wie diese Basaltsteine, zehn Millionen Jahre sollen die alt sein oder zwanzig Millionen … Der Verkehr rast um den Stoppelsberg herum, und ich werde immer ruhiger … Mein Leben, ein Traum, ich kann es nur so abgedroschen sagen. Mitsamt den Enttäuschungen, die zum Traum gehören … Gehn wir, jetzt hab ich dem Gott der Nostalgie mein Opfer gebracht … Zehn oder zwanzig Millionen Jahre … Schluss damit …

(Land der offenen Fernen)

Diesen Blick, abwärts nach Osten, den mag ich besonders … Heute brauchen wir nicht mehr zu überlegen, zwischen welchen Bergen läuft sie denn nun genau, die Grenze? Ist der Berg da hinten oder der da schon Ostzone, steht da der Russe? … So milde, was für ein Sommerabend … Der Ausschnitt hier, am Waldrand entlang über die Felder und Wiesen zu den Kegelbergen und der riesige Himmel, das wäre ein Motiv für Nolde oder Schmidt-Rottluff. Die Landschaft gibt doch so viel her wie Worpswede oder die Nordsee, finden Sie nicht? Die wellige Hochebene mit den lustigen Spitzen … Nur das Licht, nun ja. Auch die unbestechlichsten Maler lassen sich bestechen, von einem lassen sie sich bestechen, vom Licht. Was hätte die Rhön profitieren können, wenn hier ein paar wirkliche Maler gehaust hätten! Die ganze Basalt-Gegend … Felsen, ein teuflisch schwieriges Sujet … Die Rhön hat Pech gehabt, keine Künstler als Trendsetter. Sagt man doch, oder? Die Leute müssen sich ja schwer abstrampeln, um ein bisschen Umsatz in die Dörfer zu kriegen. Seit kurzem wird uns die ganze Gegend als Reservat verkauft, ein Biosphärenreservat oder wie das heißt, mit den Stempeln von der UNESCO … Sie sollten öfter in Ihre alte Heimat kommen! … Und jetzt pfeifen mit dem Wind auch die Marketingleute durch die Landschaft und werben für die Rhönforelle, das Rhönschaf, den Rhönapfel, Rhöner Kümmelbrot und Rhöner Ökobier und was weiß ich noch alles. Und die entdecken nun, was wir beide seit Jahrzehnten wissen: Hier ist die logistische Mitte Deutschlands. Und, haben Sie das schon gehört? Die ganze Region kriegt einen neuen Stempel: Land der offenen Fernen … Nicht wahr, das klingt doch fast schon nach Nolde oder Schmidt-Rottluff … Nein, ich nicht, da können Sie sicher sein. Landschaften male ich nicht und Sonnenuntergänge erst recht nicht. Gerade weil ich Landschaften liebe und Sonnenuntergänge sowieso, wer liebt sie nicht, die Feier der Natur, oder wie heißt es im Gedicht? … Na, sehr viel haben Sie von mir noch nicht verstanden, junger Mann, dass Sie so fragen. Weil die Landschaft ein schwieriges Feld ist, das ist was für Genies oder für Hobbymaler. Ich gehöre weder zu der einen noch zu der andern Sorte. Nehmen Sie allein die Schatten. Schauen Sie, wie die Schatten länger werden und wie da die Farben wechseln, je nachdem, wo sie fallen, wo sie wandern. Die Schatten sind ja wie ein Chamäleon, genau genommen. Und welcher Maler kann schon Schatten malen? Ich achte da immer wieder drauf, wenn ich durch die Museen streife. Wenn Sie beispielsweise eins unserer bekanntesten Gemälde nehmen, *Goethe in der Campagna* von Tischbein, sehen Sie sich das mal an im Städel in Frankfurt, Sie werden staunen, wie schlampig der Tischbein die Schatten gemalt hat, von dem berühmten, viel zu lang geratenen linken Bein ganz zu schweigen. Oder nehmen Sie Picasso, der größte Maler unseres Jahrhunderts angeblich, ich halte ihn ja für überschätzt, das sag ich frei heraus. Schauen Sie mal hin, ganz genau hin, bei Schatten war er immer unbeholfen, und dann hat er den Stil gewechselt und abstrakt gemalt, da brauchte er keine Schatten mehr. Der hat sich vor der Schattenmalerei gedrückt, könnte man sagen. Was halten Sie von der These? … Sie halten sich da raus. Sie wollen sich nicht festlegen, wenn es um Kunst geht … Na schön. Ich jedenfalls, wenn ich gefragt werde, warum ich so halbabstrakt male, dann sag ich gern: Weil ich keine Schatten malen kann, wie Picasso … Wissen Sie, man muss sich entscheiden, als Künstler und als Erfinder. Sehr früh den Instinkt schulen, was man anfängt und was nicht. Spüren, nicht rechnen. Am wichtigsten ist die Entscheidung, Nein zu sagen. Nein zu dem, was man nicht kann oder nicht will und gar nicht erst anfangen wird … Ich geh kurz auf mein Zimmer. Treffen wir uns in einer Viertelstunde auf der Terrasse? Bringen Sie Ihren Pullover mit! …

(Der Mann, der nicht rechnen wollte)

Der Gang hat mir gutgetan. Und Ihnen? … In Braunschweig würde ich nach der Steherei jetzt auch einen Sessel ansteuern … Stimmt, da sind sie schon beim Festessen, harte Stühle und Konversation … Halb neun und immer noch hell … Die Sommerzeit, das ist für mich eine der besten Erfindungen der Achtzigerjahre. Und wie bei jeder guten Erfindung, was hat es da für einen Zank gegeben am Anfang! Das Rindvieh könne sich nicht so schnell umstellen, und die Säuglinge nicht, und Europa käme ins Schleudern. Es hat nur noch gefehlt, dass die Naturschützer protestiert hätten, der Natur, den Kröten und den Föhren sei der Stress der Zeitumstellung nicht zuzumuten, so hysterisch sind die damals gewesen, erinnern Sie sich? Und heute genießen wir alle die langen, hellen, warmen Abende, nicht nur wir Maler. Eine geniale Idee, einfach die Uhr verstellen, und schon fühlt sich die Menschheit wohler … Ja, wenn ich das wüsste. Wie reift so ein Entschluss? Ich war fünfundzwanzig, fertig mit dem Studium, hatte einen Arbeitsplatz in den Flugzeugwerken und eine Karriere in Aussicht. Ingenieure wie wir waren gesucht, Deutschland rüstete auf, Chancen überall. Auf die Karriere musste ich verzichten, jedenfalls erst mal, das war völlig klar. Geld hatte ich auch nicht, als ich beschloss, das beste Rechengerät aller Zeiten zu erfinden … Genau so war es, ein Beschluss. Ich hatte einen Haufen Ideen im Kopf, erste Skizzen, das hab ich vorhin schon angetippt, Rechenwerk, Speicherwerk und so weiter. Ich wusste, ich konnte das nicht am Feierabend erledigen, abends und sonntags. So nebenbei hatte ich schon einiges getüftelt oder entworfen, ein elliptisches Kino mit optimaler Sicht für alle, einen Warenautomaten mit Geldrückgabe, ein automatisches Fotolabor. Dazu einigermaßen kluge, das heißt praktikable Gedanken, wie ich nachträglich sagen darf, über die sogenannte grüne Welle im Autoverkehr. In all diese Richtungen hätte ich mich bewegen können, sogar zur Raumfahrt, wenn Herr von Braun angeklopft hätte. Aber es wurde die Rechenmaschine … Was ich nicht mochte, war das Rechnen, die endlosen stumpfsinnigen Rechnereien, mit denen man mich gequält hat und alle Ingenieure und Statiker, ganze Heerscharen von Rechenknechten. Den Stumpfsinn der Rechenschieberei abschaffen, das war's. Wenn ich Leute zum Lachen bringen will, sag ich: Zum Rechnen war ich zu faul. Mein Geist, meine Lebenskraft waren mir dafür zu schade. Aber es stimmt: Der Mann, der nicht rechnen wollte, erfindet die universale Rechenmaschine … Ich weiß, das hab ich schon sechshundertsechsundsechzigmal erzählt. Sie müssen mir erlauben, dass ich hin und wieder etwas aus meinen Memoiren aufgreife. Ich kann ja nicht wissen, was Sie noch im Kopf haben und was nicht, und ich kann auch nicht jedes Mal vorher fragen, ob es Ihnen genehm ist, wenn ich mich wiederhole … So ist es, unser Gespräch führen wir nicht für Sie, sondern für ein breiteres Publikum als Sie und mich, das hoff ich doch … Also, der Mann, der nicht rechnen wollte … Ich bestehe darauf, es war ein Beschluss, ein einsamer Beschluss. Und ich wusste, wie schwer es sein würde, meine Freunde davon zu überzeugen, den Arbeitgeber und vor allem die Eltern … Es war Herbst, September, und jetzt wollen Sie sicher wissen, ob ich da in meiner Stube war oder auf dem Kreuzberg oder beim Rasieren oder in einer Kneipe, nüchtern oder mit ein paar Bieren im Kopf, ob ich mit Freunden war oder allein, ob der Vollmond geschienen hat und ob ich vorher ein wenig Magie getrieben habe und ob Mephisto persönlich bei mir angeklopft hat oder als Katze in die Wohnung geschlichen ist und ob wir einen hübschen Teufelspakt geschlossen haben wie es sich gehört bei deutschen Erfindern …

(Es war nicht der Teufel, es war Rilke)

Sie werden lachen, es war nicht der Teufel, es war Rilke … Rainer Maria, der Dichter. Kennen Sie das, sein kleines Buch *Briefe an einen jungen Dichter?* … Keine Ahnung. Vielleicht ein Freund, dem meine Späße gefallen haben und der aus mir einen ernsthaften Dichter machen wollte, der könnte mir das zugesteckt haben. Aber wir hatten eigentlich gar keine Kommilitonen mit tiefpoetischen Neigungen. Ist auch egal, der Rilke hat mir jedenfalls die richtige Grundeinstellung beigebracht, knallhart. Niemand kann einem raten und helfen, niemand, sagt er. Es gebe nur ein Mittel, man soll in sich gehen und sehr genau prüfen, weshalb man Dichter werden will. Und wer nicht sagen kann: Ich muss!, der soll es bleiben lassen. Und wer zum Entschluss kommt: Ich muss!, der soll, das ist ganz wichtig, sein Leben nach dieser Notwendigkeit ausrichten, bis in jede Einzelheit. So ungefähr sagt das Rilke, und selbst als junger Spund hab ich gewusst, dass das nicht nur für Dichter gilt, sondern für jeden schöpferisch tätigen Menschen, auch für mich, den Ingenieur mit seiner fixen Idee von einer Universal-Rechenmaschine … Was heißt schon mutig? Nein, ich hatte keine Wahl. Ich hatte entschieden: Ich muss. Und da Rilke den guten Rat gab: dann bauen Sie Ihr Leben nach dieser Notwendigkeit, hab ich mein Leben nach dieser Notwendigkeit gebaut. Das Schwerste war der Familienrat. Da ist der Filius endlich fertig mit dem Studium, hat eine Stelle mit besten Aussichten, bringt Geld nach Hause – und nun das! Mein Vater, Postbeamter in Pension, die Sorgenfalten können Sie sich vorstellen, der ist natürlich dagegen mit allen Argumenten seiner praktischen Vernunft, die Mutter seufzt. Und wie viel Vorwurf in Seufzern stecken kann, das hab ich damals gelernt, anno fünfunddreißig. Meine Schwester, zwei Jahre älter als ich, sitzt dabei und schweigt. Ich rede vom Nutzen einer solchen Erfindung, die ich nur auf Papier vorzeigen kann, ich rede auf Samtpfoten, ich rede mit Engelszungen, da helfen auch meine Schauspielkünste nicht viel, das merke ich. Die zwei Wörter *Ich muss!,* die kann man auf dreißig verschiedene Arten sprechen, finden Sie mal die richtige, wenn

Sie kein Profi sind. Und ich durfte ja nicht verraten, dass ein Dichter mir diese Wörter souffliert hat. Plötzlich sagt meine Schwester: Aber du wirst unglücklich, wenn wir Nein sagen! Du sollst nicht unglücklich werden! Und bietet ihre Ersparnisse an, vierhundert Mark, und jeden Monat will sie abzweigen, was sie kann, sie hat gearbeitet als Stenotypistin. Das ist der Durchbruch, die Eltern stimmen zu, geben ihr Sparbuch her, der Vater geht wieder arbeiten, das Wohnzimmer wird freigeräumt, nur der große Esstisch bleibt drin ... Ohne meine Schwester hätte ich gar nicht anfangen können, ohne die Klugheit einer Stenotypistin hätte es den Durchbruch zum Universal-Rechner wahrscheinlich nicht gegeben, jedenfalls nicht in Berlin, so viel steht fest. Sehn Sie, all diese Heldengeschichten von den Computer-Bastlern in ihren Garagen in Kalifornien sind ja gut und schön, aber das ist doch alles nichts gegen das Sparschwein meiner Schwester und gegen das Wohnzimmer in Kreuzberg ... Ja, und das in einer Zeit, als alle nur das Nötigste zum Leben hatten und niemand eine Garage, und als kein Mensch auf der Welt das Wort Computer kannte ... Dagegen war es ein leichtes Spiel, und immer noch schwer genug, die Freunde zu überzeugen und anzupumpen und zu begeistern, dass sie mithelfen wollten. Und die Stelle kündigen, das hab ich in Kauf genommen, als Trottel aus der Tür des Personalchefs zu gehn. Das Ganze musste natürlich nach außen getarnt werden, wir wollten ja nicht als Verrückte behandelt werden. Also hab ich behauptet, wir konstruieren einen Tankmesser für Flugzeuge, da lief gerade ein Wettbewerb des Luftfahrtministeriums ... Wenn ich das heute vor Studenten erzähle, vor ehrgeizigen, ausgefuchsten Informatikern, und sage: Rilke! Ohne Rilkes Regel hätte ich nicht durchgehalten, dann grinsen die Schnösel – falls sie von Rilke überhaupt was gehört haben in der Schule. Und die höheren Leute, Professoren und Manager, die mein Erfolgsrezept wissen wollen, die bring ich gern ein bisschen ins Schleudern und sage: Management by Rainer Maria ... Und neben Rilke stand Spengler, Oswald Spengler. *Vor den Augen des faustischen Menschen ist alles Bewegtheit einem Ziele zu.* Solche Sätze hab ich mit mir spazieren getragen. Ich hatte ein Ziel, ohne mich gleich als Faust zu fühlen ... Ja, völlig aus der Mode, obwohl er einen Weitblick auf unser Jahrhundert hatte wie kaum einer. Der hat uns Deutschen den faustischen Geist gepredigt, den faustischen Willen zur Macht ... Da bin ich ganz anderer Meinung. Selbstverantwortung, Selbstbestimmung, Entschlossenheit, solche Tugenden hat er gepredigt, und die passen bekanntlich gar nicht zu den Nazis. Der einzige große Denker, der über die Rolle der Erfinder und Techniker nachgedacht hat. Er hat mir geholfen, Abstand zu halten zu den Armleuchtern, aber das ist ein anderes Thema … Na, weil sie bei jeder Gelegenheit den Arm nach oben gerissen haben, zum deutschen Gruß …

(Der total unfähige Faust)

Nein, damals hab ich noch nicht ernsthaft an Faust gedacht. *Im Anfang war die Tat, wer immer strebend sich bemüht,* und so weiter, das klingt ziemlich banal, wenn Sie an der Skizze eines Speicherwerks herumdenken mit dem Bleistift zwischen den Fingern. Nein, so größenwahnsinnig, mich irgendwie mit dem zu vergleichen, bin ich nie gewesen, das hoff ich doch. Das *Ich muss!* war ein Befehl, nüchtern, knallhart. Der Rilke hat sehr praktisch gedacht: Baue dein Leben um! Beim Goethe ist es ja nur dieser diffuse Drang zum Neuen. Der Faust ist eigentlich, wenn Sie mal genauer hinschauen, keine vorbildliche Figur. Viel Pathos, aber total unfähig bei allem, was er anpackt, alles geht schief bei ihm … Der sitzt da nachts rum, weiß nicht weiter mit seinem vielen Wissen, Burn-out würde man heute sagen, eine ziemlich depressive Gestalt, die sich zur Unterhaltung ein paar Geister herbeizaubert. Dann fällt ihm nichts Besseres ein als der Selbstmord, er nippt schon fast am Gift und wird gerettet in der letzten Sekunde von Ostergesängen und Osterglocken. Das ist Kitsch hoch drei, wenn wir ehrlich sind, oder? … Sie lachen, aber so ist es doch. Ich hab ja gesagt, ich hab mich mal wieder vertieft in das Stück, weil wir über die faustische Leidenschaft sprechen wollten. Die von Herrn Dr. Faust ist ziemlich konfus und nicht gerade zielbewusst, muss ich sagen. Nach seinem berühmten Osterspaziergang fängt er wieder was Neues an, er übersetzt einen Satz aus der Bibel, ein einziges Sätzchen … Schwierig, na schön, aber er wird nicht mal damit fertig, schon kommt der Teufel angesprungen und verspricht ihm ein unterhaltsames Leben. Ich hatte mir immer eingebildet, als braver Deutscher und Goethe-Verehrer hatte ich mir bis vor drei Tagen eingebildet, der Teufelspakt sei dazu da, um neue Erkenntnisse, um bessere Forschungsergebnisse zu erzielen.

Er verkauft seine Seele sozusagen für ein anständiges Drittmittelprojekt, hatte ich gedacht, das könnte jeder Forscher heute verstehen. Aber nein, dieser verklemmte Doktor braucht den Teufel fürs Amüsement, um sich mal zu besaufen und ein junges Mädchen zu verführen, ein Kind von grad mal vierzehn Jahren. Das besticht er mit Juwelen, ermordet den Bruder, freie Bahn beim Schwängern, so ist es doch. Für den Genuss, für den berühmten Augenblick! Und nicht für den Fortschritt der Wissenschaft! ... Richtig, im zweiten Teil kommt er ein bisschen zur Vernunft und entfaltet unternehmerisches Denken, aber auch da macht er ja alles falsch ... Das ist nun die größte deutsche Dichtkunst, mit solch einer Flasche als Helden ... Da ist es ein Wunder, dass wir trotzdem Exportweltmeister geworden sind ... Können Sie sich das vorstellen, Faust als Fan von Charlie Chaplin? ... Sehen Sie, das ist noch ein Unterschied zwischen Faust und mir. Chaplin war mein Liebling, ich hab ja auch gern den Komiker gegeben, immer wieder bin ich in seine Filme gerannt, solange die erlaubt waren ... Überhaupt, Faust ist humorlos, das haben Sie mir beigebracht, an der Nordsee damals. Dafür werd ich Ihnen immer dankbar sein, seitdem seh ich das mit dem faustischen Willen ein bisschen lockerer, hoff ich doch ...

(Rilke und Bleche)

Und ein Komiker müssen Sie bleiben, wenn Sie durchhalten wollen, wenn Sie achtzig Stunden in der Woche Bleche aussägen mit der Laubsäge, Schaltpläne entwerfen und verbessern, Material beschaffen, Geld auftreiben. Für die Bleche hab ich meine Hilfsarbeiter gehabt, alles mehr oder weniger Studienfreunde, Studenten und junge Ingenieure, die für Wochen oder für Tage, immer umschichtig, in die Werkstatt gekommen sind, die ganze Wohnung eine Werkstatt. Nur das Schlafzimmer der Eltern und das Zimmer der Schwester und die Küche waren tabu. Und zum Lohn haben sie mittags einen Teller Suppe und abends zwei Wurstbrote bekommen von meiner Mutter ... Jeder hat Tausende dieser kleinen Bleche ausgesägt, sogar mein alter Vater, ich natürlich auch. Mit diesen Händen! ... Nein, das war eine kleine elektrische Laubsäge, aber ein Kinderspiel war die Arbeit nicht. Die Blechrelais hatten verschiedene Formen, die hab ich auf Papier gezeichnet, dann wurde das Papier auf ein Sperrholzbrettchen geklebt, und zwischen diesem und einem anderen Brettchen, das drunter lag, steckten die Bleche, alles befestigt mit Gewindeschrauben. Und dann musste die bestimmte Form des Relais ausgesägt werden, dann wieder andere Formen, Präzisionsarbeit, sag ich Ihnen … Bleche, Bleche, Bleche, da denken Sie zwischendurch schon mal an Charlie Chaplin im Löwenkäfig und immer wieder an Rilke: *Ich muss, ich muss, ich muss!* Das *Ich muss!* war der Antrieb, das war das Aphrodisiakum, wenn Sie so wollen … Warum nicht? Erfinden hat ja durchaus etwas Erotisches, etwas Spielerisches bei aller Besessenheit, meinen Sie nicht? … Die Bleche steckten auf einem Schaltstift aus Stahl, das Steuerblech oben, das Festblech unten, und dazwischen das bewegte Blech und das bewegende Blech. An der Bewegung der Bleche konnten Sie sehen, wie die Maschine gerechnet hat. Und hören, sag ich Ihnen, wie sie rechnet und rasselt und rattert! Ein Höllenspektakel, wenn Tausende von Blechen hin- und herruckeln … Im Prinzip eine Maschine aus dem Stabilbaukasten. Die Entstehung des Computers aus dem Geist des Stabilbaukastens, hat mal ein kluger Mensch gesagt … So war das in den seligen Zeiten der Mechanik, dreißigtausend Einzelteile haben wir gezählt, als wir das Gerät noch mal nachgebaut haben fürs Museum. Aber entscheidend war, dass ich die Grundsätze der Schaltungstechnik entwickeln konnte. Hier bei der A 1 hat es zum ersten Mal ein duales Rechenwerk gegeben, ein Speicherwerk und ein Plansteuerwerk für die logischen Grundoperationen Und, Oder, Nicht – und natürlich das Ein- und Ausgabewerk … Ich weiß, ich wiederhole mich, aber wenn ich mich nicht wiederhole, bleibt gar nichts hängen im Laiengehirn … Die Rechenbefehle wurden eingegeben über alte Film-Zelluloidbänder aus den Abfallkörben vom Studio Babelsberg, die haben wir Loch für Loch mit der Hand gestanzt. Darauf musste auch erst mal einer kommen …

(Computer hört sich einfach besser an)

Ja, so ist es. Leider hat mir im Jahr achtunddreißig, als das Gerät fertig war, niemand gesagt: Bravo, junger Mann, ich gratuliere Ihnen! Sie haben soeben den Computer erfunden! Im binären System! Mit gleitendem Komma! Mit Lochstreifensteuerung!

Nur der Geldmangel zwingt Sie, auf Programmverzweigungen zu verzichten! Gratuliere! Eine der wichtigsten Erfindungen der Menschheit! Vielleicht nicht die wichtigste nach dem Rad, aber doch, sagen wir, nach dem Elektromotor! Gehen Sie in aller Ruhe zum Patentamt, reichen Sie Ihre Patentschrift ein, führen Sie Ihre Schwester zum Essen aus, mal ein ordentliches Eisbein oder Jägerschnitzel am Kudamm, ganz nach Belieben, gehen Sie mit ihr tanzen und machen Sie vier Wochen Ferien im Gebirge, Sie Gipfelstürmer! Dann perfektionieren Sie Ihr Gerät weiter! ... Ja, hätte man mir dafür gleich das Patent gegeben und einen Artikel in einer wissenschaftlichen Zeitschrift, wie man das in friedlichen Zeiten so macht, dann hätte John von Neumann in den USA sich nicht jahrelang quälen müssen, in der Theorie, wohlgemerkt in der Theorie das zu erfinden, was ich hier praktisch vorzeigen konnte. Aber seit 1945 gilt nun der Amerikaner mit seinem »Von-Neumann-Prinzip« als der Vater des Computers. Nun gut, das wird allmählich korrigiert ... Richtig, sie hatten und haben den schöneren Namen und den Vorteil der Weltsprache, die Amis. Computer hört sich einfach besser an als Universal-Rechenmaschine, da kann man nichts machen, dabei ist es eigentlich Latein und nicht Englisch. Das gleiche Wort, computare, zählen, rechnen. Darauf hätte ich auch kommen können. Pech gehabt ... Sicher, das Ding funktionierte noch nicht doll, sehr präzis konnten die handgesägten Bleche nicht sein, irgendwo klemmte immer was. Das Gerät arbeitete unzuverlässig, längere Programme durchzurechnen war Glückssache. Aber wenn es mal arbeitete, dann hat es schneller und genauer Wurzeln gezogen als jedes andere Rechengerät und noch dazu richtig. Alle Operationen flutschten viel schneller, als ich es erträumt hatte. Wissen Sie, als in Berlin die Verkehrsampeln eingeführt wurden, gab es auch erst Chaos. Da hab ich ein bisschen überlegt – und das Prinzip der grünen Welle ausgedacht. So war es jetzt auch, die Universal-Rechenmaschine war da, nun fehlte nur noch die grüne Welle auf den Datenbahnen ... Ja, ich war so verrückt, meiner Sache so sicher war ich, dass ich achtunddreißig schon notiert habe: In fünfzig Jahren wird ein Nachfolger dieser Rüttel-, Rassel- und Rechenanlage den Schachweltmeister schlagen ... Danke! So punktgenau waren meine Vorhersagen nicht immer ... Nein, damals ist leider niemand vorbeigekommen zum Beglückwünschen. Ich hatte nur Herrn Rilke, der mich angefeuert hat: *Ich muss, ich muss, ich muss!* Herr von Neumann hat mir nicht Guten Tag gesagt, Herr Turing nicht, Herr Stibitz, Herr Atanasoff, Herr Aiken, Herr Eckert und Herr Mauchly sind leider auch nicht mit ihren schönen Autos in Kreuzberg vorgefahren. Niemand hat mir auf die Schulter geklopft, wie man das manchmal braucht als junger Bursche und einsamer Erfinder. Alle diese legendären Herren haben ähnliche Lösungen gesucht oder mir hinterhergebastelt, schwer geheim in ihren wunderbaren Laboratorien und mit Hunderttausenden von Dollars im Rücken. Und wir mit der Laubsäge! Und mit handgelochten Zelluloidstreifen aus den Abfallkörben der UFA! Deutschland war zugesperrt, technologisch eingemauert, spätestens seit der Olympiade. Auch von deutschen Fachleuten ist keiner da gewesen, ich wollte mich ja nicht blamieren mit dem unzuverlässigen, gigantischen Gerät im Wohnzimmer. Nur ein Rechenmaschinen-Unternehmer, der sich dann mit ein paar tausend Mark beteiligt hat. Und mein Freund Hartmut, mit dem klassischen Satz: Das musste mit Röhren machen … Nun, das alles ist inzwischen der gelehrten Welt bekannt, da fass ich mich kurz …

(A für Anfang)

Ich will Ihnen heute Abend was anderes erzählen. Erinnern Sie sich, warum dies erste Gerät A 1 heißt und die weiteren A 2, A 3, A 4 und so weiter? … Das stimmt und stimmt auch wieder nicht. A steht für Anfang, für den ersten Buchstaben im Alphabet, hab ich immer gesagt, und wenn ich guter Laune war, hab ich gesagt: Es steht auch für Abenteuer, die wahren Abenteuer finden nicht mehr in der afrikanischen Wildnis statt, sondern im unendlichen Raum der Zahlen, und so weiter. Bei A wie Anfang, da durfte man natürlich auch an Faust denken, wie er beim Übersetzen ratlos herumrutscht, *im Anfang war das Wort,* der Sinn, die Kraft, die Tat, ja, was denn nun? Bei Goethe bleibt das offen, Goethe drückt sich vor einer Entscheidung … Übrigens, bei der Lektüre jetzt hatte ich die Idee, er hätte sagen sollen: Im Anfang war der Logarithmus, da steckt nämlich beides drin, das Wort und die Zahl, das ganze Zauberland der Potenzen, das wäre die richtige Übersetzung gewesen! Im Anfang war die Potenz, auch nicht schlecht, oder? Aber darauf ist der Goethe natürlich nicht gekommen. Er lässt einfach den Teufelspudel los, der knurrt und bellt, sofort vergisst Faust seine Bibel und die Tat erst recht. Da war ich ein bisschen vernünftiger, wenn ich das mal ganz bescheiden sagen darf. Im Hinterkopf steckte vielleicht schon der Gedanke: Hier ist sie, die Tat, ich setze den Anfang, das A für Anfang, denn vor dieser Maschine geht es nicht mehr um Wort oder Sinn oder Kraft, die Universal-Rechenmaschine ist der Anfang, fertig. Das ist die Tat! … Aber das ist nur die halbe Wahrheit. So hab ich das zwar immer nach außen behauptet, so steht es in meinen Schriften, so hätte ich das auch heute in Braunschweig wiederholt, aber es stimmt nicht … Da muss ich etwas ausholen. Wir haben ja nicht auf Teufel komm raus gebastelt, sondern Schritt für Schritt als Mathematiker, als Wissenschaftler, als Logiker und Ingenieure. Also mussten wir, hier kann ich auch ich sagen … Nageln Sie mich bitte nicht fest, wann ich ich sagen soll und wann wir … Also musste ich die Fachliteratur kennen und natürlich Leibniz, alles, was über das duale Zahlensystem zu finden war. Wir sind ja wirklich die ersten Zahlenrevolutionäre gewesen … Jetzt werd ich aber auch zum großsprecherischen Redner, bremsen Sie mich … Tatsache ist, wir sind die Ersten oder mit die Ersten gewesen, die seine Revolution von 1679 in die Praxis umgesetzt haben … Zum Glück hatte ich einen Kumpel mit einer Leserkarte für die Staatsbibliothek Unter den Linden. Der hat für mich den Leibniz ausgeliehen und alles über das duale System. Und eines Tages hat er ein englisches Buch über alte Rechenmaschinen mitgebracht, in dem von einem Charles Babbage und einer Ada Lovelace die Rede war, von beiden hatte ich nie gehört. Nicht mal eine Seite, viel mehr stand da nicht, über eine sogenannte analytische Maschine, die Idee, der Entwurf galt als nicht realisierbar. Mein Schulenglisch war dürftig, ein Freund hat mir diese Seite so übersetzt, dass ich Babbages Idee der Programmsteuerung überhaupt nicht erkannt habe, und dabei hab ich mich selbst mit Steuerungsproblemen herumgeschlagen jeden Tag. Vielleicht hat auch der Verfasser des Buches nichts von boolescher Algebra verstanden, ich weiß es nicht, ich habe dies Buch nie wieder gesehen. Ich war ein Anfänger, auch in der Mathematik, und was ich da gelesen habe, hat mir überhaupt keinen Eindruck gemacht. Aber was mir Eindruck gemacht hat … Sie sehen, ich zögere noch immer, ich habe nie darüber geredet … Ja, wer beichtet schon gern. Eine Sünde ist wahrscheinlich leichter zu beichten als diese Geschichte, die keine Sünde ist … Noch ein Wasser bitte, Sie auch? … Ich erinnere Sie noch einmal an unsern Vertrag, dass Sie unser Gespräch erst nach meinem Tod veröffentlichen … Und dabei ist weder Betrug noch Mord im Spiel, nur eine etwas seltsame Liebe … Also, was mir Eindruck gemacht hat, war die Frau. Diese Frau, die eigentlich nur in einer Anmerkung versteckt war, vielleicht zehn Zeilen. Ada Lovelace, Tochter von Lord Byron, eine englische Lady, eine große Mathematikerin soll sie gewesen sein und Assistentin von Mr. Babbage beim Entwurf der Rechenmaschine …

(Ein Name zum Verlieben)

Können Sie sich das vorstellen? Eine Mathematikerin! Können Sie das ermessen, junger Mann? Eine Frau, die an Maschinen bastelt, die rechnet, die mitdenkt, mitmacht und miterfindet! Eine Assistentin! Und eine Lady dazu! Können Sie sich vorstellen, welch ein Blitz da durch den schüchternen Jüngling gefahren ist? … Viel mehr! Die Frau meiner Träume, wenn ich das als Greis einmal so unverblümt sagen darf … Ja, das kann heiter werden, wenn ein Logiker zu träumen anfängt. Meine Fantasie hatte sie längst vorher erfunden, ich hatte sie fast fertig im Kopf ausgemalt, eine hübsche, versteht sich, schlanke, versteht sich, eine geistreiche, versteht sich, eine ideale Frau … Und auf einmal stand sie vor mir, auferstanden gewissermaßen aus dem Papier. Da hat es die Fantasie überhaupt nicht gestört, dass sie fast hundert Jahre älter war und keine Berlinerin. Mathematikerin war sie! Ja, die Frau meiner Träume, nicht auf der Straße entdeckt, nicht bei einem Studentenfest, sondern wo? In einer Anmerkung … Das darf ich heute ja zugeben, die Frauen waren mein Problem. Ich war fast dreißig, und auf eine Freundin wagte ich kaum zu hoffen. Mindestens achtzig, oft neunzig, manchmal an die hundert Stunden arbeiten in der Woche, sonntags hab ich mir den Achtstundentag gegönnt von 7 bis 15 Uhr und dann frei – und in den übrigen achtundsechzig oder siebzig Stunden, ja selbst im Tiefschlaf mit dem Kopf immer bei den Blechen, was bleibt einem da anderes übrig. Unter den Mathematikern und Ingenieuren hat es einfach keine Frauen gegeben, in den Zwanzigerjahren ein paar, aber in der Nazizeit nicht. Und ich hab mich nachts oft genug gequält mit der fixen Idee, dass irgendwo in Berlin wenigstens eine gescheite junge Frau, eine Mathematikerin oder Ingenieurin wartet, eine Braut, mit der ich gemeinsam an der Universal-Rechenmaschine arbeiten könnte. Oder die das zumindest versteht, wie meine Schwester das verstanden hat. Das männliche und das weibliche Prinzip an einem Strang ... Und als ich endlich mal eine für mich interessieren konnte, wie viele Arbeitsstunden kostete mich das! Die Schwester eines Kommilitonen, die immerhin Physik und Chemie für das Lehramt studiert hat, was schon für sich sensationell war. Da passierte das Übliche, ich war zu stürmisch oder zu tollpatschig oder beides, und sie ist geflohen. Aber das war nicht der Hauptgrund, sie ist geflohen vor dem Verrückten, der das ganze Wohnzimmer seiner Eltern mit einer riesigen Rüttelmaschine zugebaut hat, das ist mir erst später klar geworden. Da war nichts mit einer gemütlichen Sofa-Ehe, da hat sie es mit der Angst gekriegt. Also musste die Fantasie helfen ... Im Erfinden war er ja ganz gut, aber im Finden nicht, könnten Sie schreiben ... Noch in der Trauerzeit um die verpasste Chance bei dieser Hildemarie ist Ada aufgetaucht. Und sie, sie hat mich sofort verwandelt ... Verzaubert, wenn ich das so platt sagen darf ... Ich habe mich sofort verliebt, zuerst in ihren Namen verliebt, was sollte ich da machen ... Ein Name im Dualsystem, sozusagen, ein Dreiklang aus zwei Buchstaben, die alles sagen, von hinten wie von vorn zu lesen ... Ein symmetrischer Name, nicht so brav wie Anna, eher stolz, selbstbewusst, verlockend und irgendwie klug. Ein Name wie ein Triumph, wie ein Triumphbogen, ein elegantes Eingangstor. Ein Name wie ein Abenteuer, auf jeden Fall wie ein Anfang. Ada steckt auch in Adam, der weibliche Adam ... Dieser Name, den müssen Sie sich auf der Zunge zergehen lassen ... Wie die Himbeeren ... Ja, da staunen Sie, dass mir das so poetisch über die Lippen fließt, das hätten Sie dem alten Diplom-Ingenieur nicht zugetraut! Aber ich hatte mehr als fünfzig Jahre, um diesen Namen mit meinen Fantasien zu schmücken, in allen Einzelheiten. Und wie Sie sehen, ich bin immer noch verliebt ... Außerdem, die Tochter von Lord Byron, das kam als hübsches Detail hinzu. Ich bin wirklich kein Mann der Poeterei, aber Byron war mir aus dem Englischunterricht bekannt ... Ja, sicher, das hat mir geschmeichelt, dass sie die Tochter eines Dichters gewesen ist, wo ich mich doch ein wenig als Schüler von Rilke gefühlt habe … Auch ihr Nachname, love und lace! Merken Sie, wie das harmoniert und schwebt mit diesen zweimal vier Buchstaben, love und lace. Ich habe zuerst nicht wissen wollen, was lace bedeutet, habe nur meine Fantasie spielen lassen und mir das einfach als lake übersetzt, als See. Liebessee oder See der Liebe, das hat mir gefallen, obwohl ich gewusst habe, dass das nicht korrekt war. Ada Liebessee, das hatte etwas Romantisches, Vielversprechendes, Sinnliches, auch was schön Obszönes, alles, was Sie wollen … Nein, später erst hab ich im Wörterbuch nachgeschlagen, Schnur, Senkel, Spitze, und so weiter. Also Ada Liebesschnur, auch gut, auch passend, die Schnur der Liebe, die mich … Die feinen Drähte in unsern Schaltanlagen … Liebes-Spitze … Halt, ich will nicht sentimental werden, das nun nicht, auch wenn die Sonne untergeht … Der alte Vollmond, wo steht er denn? … Genau da, zwischen den Kegelbergen, lief die alte Handelsstraße entlang zwischen Frankfurt und Leipzig, wussten Sie das? Da ist bestimmt auch der Goethe von Frankfurt nach Weimar kutschiert … *Füllest wieder Busch und Tal,* noch ein schweinisches Gedicht … Ich komme auf Abwege, wer bringt mich auf Abwege, Sie oder Ada oder der Mond? …

(Das Erfinden, auch das geht nicht ohne Eros)

Ich fürchte, ein Laie wie Sie kann das gar nicht ermessen: Mathematiker trifft Mathematikerin! Das ist ein Urknall, falls ich ausnahmsweise mal übertreiben darf, da ist einem wirklich alles andere egal … Natürlich wollte ich mehr über sie wissen und schickte meinen Freund los, mir Bücher über Byron mitzubringen, und nach und nach hab ich erfahren … Klar musste ich Vorwände erfinden, ich hab einfach gesagt: Verrückte und Genies interessieren mich, Ausgleichssport für Techniker, und so weiter … Ich hab ihn natürlich auch nach Babbage forschen lassen, aber da kam nichts mehr … Nein, sie ist ohne ihren berühmten Vater aufgewachsen, Lord Byron ist gleich nach ihrer Geburt abgeschwirrt nach Süden … Richtig, vielleicht sogar mehr Skandalnudel als Dichter, ein Popstar, Frauenheld, Exzentriker. Dann hat er sich in den Freiheitskampf der Griechen gestürzt gegen die Türken und ist dabei zu Tode gekommen. Sie dagegen hat sich in die Mathematik gestürzt, eine solidere Wahl, viel weiser als ihr Herr Vater, und ist bald als junges

Genie aufgefallen, eine Lady plus Mathematik. So wurde sie durch die Londoner Salons gereicht als berühmte Tochter des Berühmten und als Exotin der Wissenschaft von Zahlen, Formeln, Kurven, keine leichte Rolle für die adlige junge Dame. Interessiert Sie das wirklich? ... Leidet an der herrischen Mutter, an der schlechten Ehe mit einem Earl of Lovelace, Problemen mit Kindern, Krankheiten, Liebhabern, Morphium, Spielsucht ... Diese Dinge hab ich erst in den Fünfzigerjahren herausgefunden, damals war das Entscheidende: Sie liebte die Rechnerei ebenso wie die Technik, also, ganz logisch, auch mich. Um mein Bild zu ergänzen, hab ich so lange im Konversationslexikon geblättert, bis ich eine junge englische Lady aus der ersten Hälfte des 19. Jahrhunderts gefunden habe. Vornehm und strahlend schön, gewitzte Augen, streng und sanft ... Was red ich da ... Eine Mitarbeiterin, eine Anregerin, eine Mitdenkerin, zumindest eine mit viel Verständnis für mich und die Notwendigkeit, ein Wohnzimmer in eine Werkstatt zu verwandeln ... Glauben Sie mir, das Erfinden, auch das geht ja nicht ohne Eros. Ohne Eros entwickelt sich nichts im Leben, nicht einmal der Bau von Rechenmaschinen ... Wenn Sie stundenlang Kontaktfedern justieren oder das Komma gleiten lassen, dann denken Sie auch mal an gleitende Ausrufungszeichen, verstehen Sie? ... Von nun an hab ich nicht nur für mich gearbeitet oder für den Nutzen der Menschheit oder was immer meine Festredner da alles aufzählen und vorhin wieder fleißig aufgezählt haben in Braunschweig. Ich habe für Ada gearbeitet, mit Ada und für Ada ... Man denkt ja im Alter gern an die Liebe, an die ersten Lieben ... Als ich die Drähte legte und die Schaltungen, da träumte ich ... Null Eins Null Eins Null Eins Null Eins ... Im Wohnzimmer, Mama und Papa schliefen fest ... Ja Nein Ja Nein Ja Nein Ja ... Wir träumten von einem Fortschritt, der in dem unfertigen Gestänge schlummerte ... Und ich sah Ada ... Eine Frau, die mich verstand, und eine Schönheit, ihr ewiger Vorteil, sie altert nicht, für immer in ihr Jugendbild gerahmt ... Und Oder Und Oder Und Oder Und ... Ich träumte sie auf das Sofa neben der Maschine ... Gedanken hat sie mir beschleunigt, und ich die ihren ... Und rauschig von Mechanik ... Oder Und Oder Und Oder Und Oder Und ... Hand in Hand sind wir geklettert durch das Labyrinth der neuen, niemals fertigen Maschine ... Die Frau, die Leibniz verstand. Die mich verstand. Die Frau, die mich erfand. Die mit mir den Computer ... Die

Frau, für die ich den Computer erfand … Das war sie und das ist sie und das wird sie immer sein, wenn dies Bekenntnis einmal in der Welt ist … Ja Nein Ja Nein Ja Nein Ja Nein … Stoppen Sie mich bitte, wenn ich abhebe, wenn ich rührselig werde. Stoppen Sie einfach das Band … Ich seh schon, Sie rühren keinen Finger, Sie Schlingel. Sie haben gar kein Interesse daran, mich zu schützen vor meinen Peinlichkeiten. Sie lauern eher darauf, dass der große Computererfinder endlich einmal in Tränen ausbricht und rührselig wird. Rührselig bei einer abgestandenen Lovestory. Rührselig bei einer Lady, die seit hundert, warten Sie, seit über hundertvierzig Jahren tot ist. Das riecht nach Sensation, das bringt Ihnen Schlagzeilen und eine schöne Einschaltquote, die berühmte Quote, oder wie heißt das bei Ihnen? … Auflage, richtig … Ach, sei's drum. Ich kann's Ihnen nicht verdenken, und es steht leider nicht in unserer Abmachung, dass Sie mich vor mir selbst schützen sollen … Wer sich darüber mokiert eines Tages, wenn ich tot bin, dem können Sie ja antworten, nein, dem sollen Sie antworten: Besser eine Fantasiefrau im Kopf als ein Kinderschänder werden wie Dr. Faust. Nein, es gibt wirklich keinen Grund, mich zu schämen für meine Ada-Liebe. Denken Sie nur mal an Marilyn Monroe, wie viele sind heute noch scharf auf ein Weib wie die Monroe. Ich wette, wenn Sie hier eine Umfrage machen unter den Männern, auf der Terrasse und in den Dörfern ringsum, jeder wird Ihnen sagen: Die würde ich nicht von der Bettkante schubsen. Dabei wäre Frau Monroe inzwischen siebzig ungefähr! Verstehen Sie, was ich meine? Oder der David von Michelangelo, was glauben Sie, wie viele Frauen verknallt sind in diesen David! Und wie viele Männer! Hunderttausende von Verliebten, weiblich und männlich! Verliebt in diese prächtigen Schenkel aus Marmor, und ich spreche jetzt nur von den Schenkeln, vorzüglich gemeißelt, aber ein Stein! Und da soll ich nicht verliebt sein in eine Dame meines Fachs, eine Frau, die ich zum Leben erwecken kann, wenn ich will? Eine attraktive Lady, die nicht altert und die mich produktiv hält und mit der ich meine stillen Dialoge führe? … Nein, mehr sag ich nicht dazu. Nur eins noch: Wenn sich mir schon eine solche Frau anbietet, wäre es eine Schande gewesen und ein Verrat an der Wissenschaft, sie nicht zu erhören, nur weil es auf den ersten Blick etwas verrückt aussieht …

(A1)

Gut kombiniert, junger Mann, so war es. Als das erste, dies Riesengerät fertig wurde auf dem Wohnzimmertisch, ich hatte es bis dahin immer V1 genannt, Versuchsgerät 1, da hatte ich Ada schon in meine Sinne gespeichert. Und mein Gedanke war: Nenn das Gerät A1 und denk an Ada dabei, Ada wird dich führen und leiten, aber verrate das keinem, mach dich nicht lächerlich. Sag den andern: A steht für Anfang, den Anfang des Alphabets und der Sprache, das a der Algebra, den Kammerton a, *im Anfang war die Tat, und jedem Anfang wohnt ein Zauber inne,* und so weiter, deshalb A1. So hab ich es gehalten bis heute, in allen Vorträgen, Gesprächen, Schriften wiederholt. Aber für mich, nur für mich stand und steht Ada hinter diesem A. Daran stört mich nur eins: dass man irgendwann in den Sechzigerjahren angefangen hat, die Autobahnen zu nummerieren wie ich meine Maschinen. Dafür kann ich nichts, und Ada erst recht nicht ... Das dürfen Sie noch deutlicher sagen. Das geb ich ohne Weiteres zu, das sind pubertäre Hirngespinste gewesen, natürlich. Aber vierundzwanzig Stunden immer nur logisch denken zwischen Null und Eins, zwischen Und und Oder und Nicht, das schafft kein Mensch, das schaffen nur Verrückte. In Bezug auf Frauen war ich sowieso pubertär, viel zu lange pubertär. Mir fehlte das Weibliche, und es war eher ein Vorteil, dass ich wenig von Ada wusste, umso besser konnte ich sie nach meinen Wünschen formen. Ja, ich formte sie nach meinem Bilde, das darf man heute im Zeitalter des Feminismus gar nicht mehr sagen, aber was blieb mir anderes übrig? ... Sie hat es immer gut gehabt bei mir ... Ich kann ja nichts dafür, dass man so übel mit ihr umgesprungen ist in ihrem ersten Leben. Da hat man sie nicht in die Bibliotheken gelassen, die sie brauchte, nicht in die Universitäten, die waren gesperrt für Frauen in diesem stolzen England ... Nicht mal Museen durfte sie betreten, nicht mal als die berühmte Tochter des berühmten ... Ich meine nur, das ist doch klar, kein Wunder, dass man dann mit Pferdewetten ... So hab ich Ada immer in Ehren ... Nicht so wie der Faust! Der brauchte den Teufel, damit sein Forschergeist in Schwung kam und damit er auf ein hilfloses Kind losgehen konnte ... Mir musste kein Teufel begegnen, mir begegnete die Frau, eigentlich zwei Frauen, reife und kluge Frauen, erst die Schwester, dann sie ... Sie wissen schon, wie ich das meine ... Das ist natürlich nicht so dramatisch, ein Teufelspakt macht mehr Spektakel als eine mathematische Lady, aber so war es nun mal …

(Faust mit der Laubsäge)

Übrigens, da wir gerade wieder bei Faust sind. Der wollte ja immer alles im Hauruckverfahren erledigen. Der war eigentlich gar kein Erfindertyp, den hätt ich nicht mal als Angestellten brauchen können. Stellen Sie sich den Faust mal vor an der elektrischen Laubsäge! Oder beim Stanzen der Löcher in die Zelluloidbänder. Der hätte doch nach einem Tag, ach, was sag ich, der hätte nach einer Stunde das Weite gesucht … Oder selbst als Chef, als Inspirateur, in meiner Rolle, der wäre doch, mit Verlaub, arg überfordert gewesen. Tüfteln, grübeln, zeichnen, mit der höchsten Mathematik vertraut sein, Formeln fummeln, Fehler suchen, Fehler erkennen, Fehler beseitigen, und dann die Mitarbeiter motivieren, Geld beschaffen und Material beschaffen, immer wieder Fehler suchen, Fehler erkennen, Fehler beseitigen, den Vater mitbasteln lassen, die Mutter Erbsbrei für alle kochen lassen, und immer wieder Fehler suchen, Fehler erkennen, Fehler beseitigen, Fehler suchen und so weiter, das alles faustisch zu nennen, das kann nur einem Intellektuellen einfallen. Und dann, Sitzfleisch, als Erfinder brauchen Sie hundertfünfzig Prozent Sitzfleisch! … Und Faust im Team? Ohne meine Schwester, ohne die Eltern, ohne Ada, ohne die Freunde säße ich heute nicht hier, ohne die Kommilitonen, Soldaten aus der Nachrichtentruppe, die in ihrer Freizeit bei mir gearbeitet und Material beschafft haben, das kostbare Material, ohne die gäbe es keine Doktorhüte heute und nichts von mir in den Museen. Später, beim Bau der A4, gegen Ende des Krieges, an die zwanzig Leute hatte ich da, Fremdarbeiter, Frauen, Russinnen, einen blinden Programmierer, ein tolles Team. Können Sie sich Faust mit Teamgeist vorstellen? … Beantworten Sie mir eine Frage bitte, junger Mann. Welches ist die wichtigste Erfindung Edisons? Es ist nicht das, was Sie als Erstes denken, überlegen Sie einen Moment … Nein … Nein … Auch nicht … Na, ich werd Sie nicht weiter schmoren lassen, Sie sind eben kein Mann vom Fach. Glühbirne, Grammophon, Elektronenröhre, alles gut und schön, der Kinematograph und so weiter. Nein, die wichtigste Erfindung ist, dass er gewissermaßen das Erfinden erfunden hat, die Formel für

Erfindungen. Kennen Sie die? … Macht nichts, ich werd es Ihnen sagen, die Formel lautet: Erfindung besteht aus ein Prozent Inspiration und neunundneunzig Prozent Transpiration … Gut, auch wenn Sie den Satz schon hundertmal gehört haben, was ich sagen will: An dieser Formel würde Faust schon scheitern. Oder können Sie sich den beim Schwitzen vorstellen, beim stundenlangen Suchen nach Fehlern? … Rechnen Sie mal mit, täglich zwölf Arbeitsstunden, mal 60 Minuten macht 720, ein Prozent davon 7,2. Also gut sieben Minuten Inspiration an einem langen, sehr langen Tag, nicht gerade viel für Leute, die sich einbilden, ein Genie zu sein …

(Ein Schritt rückwärts)

Röhren, sehen Sie, jedes Gespräch rundet sich, wenn man nur lang genug redet und frei genug und nicht im Dreiminutentakt. So kommen wir über den guten Edison, den Röhren-Edison, wieder zu mir, zu uns und zu meinem Freund Hartmut. Der hat die fertige A1 bestaunt und sich mit mir geärgert über die klemmenden Bleche und ganz trocken gesagt: Das musste mit Röhren machen … Da hatten wir nun jahrelang gesägt und gefeilt und geschliffen und Blechplättchen an Blechplättchen und Stahlstifte gefügt, und dann kommt dieser Spinner, dieser Casanova-Typ mit seinen Röhren … Eine Rechenmaschine ist doch kein Radio, hab ich zuerst gedacht. Ich bin im Grund ja immer ein Ingenieur gewesen, der sehen will, was er tut, der sehend begreifen will, wie die Dinge funktionieren … Kein Wunder, nebenbei, dass ich Maler geworden bin, ich habe eigentlich immer optisch gedacht. Und mich gescheut vor dem, was nicht durchschaubar ist, darum war mir die ganze Elektronik suspekt gewesen bis dahin. Aber es war klar, es war auch mir klar, mit der A1 konnte es so nicht weitergehen, obwohl die Idee völlig richtig war. Was nutzt das, wenn die Maschine ständig irgendwo bockt und blockt. Bei den vielen tausend Schaltgliedern muss immer irgendwo was klemmen und stocken und reißen. Und mit unsern groben Werkzeugen noch feiner sägen und feilen und lochen, damit hätten wir uns nur verrückt gemacht. Und meine Mutter mit ihren Seufzern hätte mich auch verrückt gemacht, so viel Arbeit, und der Junge ist nach drei Jahren immer noch nicht am Ziel. Und die fragenden Blicke meiner Schwester, jeden Monat hat sie mir fünfzig Mark zugesteckt, meine Schwester, die mich nicht unglücklich sehen wollte und mit der ich nicht reden konnte über mein Glück mit der heimlichen Geliebten ... Nun sollte sich alles zwischen Kathode und Anode abspielen, der Strom der Elektronen in der Röhre brauchte nur nach dem binären System geschaltet zu werden. Sehr simpel eigentlich, genial, der Hartmut. Aber Röhren waren schwer zu kriegen, wir hätten die in Massen gebraucht, dazu sehr teuer, die Dinger, woher sollten wir die nehmen? Stehlen war auch nicht unsere Spezialität. Die elektronische Lösung war einfach noch nicht an der Reihe ... Richtig, das war ungefähr zur gleichen Zeit. Bei uns, das kann ich ziemlich genau rekonstruieren, im Herbst sechsunddreißig, bei den Amis später, aber auch bei denen hat es von der Idee bis zur Realisierung noch Jahre gedauert, bis die Röhren-Rechenmaschine fertig wurde. Dabei hatten die nun wirklich keine Lieferschwierigkeiten, und der Preis spielte auch keine Rolle ... Ja, wenn wir den Hitler und den Krieg nicht gehabt hätten ... Entschuldigen Sie, aber ab und zu ein Stoßseufzer über die Ungerechtigkeiten der Geschichte, das müssen Sie mir schon erlauben in einem so intimen Gespräch wie heute. Kurzum, auch mein Freund Hartmut hat den Nobelpreis nicht bekommen, obwohl er der Erste war ... Also, wir mussten notgedrungen einen Schritt rückwärts gehen, um zwei Schritte vorwärts zu springen. Die Elektronik vertagen, erst mal die kleinen Brötchen, die elektromagnetischen, die Relais, die gebrauchten Telefonrelais, Altmaterial. Erst mal ein Testmodell mit zweihundert Relais für das Rechenwerk, schon lagen die Vorteile auf der Hand: Wir haben weniger Platz gebraucht, es ging alles schneller, viel schneller. Und die Bleche, meine schönen laubgesägten Bleche, die Schaltglieder mit den Schaltstiften, die brauchte ich trotzdem nicht in den Müll zu werfen, die bildeten nach wie vor das Speicherwerk ... Laubgesagt hab ich schon damals gesagt, das muss ich betonen, damit mir nicht auch noch die Deutschlehrer aufs Dach steigen, wenn sie diese Sätze ihren Schülern vorspielen eines Tages ... Egal, dies Gerät, die A2, der zweite Computer, er war nicht frei programmierbar, also kein Computer, okay ... Wo war ich stehengeblieben, beim Altmaterial. Wie sagt man heute ... So schreckliche Wörter hat man heute, und dann regen Sie sich auf, Herr Deutschlehrer, wenn ich laubgesägt sage, Frau Studienrat, Verzeihung ...

(Die Feinheiten der Schaltalgebra)

Und dann, ich bin immer noch bei der Leidenschaft, die Schaltalgebra ... Jetzt gucken Sie schon wieder so betroffen, als wollte ich Sie auf den Scheiterhaufen führen. Nein, ich werde Sie nicht mit Details belästigen, nicht mit dem großen George Boole, der als Erster die Logik mit mathematischen Symbolen ausgedrückt und mit den Gesetzen der Algebra verbunden hat. Vielleicht nachher, wenn Sie müde werden, als Schlafmittel, vielleicht mach ich nachher diesen Spaß mit Ihnen. Ein kleiner Exkurs in die boolesche Algebra – und nach zwei, drei Gleichungen fangen Sie an zu schnarchen, wollen wir wetten? ... Nein, ich schone Sie, jetzt schone ich Sie ... Eins allerdings müssen Sie wissen, das gehört zur Allgemeinbildung, und ich halte sehr viel von Allgemeinbildung. Ich meine die Grundsteine der mathematischen Logik. Konjunktion Verbindung, also: und, Disjunktion Trennung, also: oder, Negation Verneinung, also: nicht. Das ist das A und O, die heilige Dreifaltigkeit unserer Arbeit, wenn Ihre religiösen Gefühle das gestatten. Es hört sich simpel an, aber nur in der Fassung für simple Leute, die ich Ihnen hier liefere ... Das ist gut, das stimmt. Ja, mit Ada hatte ich gleichzeitig eine Konjunktion und eine Disjunktion und eine Negation! Danke für den Gedanken ... Obwohl das logisch gar nicht geht. Aber so verrückt bin ich nie gewesen, dass ich die Liebe für eine Sache der Logik gehalten hätte. Gerade die Liebe unter Logikern nicht. Sie könnten jetzt einwenden, Logik ist ja immer auch eine Verarmung, aber Sie wenden nichts ein. Sie sind im Kreuzberger Wohnzimmer, Sie sitzen gewissermaßen auf dem Sofa, das wir gar nicht mehr hatten, und schauen zu, wie wir die Relaisketten aneinanderschalten. Mit diesen Händen, hier! Hartmut hat geholfen, das war ja alles erst mal Neuland für mich. Wir bastelten am elektromagnetischen Kompromiss, und gleichzeitig malten wir uns die Zukunft aus. Er hat an der TH mit seinen Röhren experimentiert, er war der Einzige im Reich, sogar in Europa, er und sein Professor, der die Entwicklung zur elektronischen Technik betrieben hat ... Ja, so langsam, ganz langsam fing ich an zu glauben, dass der verfluchte Fleiß auch mal belohnt wird irgendwann. Wir haben geahnt, nein, wir haben gewusst, dass Rechenmaschinen mit Röhren tausendmal schneller arbeiten können und mehr als tausendmal schneller. Es war fantastisch! Ein Traum wurde wahr, den Generationen von Mathematikern geträumt hatten! Wir haben nur den Fehler gemacht, einigen Professoren und Kollegen unsere Versuche und Konzepte vorzuführen, und das ist völlig danebengegangen ... Vertausendfachen? Und so viele Röhren? Und so viel Strom? Die haben uns für Spinner gehalten, und wir sind dann bei den Fachleuten sehr, sehr vorsichtig geworden mit der Zukunftsmusik. Es konnte ja keiner wissen, dass wir schwer untertrieben hatten, auch wir nicht ...

(Denken wird Rechnen und Rechnen wird Denken)

Das war die stürmischste, die produktivste Zeit, die Entwicklung der A2 und der A3, und die Arbeit mit Hartmut. Die Einzelheiten, die kleinen Fortschritte, das Vortasten, die täglichen Schritte in die Terra incognita der Computerei, die hab ich nicht mehr alle im Kopf, die muss ich nicht im Kopf haben. Wenn man einmal ins Reden kommt und alles hochsteigt, die ganze Plackerei und der Spaß, den wir hatten, dann soll man sich ja nicht einbilden, es sei so gewesen, so wie die wenigen, mageren Wörter es andeuten, die einem grade in den Sinn flutschen. Deshalb müsste man eigentlich noch viel mehr in die Einzelheiten ... Ich will sagen, die Vergangenheit oder besser die verschiedenen Vergangenheiten, die schieben sich ja ineinander und übereinander. Wie die Erdplatten, Stichwort Kontinentalverschiebung. Es kostet mich immer mehr Anstrengung, sie auseinanderzuhalten, auseinanderzunehmen, bestimmte Zeiten, Tage, Stunden oder Gedanken genau zu fixieren und mich nicht zu verirren in diesem ganzen Erinnerungssalat ... Ja, Hardware und Software waren praktisch ein und dasselbe, so unterentwickelt waren wir noch ... Ich lebte wie im Rausch damals, ich hab mir sehr konkrete Gedanken über künstliche Intelligenz gemacht, über mechanische Gehirne und so weiter. Meine Tagebücher belegen das. Nicht alles hab ich retten können, aber doch einiges. Und was sind die Museumsleute heute scharf auf das Gekritzel von damals ... Auch da hätten die Amis von mir abschreiben können, als sie, ein paar Jahre später, alles noch mal durchgegrübelt haben ... All die Erleuchtungen! Der Aussagenkalkül! Können Sie je ermessen, was diese Entdeckung für eine Goldader gewesen ist? Nein, das können Sie nicht. Nicht weil die Goldader mir was eingebracht hätte, nein, im Gegenteil. Nein, das können Sie nicht ermessen und das werden

Sie nie ermessen, Sie Armer. Sie wissen ja gar nicht, was Ihnen alles entgeht an tiefsten und höchsten Befriedigungen, weil Sie das Pech haben, kein Mathematiker zu sein. Und nicht mal ein Logiker! ... Sie wissen gar nicht, wie herrlich das ist, wenn nur Zahlen zählen und Beweise, aber keine Wertungen, die immer fragwürdig sind, und keine Meinungen, die sowieso wechseln ... Das ist das Beste an Mathematikern, wir sind keine Rechthaber, wir können gar keine sein. Bei uns gilt: Beweis ist Beweis. Und wer sich an falsche Aussagen klammert, macht sich nur lächerlich. Deshalb ist unsere Zunft ziemlich frei von allem unnötigen Streit und Geprotze, deshalb sind wir einigermaßen glückliche Leute, würde ich behaupten, und das hat meine Schwester verstanden ... Wie gesagt, darauf musste auch erst mal jemand kommen, dass es Elementaroperationen gibt, in die sich sämtliche Rechen- und Denkoperationen auflösen lassen! Denken wird Rechnen und Rechnen wird Denken! An dieser kopernikanischen Wende mitgedreht zu haben, das erfüllt mich heute noch mit ... Nun ja, ich sag's mal ganz mathematisch nüchtern, mit Stolz, und es ist mir egal, ob das in Ihren Ohren nach Braunschweiger Großsprechersprache klingt ...

(Ein braver Soldat)

Und auf einmal wird zurückgeschossen ... Wir waren mitten im schönsten denkerischen Eifer, wir brachten die Relais in Schwung, wir tasteten uns voran, die segensreichste Erfindung des 20. Jahrhunderts zu machen, langsam voran, oder schnell, wie Sie wollen, und auf einmal wird zurückgeschossen. *Seit fünf Uhr fünfundvierzig wird zurückgeschossen,* die Stimme des Führers hab ich heut noch im Ohr ... Das sagt sich so leicht: der Krieg ... Ihre Generation und die noch Jüngeren, Sie können sich das nicht vorstellen, wie man da aus der Bahn geworfen wird, das ganze Leben wird umgepolt, buchstäblich, Plus wird Minus und Minus wird Plus – wenn Sie Glück haben. Da werden Ihre Konjunktionen, Disjunktionen und Negationen über den Haufen geworfen und die ganze Lebenslogik ... Alles hat seine Ordnung, mehr oder weniger, Sie sind zur Schule gegangen, haben studiert, haben Ihren Beruf gefunden – und auf einmal werden Sie gezwungen, alles aufzugeben, alles stehen und liegen zu lassen, den Beruf, die Familie, die Freunde, die Braut, falls Sie eine haben, und ich hatte eine, wie Sie wissen. Sie müssen in einer unbequemen Uniform und fern der Heimat fremden Befehlen folgen, und Ihre besten Fähigkeiten und Fertigkeiten sind nicht mehr gefragt … Ja, es waren fremde Befehle, würde ich heute sagen, auch wenn sie von deutschen Offizieren kamen. Jeder Befehl war mir fremd. Ich bin kein Typ, der gern gehorcht. Wir waren ja durch und durch Zivilisten, bis August neununddreißig ist keine Uniform in unserm berühmten Wohnzimmer aufgetaucht. Keiner aus meinem Bekanntenkreis hat den Krieg gewollt, trotz aller Propaganda nicht. Auch die Begeisterung für Hitler hat sich sehr in Grenzen gehalten. Und England als Hauptfeind? Das Land von Ada Lovelace? Das Land von Boole? Gegen England hab ich keinen Hass gehegt, null Komma null Hass, könnte ich sagen, aber durchaus einige Quanten Sympathie. Und die Liebe zu Ada, die wurde durch den Krieg nur stärker. Eine Feindin lieben, heimlich, streng geheim, top secret, das machte sie besonders begehrenswert … Aber ich musste gehorchen und hab den Mund gehalten. Das einzig Verlässliche, was man dann hat und womit man sich tröstet, ist das alte deutsche Wort Pflicht. Ich muss meine Pflicht tun … Ich wurde sofort eingezogen und hab meine Pflicht getan. Ein einsilbiges Wort mit ungewöhnlich vielen Buchstaben, ein Vokal und sechs Konsonanten … Da stand nun meine A2 fast fertig in Berlin. Die Maschine hat nach mir geschrien, das Rechenwerk wollte rechnen, das Speicherwerk wollte speichern, die Relais wollten mir zeigen, was in ihnen steckt … Und was tut der brave Soldat? Er versucht, beide Pflichten zu vereinen, die Erfinderpflicht, an der Universal-Rechenmaschine zu bauen, und die nationale Pflicht. Und er stellt Anträge und spielt mit den Muskeln, mit seinen Fähigkeiten: Eine Rechenmaschine für den Flugzeugbau – da hieß es: Was wollen Sie, die deutsche Luftwaffe ist tadellos! Ein absolut sicheres Chiffriergerät – haben wir schon. Eine Röhrenmaschine zur Flugabwehr, mit Hartmut war das geplant – da hieß es: Zwei Jahre brauchen Sie dafür? Was glauben Sie denn, wann wir den Krieg gewonnen haben? …

(Schach in der Eifel)

Ich will nicht klagen, ich hatte viel Freizeit. Freizeit, so etwas kannte ich ja gar nicht mehr. Das war ein Luxus, einigermaßen in Ruhe meine Theorien weiterzuentwickeln. Die Idee, nicht nur Zahlen, sondern alle Daten und Informationen in Ja-Nein-Werte aufzulösen, verstehen Sie, alles in Ja oder Nein zu zerhacken, die Idee ist auf dem Gelände einer Kaserne der Wehrmacht in der Eifel gewachsen, in Gerolstein. Der Urgedanke der Digitalisierung auf dem Kasernenhof ... Genau, da hat man immer Jawoll schreien müssen, ein Nein gibt's nicht bei den Soldaten ... Und die Schachprogramme. Wie ich schon sagte, ich bin der erste Narr in der weiten Welt gewesen, der überzeugt war, dass eines Tages ein Rechner die Schachgroßmeister schlagen wird und am Ende sogar den Schachweltmeister. In fünfzig Jahren, hab ich geschätzt, und heute darf ich auch das in aller Stille genießen, dass ich damit ziemlich richtig lag. Ein Remis hatten wir schon, Schachgroßmeister wurden schon geschlagen, und in einem Monat trifft Kasparow in New York auf Deep Blue von IBM und wird matt gesetzt, wetten? ... Ich könnte nach New York fliegen und den Kameras der ganzen Welt meine Gerolsteiner Skizzen zeigen oder hier auf den Stoppelsberg zu einer Pressekonferenz einladen. Manhattan oder die Rhön, was wäre Ihnen lieber? ... Oder im Fernsehen eine Show abziehen: Seht her, auch beim Schachcomputer hab ich richtig gelegen! Auch da bin ich der Größte! ... Nein, das hab ich nicht nötig. Vielleicht ist das mein Problem, dass ich mich nie so richtig in einen Größenwahn hineinsteigern konnte. Vielleicht bin ich doch zu sehr von Charlie Chaplin geprägt. Ein Chaplin mit vierzehn Doktorhüten, auch keine schlechte Slapsticknummer ... Ich seh mich immer als armen Schlucker mit fixen Ideen, die er nicht aussprechen darf, weil er nicht für verrückt gehalten werden will ... Neununddreißig, da seh ich mich in der Uniform der Infantrie in jeder freien Minute an Schachformeln knobeln, während die Kameraden erst Polen erobern, dann Holland und so fort. Ich hatte immer mein Steckschach dabei, in der Kaserne, ich musste ja zum Glück nie an die Front ... Ja, ich kann immer noch meine alten Gefühle nachfühlen, die Angst in den Hosen. Die Angst, Soldat bleiben zu müssen. Man darf sich nichts vormachen, Sie können das mit der Wahrscheinlichkeitsrechnung ausrechnen oder ohne, irgendwann wird der Soldat eine Leiche. Die Angst, wenn Sie vom Steckschach aufblicken in den frühen Nachthimmel so wie jetzt und zu den Sternen, die langsam auftauchen, und sich fragen, ob Sie jemals wieder in Ihre Werkstatt dürfen oder welcher Befehl Sie morgen schachmatt setzt ... Ein Doktorhut für die überstandenen Ängste, das wäre mal was Neues, da würde ich auch eine ganz neue Rede halten ...

(Unabkömmlich)

Das ist eine gute Frage ... Leben heißt für ihn kämpfen, überwinden, sich durchsetzen, so ähnlich steht das bei Spengler. Faust als Gefreiter der Infantrie? Und in der Kaserne? Nicht mal an der Front? Na ja, Mephisto hätte ihn uk-stellen lassen und ihm einen anständigen Kriegsauftrag besorgt. Der hätte es nicht zugelassen, dass sein Faust im Schützenpanzer verreckt, er brauchte den ja noch. Ein feiner Herr wie der Teufel holt sich die gekauften Seelen nicht gern aus dem Dreck der Schlacht, aus krepierenden, blutigen Körpern, oder was meinen Sie? ... Richtig, auch ich wurde uk-gestellt, nach einigen Monaten ... Da können wir natürlich fragen: Welcher Nazi-Teufel hat das gedeichselt? Henschel, das war mein Glück ... Ich wurde wieder Statiker bei den Henschel-Flugzeugwerken. Tagsüber an ferngesteuerten Bomben und Torpedos arbeiten, abends und am Wochenende an der A2. Das war wenigstens die halbe Miete. Ich war doppelt unabkömmlich, und Rilke schlug wieder den Takt: *Ich muss, ich muss, ich muss!* Jetzt wurde natürlich auch an Sonntagen vierzehn Stunden getüftelt. Und Ada! Was hab ich ihr Abbitte geleistet am Abend und am Wochenende! Wie war ich hin und her gerissen zwischen den technisch faszinierenden Aufgaben bei Henschel – und dem abendlichen Stoßgebet beim Wehrmachtsbericht, dass die Engländer, jedenfalls die Zivilisten, doch bitte nicht getroffen werden sollen ... Schizophren? Natürlich, im Krieg bleibt Ihnen gar nichts anderes übrig, als schizophren zu sein. Oder Sie werden völlig verrückt, entweder als hundertfünfzigprozentiger Parteigenosse oder als Trottel, der in der Anstalt landet, oder als Verweigerer im KZ. Dazwischen gab es doch nur die große Masse der Schizophrenen. Und von denen hat die Mehrheit vielleicht nicht mal gemerkt, wie schizophren sie war ...

(Keine Zeit, ein Nazi zu sein)

Na, auf die Frage hab ich schon den ganzen Abend gewartet! Die Frage kenn ich auswendig, in allen Variationen, es ist die Lieblingsfrage Ihrer Zunft. Glauben Sie mir, zu mir kommt kein Journalist ohne diese Frage, und die kritischen Studenten und die technikfeindlichen Leute sowieso … Sie haben sich bestimmt sehr beherrschen müssen, dass Sie jetzt erst damit rausrücken, junger Mann. Sie haben auf eine gute Gelegenheit gelauert, denn Sie wollen mich nicht verärgern, Sie wollen ja noch Ihre ganzen schönen Tonbänder vollkriegen. Und ich muss Ihnen sagen, dass ich auch ganz erleichtert bin, dass Sie es nun hinter sich haben. Sie haben in der letzten viertel Stunde so angespannt gewirkt, es ist Ihnen offenbar selber peinlich, mit der Frage aller Fragen herausrücken zu müssen. Und den passenden Augenblick nicht zu verpassen! Gratuliere, nun haben Sie es geschafft, jetzt können wir wieder locker weiterreden … Keine Sorge, ich werde Ihnen nicht ausweichen, eine Antwort kriegen Sie natürlich auch. Die Antwort ist einfach: Ich hatte überhaupt keine Zeit, ein Nazi zu sein … Ich war besessen von meiner Arbeit, achtzig bis hundert Stunden die Woche, wie gesagt. Wer in der Partei war und Zeit für die Partei hatte, würde ich jetzt mal logisch folgern, war ein Faulpelz, schon das hat mir nicht gepasst. Eine Partei für Arbeitslose und Beamte. Nein, Scherz beiseite. Ich habe schon im Frühjahr dreiunddreißig, nach der Machtergreifung, auf unsern Studentenfesten meine Erfahrungen gesammelt, plötzlich durfte man keine Witze mehr über die Politik machen. Dabei hatte ich meine Kritik nur in Zitate von Goethe und Schiller gekleidet! … Vergessen Sie nicht, ich war ein Fan von Charlie Chaplin. Nein, die Armleuchter waren nicht mein Fall. In meinem Freundeskreis hat es keine Parteileute gegeben … Nur zu, ich hab heute meinen ehrlichen Tag! … Nein, ein ausgesprochener Antinazi war ich auch nicht, das hab ich nie behauptet. Ich hatte überhaupt keine Zeit, ein Antinazi zu sein, könnte ich jetzt sagen. Natürlich war einer wie ich fasziniert von den technischen Möglichkeiten, die das neue Regime mit sich brachte, von dem wirtschaftlichen und technologischen Aufschwung, und von den Erfolgen. Ich war ein Mitläufer, und ich bekenne mich dazu. Ich hatte gar keine Zeit, ständig mein Gewissen zu befragen. Rilke war mein Gewissen, Spengler … Und Ada … Na endlich, die Waffen. Dann bringen wir das auch gleich hinter uns. Natürlich hab ich an Waffen gearbeitet, mitgearbeitet, wie gesagt, mit den zwei Seelen in der Brust, wie es sich gehört. Sogar an der berühmten Gleitbombe 293 von Henschel, aber erst gegen Ende … Eine ferngesteuerte, mit Tragflächen und Leitwerk ausgestattete Bombe gegen Schiffe. Eine der ersten Fernlenkwaffen überhaupt, die können Sie heute in München im Deutschen Museum bestaunen. Ist zwar kaum noch zum Einsatz gekommen, aber damit will ich nicht vertuschen, dass ich auch nicht tugendhafter gewesen bin als alle andern. Nennen Sie mir einen Ingenieur oder Wissenschaftler, der in diesen Zeiten nicht irgendwas Kriegswichtiges getan hätte oder etwas scheinbar Kriegswichtiges. Oder Unternehmer, die nicht Kriegsgewinnler gewesen sind bis kurz vor Schluss. Sie können alle großen Namen nehmen, die besten Adressen der Börse … Kriegswichtig, das war das entscheidende Kriterium, wenn man arbeiten wollte, das heißt, mit besseren Chancen überleben wollte als die Soldaten. Ich war nun mal nicht scharf auf den Heldentod … Das hab ich durchaus versucht zu unterscheiden, aber leider hab ich nicht den moralischen Luxus genossen, frei wählen zu können, ob Angriffswaffen oder Abwehrwaffen. Nach einundvierzig, ja, da haben wir bei Henschel an Flugabwehrraketen gearbeitet. Und ich gestehe freimütig, dass ich nicht gezögert habe, meinen kleinen Beitrag zu leisten, die Zivilbevölkerung vor britischen und amerikanischen Bombern zu schützen. Oder hätte ich die Bemühungen um den Bau von Abwehrraketen sabotieren sollen? … Na, sehen Sie. Ich musste mitmachen, wenn ich meine A2 und die A3 vorantreiben wollte mit faustischem Drang oder aus Liebe zu Ada. Die Alternative wäre gewesen, sich als Soldat totschießen zu lassen, ganz einfach. Und wenn jemand sagt, er habe nur an Abwehrwaffen gearbeitet, das ist erst recht verlogen. In Rathenaus AEG hat man während des Ersten Weltkriegs den modernen Stahlhelm erfunden, 1915, glaube ich … Man fasst es ja nicht, wie die sich damals mit der Pickelhaube aus Blech und Pappe und mit einem dreifachen Hurra reihenweise haben abschlachten lassen, die jungen Männer. Ein kleiner Artilleriesplitter im Kopf, und schon ist es aus mit dem dreifachen Hurra. Und dann kommt endlich ein vernünftiger Stahlhelm, ist das nun eine Angriffswaffe oder eine Abwehrwaffe? Er schützt den Kopf besser, verlängert das Leben, also Abwehr, ermöglicht aber auch neue Angriffe und Sturmangriffe, verlängert den Krieg und damit die Liste der Toten …

(Ich will die jungen Leute ja nicht verärgern)

Schwierige Fragen sind das, junger Mann, zu schwierige Fragen für uns beide, zu schwierig für einen lauen Sommerabend am Stoppelsberg ... Waffentechniker haben ja kein tolles Image mehr, jedenfalls seit Hiroshima, das versteht sich. Aber ehe Sie den Stab über uns brechen, denken Sie bitte mal an die Ärzte, die all die jungen Kerle tauglichgeschrieben haben, oder an die Juristen, die Todesurteile verhängt haben, wenn jemand ein Brot geklaut hat, an die Lehrer, die den Kindern die Propaganda eingetrichtert haben, denken Sie an die Verwaltungsbeamten, die den ganzen Naziapparat geschmiert haben mit ihrem kriechenden Wohlwollen. Und dann die Schreiberlinge, ja, ich meine Ihre stolze Zunft, wie haben die sich geduckt, wie sind die im Staub gekrochen vor der Zensur oder haben mit Vergnügen auf die Propaganda-Pauke gehauen. Also, ich meine nur, da sitzen wir alle im Glashaus, von wenigen Ausnahmen abgesehen ... Na, sehn Sie ... Wissen Sie, was ich den jungen Leuten sage, die mir vorwerfen, an Waffen für Hitlerdeutschland mitgebaut zu haben? ... Doch, doch. Es hat zwar nachgelassen, aber Einzelne gibt es noch, an jeder Uni, in jedem Seminar fragt einer ... Ich antworte: Sie haben das gute Recht, sich darüber aufzuregen, vielleicht würde ich mich an Ihrer Stelle auch aufregen. Aber ich kann Ihnen nur sagen: Ich hatte keine andere Wahl, nur so konnte ich überleben und, ganz nebenbei, den Computer erfinden. Oder wäre es Ihnen lieber, wenn ich irgendwo bei Kiew in der Erde läge seit fünfzig Jahren? ... Darf ich Sie, sag ich dann, auch etwas fragen? Natürlich darf ich. Und dann: Darf ich Sie einmal fragen, ob Sie so moralisch streng, wie Sie gegen mich sind, auch gegen sich selbst sind? Da kocht erst mal Empörung hoch, und ich erkläre in aller Ruhe: Was wissen Sie zum Beispiel vom Waffenhandel und von der Waffenproduktion heute? In Deutschland, in unserer frisch wiedervereinigten und so überaus friedlichen Bundesrepublik? Kennen Sie die Waffenfirmen und die entsprechenden Forschungsinstitute? Wissen Sie, an welcher Stelle im weltweiten Waffenhandel unser liebes Deutschland steht? Ja, heute, wo unser alter, unser altböser Feind, der Kommunismus, schon ein paar Jahre bankrott ist? An zehnter? Nein. An fünfter? Nein. An zweiter, ja, an zweiter Stelle, noch vor den Russen und Chinesen. Keiner weiß das, obwohl es in der Zeitung zu lesen ist, hin und wieder. Da staune ich jedes Mal, auch an unseren technischen Universitäten weiß das keiner, die Informatiker sowieso nicht. Sehen Sie, sag ich dann zu den jungen Leuten, die heute produzierten und exportierten Waffen sind nicht menschlicher, wie man so schön sagt, oder unmenschlicher als damals. Es gibt nur einen Unterschied. Heute ist niemand gezwungen, in der Waffenindustrie zu arbeiten. Und heute darf jeder gegen die Produktion und den Handel von Waffen protestieren, ohne um sein Leben fürchten zu müssen. Warum protestieren Sie nicht gegen unsere Vizeweltmeisterschaft im Export von Waffen? Protestieren Sie doch bitte erst mal gegen das, was in Ihrer Gegenwart geschieht und was Sie nicht viel kostet, dann dürfen Sie gern auch gegen mich protestieren und gegen meine, wie Sie zugeben müssen, etwas komplexere Vergangenheit. Zeigen Sie mir, wie ernst es Ihnen ist mit Ihrer politischen Moral! Ich sag das ein bisschen diplomatischer, nicht so grob natürlich, ich will die jungen Leute ja nicht verärgern, ich will sie erziehen ... Dann herrscht Schweigen, wie sagt man, betretenes, sehr betretenes Schweigen, und allmählich kann man wieder zur Sache kommen. Da schweigen Sie auch, nicht wahr? Oder was würden Sie jetzt kontern, wenn Sie ein kritischer Student wären? ... Na, los! Raus damit! ... Das beruhigt mich, dass selbst Ihnen an dieser Stelle nichts einfällt ...

(Ein Märchen und noch ein Märchen)

Richtig, die A2. Zweihundert Telefonrelais fürs Rechenwerk, der Speicher mechanisch wie bei der A1, das hatte ich schon gesagt, oder? ... Manchmal weiß ich nicht mehr, ob ich das oder das schon gesagt habe vor einer Stunde oder zwei oder vorgestern. Nein, das ist nicht der übliche Alzheimer, mit dem die jungen Leute ab fünfzig kokettieren, nein, das ist eher ein Ergebnis meines guten Gedächtnisses, ein Ergebnis des Wiederholens der immer gleichen Erinnerungen. Die Geschichte meiner ersten Geräte, die hab ich so viele Male beschrieben, diese ganze Entwicklungsgeschichte immer wieder in Hunderten von Gesprächen, Vorträgen, Interviews, deshalb weiß ich gar nicht mehr, was ich Ihnen heute Abend schon an Einzelheiten auf Ihr Band geflüstert habe. Wie oft zum Beispiel hab ich Ihnen das Gleitkomma erklärt, dreimal, zweimal, einmal? ... Wirklich? Kein einziges Mal? Auch gut, dann lass ich das jetzt einfach mal weg, es gehört sowieso nicht zur A2. Obwohl das eigentlich bedauerlich ist, ich könnte ins Schwärmen geraten, wenn ich an die Eleganz des Gleitkommas denke … Nein, nein. Jetzt ist endlich mal das Positive an der Reihe, die positiven Gefühle, das Wahre, Schöne, Gute, ich könnte auch sagen, ein Märchen. Also, jetzt erzähle ich Ihnen zur Abwechslung ein Märchen. Es war einmal an einem schönen Sommertag des Jahres 1940, da klopften drei Männer an meine Tür in der Methfesselstraße. Ich war nicht erschrocken, nein, ich war sehr erfreut, denn ich hatte sie eingeladen, meine A2 zu besichtigen und zu prüfen. Trotzdem war mir bange ums Herz, denn bei den letzten Probeläufen war mein Testmodell immer wieder ins Stocken geraten, weil irgendwelche Kontakte nicht richtig funktionierten. Aber nun standen sie in der Werkstatt, die hohen Herren von der Deutschen Versuchsanstalt für Luftfahrt, ich bat sie um ihre Rechenaufgaben, und ich hatte Glück. In Sekundenschnelle waren die kompliziertesten Aufgaben gelöst, richtig gelöst, und alles ohne Störungen. Am Ende gab es einen Vertrag und Geld: Die DVL hat sich an der Finanzierung der A3 beteiligt, die war ja schon im Bau und ziemlich weit entwickelt. Und ich durfte bei Henschel bleiben und sogar eine eigene Firma gründen für meine Freizeitbeschäftigung, die A3, und so ging es munter weiter in das nächste Kriegsjahr. Und wenn sie nicht gestorben wäre, die A2, die mich gerettet hat, wenn sie nicht unter den Bomben gestorben wäre, dann lebte sie noch heute, bestaunt und angebetet in irgendeinem Museum … Und noch ein Märchen, wollen Sie es hören? … Es war einmal an einem schönen Maientag des Jahres 1941, da klopften drei Männer an meine Tür in der Methfesselstraße. Ich war nicht erschrocken, nein, ich war sehr erfreut, denn ich hatte sie eingeladen, die fertige A3 zu besichtigen und zu prüfen. Diesmal war mir nicht bange ums Herz, denn die letzten Probeläufe waren zu meiner Zufriedenheit ausgefallen, obwohl wir fast alles mit Altmaterial hatten basteln müssen. Die verschiedenen Typen der Relais erforderten verschiedene Spannungen, das bedeutete viel mehr Arbeit und mehr Risiken. Hätten wir das Geld und die Genehmigung gehabt, neue Relais zu kaufen, hätten wir uns viel unnötige Fummelei und viele Wochen Arbeitszeit sparen können. Aber die Dinger waren ja kriegswichtig, da kamen wir gar nicht ran … Nun standen sie in der Werkstatt, die hohen Herren von der Deutschen Versuchsanstalt für Luftfahrt, ich bat sie um ihre Rechenaufgaben, und siehe da, ich hatte wieder Glück. Noch kompliziertere Aufgaben wurden noch schneller gelöst, richtig gelöst, drei Sekunden pro Aufgabe, alles ohne Störungen, sechshundert Relais im Rechenwerk, achtzehnhundert Relais im Speicherwerk hatten tadellos die Programme bewältigt für lineare Gleichungssysteme, quadratische Gleichungen und für Determinanten. Die Herren waren begeistert, sie stellten uns einen Kredit in Aussicht, sie riefen lauter als sonst Heil Hitler!, als sie gingen. Auch ich antwortete mit dem deutschen Gruß, natürlich, mit welchem Gruß denn sonst? Die Herren waren zufrieden mit dem Prototypen, wir durften weitermachen, die Maschine weiterentwickeln ... Es war geschafft, ein Wunder, ein Märchen, eine Sensation, egal, was Sie da aus dem Vokabelspeicher holen, es war geschafft, im Mai ...

(Kein Blumenstrauß und zwei Flaschen Mosel)

Aber denken Sie, da hätte sich jemand feierlich vor mir aufgebaut mit einem Blumenstrauß oder einem Präsentkorb und tief Luft geholt? Und gesagt: Mein Lieber, Ihre A1 war wirklich ein ordentlicher Anfang, ein Grundstein für den Fortschritt der Menschheit im 20. Jahrhundert, auch wenn sie wegen der vielen Bleche nicht so richtig funktioniert und noch nicht mit Programmverzweigungen gearbeitet hat. Jetzt aber, und das mit satter Feierlichkeit in der Stimme, die A3, ich gratuliere, dies ist ... Los, sprechen Sie mit! ... Dies ist die erste frei programmierbare, vollautomatische, programmgesteuerte, binär arbeitende Rechenmaschine, dies ist der erste voll funktionierende Computer der Welt ... Danke, Sie haben schon dazugelernt heute Abend, junger Mann ... Und jetzt noch mal, Sie allein, bitte ... Gut, setzen! ... Ja, das war zwei Jahre vor Mark 1 in Harvard. Der überdies ganz altmodisch umständlich im Dezimalsystem tickte. Die waren noch nicht mal bei Leibniz angekommen. Da beißt nun keine Maus mehr einen Draht ab, keine amerikanische Maus, keine britische Maus ... Was ich sagen wollte, niemand hat sich feierlich vor mir aufgebaut und auch nur ein Wort in diese Richtung gesagt. Von Blumen, Präsentkörben, Schecks oder Urkunden ganz zu schweigen. Nicht mal ein kleiner Scheck, um die Schulden bei meiner Schwester zu begleichen ... Auch wir hatten das noch nicht recht kapiert, was uns da gelungen war. Natürlich hab ich das Patent eingereicht. Aber meinen Sie, wir hätten da groß gefeiert? Was würde man heute für ein PR-Geschrei machen! Was würde man heute für eine Show abziehen, man käme ja aus dem Blitzlichtgewitter und der Scheinwerferblenderei und dem Mikrofonsalat gar nicht mehr raus ... Ich glaub, ich hab eine Flasche Mosel gekauft, nein, nicht, was Sie vielleicht denken, damals war der Moselwein noch sehr solide, nichts von der Sorte Zeller Schwarze Katz aus dem Supermarkt, es war irgendein ordentlicher Riesling. Damit haben wir angestoßen, meine Schwester, die Eltern, Hartmut und ein paar andere Freunde und Helfer, wahrscheinlich waren es zwei Flaschen. Und am nächsten Morgen um sieben ging die Arbeit weiter. Wir haben ein paar Fotos gemacht, aber die sind verbrannt, die sind mit der ganzen schönen A3 unter den Bomben verbrannt ...

(Auch ohne mich)

Nein, nein, wenn ich hier Oberbürgermeistersprüche zitiere, die wichtigste Maschine für den Fortschritt der Menschheit und so weiter, dann will ich nicht so tun, als sei das mein Verdienst oder allein mein Verdienst, als hätten nur ich und meine Mitarbeiter den Grundstein gelegt und sonst niemand ... Ich weiß, Ihnen muss ich das nicht erklären. Aber wenn eines Tages in irgendeinem Archiv jemand diese Bänder abhört, dann möcht ich nicht als Narziss und Goldmund in einer Person dastehen. Als der Narziss der Computerei, der nur von sich selbst spricht und nur sich selbst sieht und preist, das wäre mir äußerst unangenehm ... Wie dieser Markt explodiert ist, Computer in jedem Büro und bald in jeder Bauernstube, an dieser Entwicklung schreibe ich mir einige Verdienste zu, so ist es nicht, aber ich will nicht überheblich werden, auch nicht heute, wo fast jede Woche jemand anklingelt und mir einen Doktorhut oder einen Orden anbietet oder ein Institut oder eine Schule oder eine Straße oder was weiß ich mit meinem Namen schmücken will. Nein, gerade heute muss ich den Leuten sagen: Auch ohne mich wäre alles mehr oder weniger so gekommen, wie es heute ist ... Ach was, lassen Sie die Komplimente! Das steht Ihnen nicht! Das hat es oft gegeben, an verschiedenen Orten der Welt wird an ähnlichen Erfindungen gebastelt, und diese Leute wissen nichts voneinander. Die Briten hatten gleichzeitig ihre binäre Maschine, aber nicht frei programmierbar. Die tüchtigen Amis, Jahre später, den frei programmierbaren Mark, aber mit Dezimalsystem und fünfunddreißig Tonnen. Kurz, wenn einer von den Kollegen irgendwo einen Schritt weiter war als ich, mit den Röhren oder mit den Verzweigungen, dann lag er auf anderen Teilgebieten drei Schritte zurück. Der große Sprung kam erst durch ihren Sieg fünfundvierzig, da erst konnten sie mich überholen ... Aber sie hätten das alles, sie haben alles auch ohne mich geschafft, was sie geschafft haben in diesen ersten beiden Jahrzehnten. Da gibt es nichts zu rütteln, das muss ich einfach anerkennen ... Ja, da haben Sie recht, umgekehrt auch, ich hätte auch alles alleine anstoßen können. Angenommen, die Amis hätten geschlafen, angenommen, ich hätte ähnlich hohe Forschungsmittel gehabt und der Krieg hätte mir nicht die Maschinen zerhauen und wichtige Aufzeichnungen verbrannt, dann wäre Deutschland die Computer-Weltmacht Nummer eins geworden ... Sehen Sie, da sind wir schon wieder beim Spekulieren, bei diesen hübschen Waswärewenn-Fragen. Sie sind auch so einer, der mit Waswärewenn-Fragen seine Späße treibt. Zu viel Fantasie, junger Mann, zu viel Spieltrieb, zu viel rückwärtsgewandtes Spekulieren, darf ich Ihnen das unterstellen? ... Dabei wollte ich mich doch nur vor meinen Konkurrenten aus den USA verneigen und öffentlich zugeben: Es hätte mich nicht gebraucht, und es wären trotzdem Computer erfunden und entwickelt worden, auch ohne mich ... Wissen Sie, ich mag das gar nicht, wenn ich irgendwo eingeladen bin und die Begrüßungsonkels, die Oberbürgermeister, die Hampelmänner von Staatssekretären, die Oberpräsidenten und wie sie alle heißen, wenn die sich aufplustern und behaupten, ohne mich hätte es keine PCs gegeben. Dreißig, vierzig Jahre ignorieren sie einen, und dann ist man auf einmal ein Alleskönner, ein Allmächtiger, ein Heiliger. Speziell seit dem Fall der Mauer, seit der deutschen Einheit denken ja manche, jetzt muss alles kräftig schwarz-rot-gold gestrichen werden. Ich hab nichts dagegen, ich hab nur was gegen das Pathos, gegen die Übertreibungen. Gerade die Amtspersonen, die holen nun die Computerentwicklung heim ins Reich, könnte man fast sagen, und dafür brauchen sie mich. Da bin ich der lebende Beweis ... Und jedes Mal wieder überlege ich, ob ich darauf eingehen soll: Meine Damen und Herren, Ihr Oberbürgermeister ist ein Trottel, auch ohne mich hätten Sie Ihren PC auf dem Schreibtisch. Aber ich bin ja ein höflicher Mensch, ich versuch es eher mit einer ironischen Bemerkung. Die Verständigen verstehen mich schon, da hab ich keine Bange …

(Die schöne, runde Null)

Das hab ich mir gedacht, jetzt wollen Sie wissen, was Ada zur A3 gesagt hat … Ja, wenn Ada bei Turing und Aiken und Atanasoff spioniert hätte und mir verraten hätte: Du bist's, der vorne liegt, die andern sind noch weit zurück. Aber wissen Sie was? Ich hab überhaupt nicht an irgendeinen internationalen Wettstreit gedacht. Die Namen sind mir sowieso erst nach dem Krieg begegnet. Ich hatte so viel um die Ohren, dass ich in diesen Jahren nicht eine Minute an den Gedanken verschwendet habe, es könnte irgendwo auf der Welt sich jemand mit ähnlichen fixen Ideen herumschlagen. Und selbst wenn, ich wäre nie auf die Fantasie verfallen, meine Ada, meine Fantasie-Geliebte aus dem Haus zu schicken und für mich spionieren zu lassen … Ich brauchte sie viel zu sehr. Ich brauchte sie in meiner Werkstatt, ich brauchte sie beim Lochen und Schalten, beim Speichern und Steuern. Ich brauchte sie in meinem Kopf, und ich brauchte sie im Bett. Mehr muss ich unter Männern dazu nicht sagen. Und ich brauchte sie beim Feiern! Ada Lovelace, meine Liebesschnur, wie gern hätte ich mit ihr allein noch ein Glas Mosel getrunken an diesem Abend im Mai einundvierzig … Ich bin in der Nacht noch auf den Kreuzberg geschlendert, milde Luft, alles blühte, vielleicht sogar Fliederduft … Wollen Sie wirklich, dass ich Ihnen das alles ausschmücke? … Also, ich nehme mal an, dass es in dieser Mainacht war, in der wir gefeiert haben … Es ist ja nicht leicht, die Erinnerungen exakt zu dividieren, und ich hab oft vor dem Schlafen noch mal die Beine bewegt … Auf den Kreuzberg jedenfalls. Und der Kreuzberg war damals, was mir später der Stoppelsberg war, Urlaub, Pause, Rundblick, Überblick, Atemholen und so weiter, auch wenn es hier in Hessen mehr Wald gibt und kein Denkmal für die Befreiungskriege … Da oben hab ich gestanden, leicht angetrunken, und Ada durch den Sternenhimmel von Berlin schweben sehen, meine Geliebte in ihren weiten Gewändern. Wir waren mitten im Krieg, Berlin ließ London bombardieren, London ließ Berlin bombardieren, und ich habe meine Liebeserklärung in die Berliner

Nacht geschrien, stumm natürlich. Das klingt in Ihren Ohren vielleicht so, als hätte ich nicht immer alle Tassen im Schrank gehabt, als hätte ich nicht gewusst, was Fantasie war und was Realität. Sehen Sie, auch da hat das binäre System geholfen. Nach der Logik von Null und Eins hab ich auch meine Fantasien gesteuert. Null war die Fantasie, die ganze Ada-Welt, Null war das Weib, wenn Sie so wollen, schön und rund, oval und weich. Und Eins war die Realität, war die Arbeit … Das ist jetzt ziemlich heikel, was ich Ihnen da aufs Band lade. Eben fällt mir wieder ein, was mir vor Kurzem ein sehr gescheiter Berliner Informatiker erzählt hat, der seinen Leibniz besser kennt als Sie und ich zusammen. Für Leibniz war die Eins Gott, der Schöpfer, und die Null der Teufel, der Vernichter. Wie krieg ich das jetzt mit meiner schönen Ada-Null zusammen? Helfen Sie mir! Na los! … Für mich war Ada die Schöpferin … Lassen wir den Widerspruch stehen, wir müssen dem Leibniz nicht alles glauben. Ich hab jedenfalls immer gewusst, ob ich Ada in der Dimension Null begegnen wollte oder in der Dimension Eins. Das dürfen Sie aber bitte nicht den Feministinnen verraten, die sind sowieso sauer auf mich, weil ich Ada Lovelace früher entdeckt habe als die. Das gibt eine hübsche Wortprügelei, wenn die alles missverstehen: Null war das Weib und jetzt auch noch der Teufel. Dabei war Null eben nicht nur das Weib. Sondern das waren Ada und ich. Und Eins war die Maschine, die A3, dann die A4 … Aber eh wir auf die kommen, muss ich Ihnen noch ein drittes Märchen erzählen …

(Eine Woche Ostfront)

Es war einmal an einem schönen Septembertag des Jahres 1941, da klopfte jemand an meine Tür in der Methfesselstraße. Ich war nicht erschrocken, ich erwartete an diesem Vormittag meinen Freund Hartmut, der immer später kam als verabredet, Sie erinnern sich, der Röhren-Hartmut. Mir war freudig ums Herz, ich brauchte ihn bei einer kniffligen Frage. Aber es war der Briefträger mit einem Einschreiben der Wehrmacht. Meine Uk-Stellung war aufgehoben, ich hatte mich binnen zwei Tagen in einer Tempelhofer Kaserne einzufinden, die Marschrichtung war klar: Ostfront. Im Juni hatte der Feldzug gegen Moskau begonnen, nun war man nicht so schnell vorangekommen wie gedacht, der Nachschub war schwierig, die

Verluste waren hoch, der Winter stand bevor, sie brauchten jeden Mann. Was das bedeutete, war klar. Aus dem Osten kam man nur verwundet oder tot zurück ... Sie denken vielleicht, der übertreibt, der hat das damals doch gar nicht wissen können. Aber Sie irren sich, so realistisch dachte man, und es war keiner scharf auf Moskau. Ich war ja dafür, für neuen Lebensraum, das geb ich zu, aber doch nicht ausgerechnet im russischen Schnee und Eis ... Selbst wenn ich zu denen gehören sollte, die unverletzt bleiben, hab ich gedacht, ein Jahr, ein halbes Jahr mindestens muss ich meine Geräte allein lassen. Ehrlich, ich hab mehr an die A3 und die A4 als an die Familie gedacht. Und noch mehr an Ada. Ich habe, auch das darf ich heute gestehen, ja, ich habe zu Ada gebetet, einen anderen Gott, eine andere Göttin hatte ich nicht. Ich habe gebetet, nach ein paar Monaten wieder heimkommen zu dürfen, heil und gesund, um die Arbeit fortzusetzen. Schon das war kühn, Wehrkraftzersetzung im Geiste. Dann die Uniform angezogen, die Eltern haben geweint, meine Schwester war die Tapferste: Weihnachten bist du wieder hier! Und meine Gefühle? Der Schmerz, die Geräte zurückzulassen, das war der größte Schmerz, den ich bis dahin gekannt habe. Wer sollte jetzt die Pläne für die A4 voranbringen? Was sollte aus der A3 werden, in die ich fünf Jahre lang alle Kräfte gesteckt hatte und die nur ich in allen Details verstanden habe und die nur ich warten konnte? Auf solche Fragen gab es plötzlich keine Antworten mehr, es ging alles schnell, als hinge der Verlauf des Krieges von uns paar Hanseln ab: Kaserne, Uniform, und ab mit der Truppe nach Osten ... Und dann, irgendwo in Polen, wurde ich zum Hauptmann befohlen: Unabkömmlich! Ich war wieder uk-gestellt! Ich, der Einzige aus einem Haufen von mehr als hundert Reservisten. Ada hatte geholfen, Henschel hatte geholfen! Ich durfte nach einer Woche wieder zurück nach Berlin! Das war kein Glücksgefühl, sag ich Ihnen, als ich in der Eisenbahn saß, ich sah meine Kameraden in die andere Richtung fahren. Es war eher ein Schicksalsgefühl, falls man das heute so sagen darf. Ich war auserwählt, nicht in Russland zu verrecken. Bis auf Weiteres jedenfalls. Warum gerade ich, hab ich immer wieder gefragt. Und die einzige Antwort war die: Auch wenn du deine Uk-Stellung der Arbeit an der Fernlenkbombe bei Henschel verdankst, du hast einen Auftrag. Das Schicksal hat dir den Auftrag erteilt, deine Universal-Rechner zu entwickeln. Du hast dich an Ada gewandt, Ada hat dich erhört, Ada hat entschieden, dass du weiterarbeiten darfst. Ada, deine mächtige und blitzgescheite Frau. Ada, dein Schutzengel. Das war das Märchen, ein noch viel märchenhafteres Märchen als das von der ratternden A1 und der funktionierenden A3! ... Lächeln Sie nur, junger Mann. Sie haben das nie erlebt. Sie kennen das noch nicht, die Dankbarkeit, dem ziemlich sicheren Tod entkommen zu sein. Sie kennen das nicht, nehme ich an, wie man sich in Leib und Seele einen Ruck gibt. Wie man aus schlichter Dankbarkeit seine Tage noch verantwortungsvoller und produktiver zu gestalten versucht und dabei tatsächlich ganz glücklich und zufrieden wird. Entschuldigen Sie, ich kann das jetzt nicht so kühl ausdrücken wie meine Softwarebrüder. Glücklich und zufrieden trotz Bomben und zu wenig Lebensmittelmarken und all der Schwierigkeiten, Schwierigkeiten ist gar kein Ausdruck für den Alltag im Kriegsberlin. Wissen Sie, wenn ich müde wurde über den Drähten und Schaltungen an einem langen Samstagabend oder geflucht habe über das knappe Material, dann hab ich an die Todesanzeigen gedacht, die Spalten voll Todesanzeigen in der Zeitung. Oder an die Kameraden, wie sie irgendwo, weit weg von zu Hause, die Stellung halten, im Schnee, im Schlamm, viel müder als ich, hungrig, manche verletzt, und keine Hoffnung außer der, möglichst schnell nach Moskau zu kommen oder am besten nach Hause. Heute kann man sich das alles leicht ausmalen dank Film und Fernsehen und Büchern. Damals hab ich das nur gefühlt und gedacht: Nutze dein Privileg! Mensch, werde wesentlich! Mein altes Motto ...

(Sind Sie mondsüchtig?)

Die Rettung, die rührt mich noch heute, wenn ich ehrlich bin, bis in diese Stunde, bis in diese Minute. Dass ich hier neben Ihnen sitze an einem lauen Sommerabend und meine Erfolge und mein Leben und Lieben vor Ihnen ausbreite, statt irgendwo vor Stalingrad oder Smolensk geblieben zu sein ... Dieser Schädel, dieser Armknochen hier könnte seit fünfzig Jahren in russischer Erde liegen, entschuldigen Sie, aber man muss das ab und an mal laut sagen ... Genießen Sie den Abend mit mir, junger Mann, und hoffen wir, dass Ihnen solche Schicksalsbrüche niemals zugemutet werden. Genießen Sie die stillen Wälder, die hellen Nachtwiesen und das Kegelspiel im Mondlicht, das Zwinkern der Sterne da oben ... Fünfzig Jahre, was sind fünfzig Jahre? Wissen Sie, ich hab mir immer das Alter gemerkt von den Steinen, den Langen Steinen, die auf halber Höhe, weiter unten am Stoppelsberg liegen, die kennen Sie doch? Ein gefundenes Fressen für Geologen und Märchenerzähler. Ein Schatz soll da drunter versteckt sein, den kriegt man aber nur gehoben, wenn der Teufel hilft, hat jedenfalls der alte Philipp behauptet, der Vater von Rudi. Nicht sehr originell, was? ... Aber das Alter ... Na, Heimatkunde? ... Zweihundert Millionen Jahre. Eine ganz schöne Strecke rückwärts bis zur Ursuppe ... Ein brauchbarer Maßstab, finde ich, für ein bisschen Abstand ... Wie komm ich drauf? ... Der Mond, der alte Schweiger da oben, der kitzelt einem immer wieder die Gefühle aus der Seele, finden Sie nicht? ... Sind Sie mondsüchtig? ... Das hab ich auch nicht erwartet, ich hatte nur eine Sekunde lang gehofft, ich könnte von Ihnen vielleicht die Auskunft bekommen, ob man die Mondsüchtigen wirklich nicht ansprechen darf oder ob das ein Gerücht ist ... Ada ist ja ziemlich bleich, vielleicht ist sie mondsüchtig, hab ich manchmal gedacht. Vielleicht kann ich deshalb bei Vollmond nicht schlafen, weil ich mir einbilde, ich muss wach bleiben, muss sie retten, aber ich darf sie nicht ansprechen, die Unnahbare, ich muss sie auffangen, wenn sie fällt ... Eh ich jetzt ganz sentimental werde, lassen Sie uns noch was trinken. Ich wollte eigentlich meinem Arzt gehorchen und bei den zwei kleinen Bieren bleiben, die er mir zugestanden hat. Aber eben, als ich von unserer Flasche Riesling erzählt habe, von der bescheidenen Feier im Mai einundvierzig, da hab ich gedacht, gönn dir mal wieder einen Riesling. Wir sind im Krieg, da muss man sich stärken, einverstanden? ... In Braunschweig hätten sie mir jetzt auch noch ein Glas aufgedrängt. Also, wenn der Rudi kommt, wird eine Flasche Riesling geordert. Wenn sie keinen Mosel haben, ein Rhein-Riesling ist bestimmt im Keller ... Vielleicht schwebt dann Ada vom Mond herunter so wie damals und trinkt einen mit uns ... Ich muss Ihnen wirklich mal Ada Lovelace vorstellen. Ich hab das Gefühl, dass sie nicht weit weg ist heute Abend, ziemlich nah im Weltraum, im Raum, im rechnenden Raum, wo sie rechnet und rechnet, im Raum ... Das hätt ich mir denken können, dass Sie mir das Wort Lebensraum unter die Nase reiben ... Aber doch jetzt nicht! Bisschen mehr Sensibilität, junger Mann, wenn ich bitten darf. Lockern

Sie sich! … Falls Ada plötzlich vom Himmel steigt und sich zu uns an den Tisch setzt mit ihren weiten Gewändern, dann wollen wir doch bitte nicht über so was Hässliches streiten …

(Ja und Nein, zwei Seelen in der Brust)

Die Flugzeuge, anstelle von Ada kommen die Flugzeuge … Ich mag das, am Abend, wenn es still wird in den Dörfern, wenn die Traktoren in den Garagen stehen, wenn das Vieh gefüttert ist und in Schlaf fällt und die Hunde nicht mehr viel zu bellen haben, kein Auto rauscht vorbei, und Sie atmen diese ländliche Ruhe. Und dann fangen Sie mit den Ohren das leise Pfeifen eines Flugzeugs auf, dann horchen Sie, dann sehn Sie die Scheinwerferpünktchen da oben blinken, die näher kommen und über uns hinwegstreifen … In so entspannten Momenten wie jetzt, wo ich mein Gedächtnis trainiere mit meinen eigenen Erinnerungen, da werd ich gern sentimental, das muss ich bei einer Gelegenheit wie heute zugeben. Sentimental durfte ich nicht sein mein ganzes Leben lang, aber jetzt geschieht es zuweilen, dass ich diese uralte romantische Zerrissenheit empfinde, nachts beim zarten Pfeifen der Düsen da oben zehn Kilometer über uns: Wie schön ist die Nähe, die Ruhe – wie schön wäre die Ferne, die Bewegung … Kriegen Sie das aufs Band, diesen zarten Ton der Düsen, diesen kosmischen Ton? … Malen kann ich das nicht, die zwei Seelen in der Brust, das Bleibenwollen und die Sehnsucht nach der unbekannten Ferne … Dahin, wo die Flugzeuge ziehen, von Frankfurt nach Singapur oder Alaska oder was weiß ich wohin. Aber Sie, von der Abteilung Wort, was meinen Sie, was könnte ein heutiger Rilke oder Byron oder Eichendorff daraus machen? Der kleine Schritt in ein Flugzeug, das Sie in wenigen Stunden weit weg befördert, tausend oder zehntausend Kilometer weit oder noch weiter? So etwas in der Art *Ich wär ja so gerne noch geblieben, aber der Wagen, der rollt* und so weiter, nur ohne Kutsche … Ich seh schon, Sie sind kein Romantiker. Ich ja auch nicht, leider … Sind Sie sicher? … Na, wenn Sie meinen. Wenn Sie da Fachmann sind. Das hab ich nie gehört, dass es eine nachgemachte Romantik gegeben hat … Eigentlich eine Frechheit, uns so zu täuschen. Das Lied wäre dann nicht viel älter als ich, nicht zu fassen … Trotzdem, lassen wir den berühmten gelben Wagen mal weg, den haben Sie mir jetzt versaut, ich wollte auf etwas anderes hinaus. Auch bei romantischen Gefühlen dürfen Sie an das binäre System denken. Was sind denn die zwei Seelen in der Brust anderes als Null und Eins, als ein bestimmter Ja-Nein-Wert? Das Bleibenwollen als Null, die Ferne als Eins, auch die Romantik lässt sich durchrechnen nach mathematischem Kalkül ... Auch der Faust, oder sagen wir der halbe Faust. Auch Faust ließe sich programmieren, meinen Sie nicht? ... Und der Geist, der stets verneint, den hab ich doch heute in jedem Rechner. Natürlich auch den Geist, der stets bejaht, Nein und Ja gehören zusammen, davon bin ich seit fünfzig Jahren überzeugt, das sind die zwei Seelen in der Brust, oder nicht? Fausts Widersprüche, die sind doch ein Klacks für jeden Mikroprozessor ... Ich seh schon, Sie mögen jetzt keine Abschweifungen, keine kruden halbphilosophischen Spinnereien. Sie wollen haushalten mit Ihrer Fantasie. Ganz falsch übrigens, ganz falsch ist das. Sorry, Sie sind nun mal kein Erfinder, wie wir schon festgestellt haben. Immer schön brav nach Ihrem Konzept soll es gehen, mit Ihren Fragen auf dem Notizblock, so wollen Sie mich bei der Stange halten, der Opa soll bitte schön beim Thema bleiben. Dabei bin ich beim Thema, Sie sehen ja, alles gehört zum Thema. Oder hab ich Sie doch falsch eingeschätzt, und Sie wollen auch nur hören, wie ich meine Erlebnisse und Erfahrungen mit dem Computer auf Anekdötchen herunterdimme? Das haben die Leute am liebsten, als wär ich ein Unterhaltungskünstler, ein Zauberer mit der Universal-Rechenmaschine im Koffer ...

(Das Flattern der Flügel)

Gut, ich frag Sie mal was anderes: Haben Sie nie den Gedanken, dass diese Flugzeuge da oben einfach mal ins Taumeln geraten und abstürzen, gerade über Ihrem Kopf? ... Daran merke ich, wie jung Sie sind. In der Anfangsphase der Fliegerei, da sind noch viele Maschinen abgestürzt, die sind einfach runtergesackt und zu Boden gekracht. Man hat lange gebraucht, um die Gründe herauszufinden. Und wissen Sie, was es war? ... Nein, raten Sie lieber nicht wild in der Gegend herum, es tut mir weh, wenn ein Oberlaie wie Sie ... Ich sollte Sie mit solchen Fragen verschonen – damit ich mich schone. Es war das Flattern. Das Flattern der Flügel ... Ja, Sie dürfen Tragflächen dazu sagen, wenn Sie technisch versiert klingen wollen. Aber wir Techniker sagen einfach Flügel. Also, bei kritischen Geschwindigkeiten der Flugzeuge haben sich die Schwingungen der Flügel durch die Eigenfrequenz so verstärkt, dass die einfach gebrochen sind. Es hat lange gebraucht, bis man das erforscht hat, und es war ein ungeheurer Rechenaufwand, um die kritischen Frequenzen zu ermitteln und das auszugleichen, bis zu vierhundert Arbeitsstunden für jede Rechnung über Flattereigenschaften. Es waren die Flatterfachleute, die meine Rechner brauchten … Rudi, eine schöne Flasche Riesling hätten wir gern. Die beste, die ihr habt im Keller. Möglichst Mosel, sonst ein solider Rheinhesse … Also hab ich den Flatterfachleuten ein Spezialmodell entwickelt, mit Relais, Binärsystem, Schrittschaltern, da wurden diese Rechnungen vollautomatisch gemacht. Das Ding hat zwei Jahre lang Tag und Nacht gearbeitet … Ich seh Sie schon unruhig werden. Natürlich, das Bomben-Argument, die altehrwürdige Wissenschaft der Ballistik. Ich seh schon an Ihrer Nasenspitze, Sie wissen nicht genau, ob Sie mir das nun vorhalten sollen, dass dies Spezialmodell für fliegende Bomben gebaut war und nicht für Flugzeuge. Dabei würde ich es Ihnen wirklich nicht übel nehmen, wenn Sie jetzt danach fragen. Wer wird denn auf seine alten Tage noch Schuldgefühle hegen! Oder, was noch schlimmer ist, sich welche einreden lassen. Wissen Sie, ich hab mir abgewöhnt, da lange drumherum zu reden. Das Gerät für die Flügelvermessung hat hauptsächlich zur Entwicklung ferngesteuerter Bomben gedient, zum Schiffeversenken, fertig, Punkt, aus. Vielleicht haben wir damit die Alliierten bei ihrer Landung in Italien oder Frankreich etwas aufgehalten, ein oder zwei Stunden oder drei. Genügt Ihnen das? Ja, das einzige Gerät mit einem direkten militärischen Nutzen, das ich gebaut habe. Natürlich hat es auch zur Verbesserung der allgemeinen Flugsicherheit beigetragen … Also, Sie dürfen mir ruhig ein wenig dankbar sein, wenn uns hier auf dieser schönen Terrasse kein Flugzeug auf den Kopf fällt und wenn Sie da oben auf Ihren Reisen nach Berlin oder Alaska oder meinetwegen nach Singapur ziemlich sicher unterwegs sind, ohne das große Flattern … Nein, ich werd Ihnen jetzt keinen Vortrag halten über den Krieg als Vater aller Dinge. Sie erinnern sich, was die Militärs meinten, als ich Ihnen meine Angebote vorlegte: Was glauben Sie, wann wir den Krieg gewonnen haben? … Die amerikanischen und englischen Computer-Pioniere haben bei den Bomben auf Deutschland geholfen, ich als der einzige

Deutsche auf diesem Sektor war beteiligt auf unserer Seite, wir wollen nicht aufrechnen … Das müssen Sie mir nicht sagen … Hitler hat angefangen, nicht ich. Ich habe ganz zivil angefangen, aus eigener Initiative … Und meine Verluste … Nein, ich werd mir den schönen Abend nicht verderben mit der Klage über die Kreuzberger Trümmerhaufen … Richtig, wahrscheinlich wäre mehr aus mir geworden in Friedenszeiten. Aber ich konnte mir meine Zeit nicht aussuchen, junger Mann … Darauf antworte ich nicht, das hab ich immer gesagt, auf Fragen zur Atombombe antworte ich nicht, bevor meine amerikanischen Kollegen sich nicht offen dazu geäußert haben … Und beim nächsten dieser Spezialrechner, auch für Henschel, kam plötzlich König Zufall vorbei, vielleicht war es auch Herr Mephisto, und schon war wieder was gelungen. Eine Erfindung, ja, von der spricht man selten heute, eine bahnbrechende, bahnbrechend ist eigentlich ein zu milder Ausdruck: die erste Prozess-Steuerung, der erste Prozessrechner der Welt! Mit Analog-digital-Wandlern! Kein Mensch hat sich dafür interessiert anno vierundvierzig – heute finden Sie keine Fabrik mehr ohne solche Maschinen. Nur mit Ada hab ich das etwas zweifelhafte Glück geteilt: Das Problem der sich selbst steuernden Maschine ist gelöst! Herr Mephisto war dabei, den spürte ich im Nacken, den hörte ich flüstern: Diesen Draht noch, und dann steuern die Daten das Programm, dann regieren die Maschinen über die Maschinen und nicht mehr die Menschen und nicht du, du kleiner Wicht, du Möchtegern-Faust! Ich hab Ada in die Augen geschaut und den Draht nicht gelegt. Das haben dann später andere gemacht, ohne Skrupel. Das Gerät ist ein einziges Mal gelaufen, in einem ausgelagerten Henschel-Werk weit weg im Sudetenland. Plötzlich kam der Befehl zur Demontage, da hieß es Hals über Kopf abhauen, die Russen rücken näher, also das gute Stück dem Feind überlassen, nur die Konstruktionsunterlagen gerettet … Ich greife vor, verzeihen Sie …

(Die Alten reden zu wenig)

Wissen Sie, manchmal denk ich, warum erzähle ich Ihnen das alles? Bestimmt sehe ich in Ihren Augen in jeder Stunde mehr wie ein alter Angeber aus, der am Ende seines Lebens noch einmal die große Leier schlägt und sich auf die Brust klopft. Dabei hat man mir früher vorgeworfen, viel zu bescheiden zu sein. Und das stimmt ja auch, ich hab meine Erfindungen der Welt, also den Medien nicht laut genug unter die Nase gerieben. Der erste Prozessrechner, in einem Kaff im Sudetenland einmal gelaufen, was ist das schon, hab ich mir oft gesagt. Ich hatte ja nur Ada als Zeugin. Aber da schreit sofort die wachsende Schar meiner Lobredner auf: Allein dafür hättest du drei Doktorhüte verdient! ... Danke, danke ... Aber seien Sie ehrlich, halten Sie es noch aus mit mir? Der Alte hier neben Ihnen schwatzt fast ohne Pause, ist Ihnen das nicht peinlich vor den anderen Gästen? ... Sie sind ein höflicher Mensch, ein viel zu höflicher Mensch ... Was wollen Sie von mir? Ja, Sie sind neugierig auf das, was ich so vor mich hin rede. Sie saugen alles auf, Sie vertrauen diesem elektromagnetischen Speicher. Sie lesen mir meine bescheidenen Sätze von den Lippen ab, so gierig sind Sie, als könnten Sie es gar nicht abwarten. Und wenn ich unbeholfen rede, dann geben Sie mir, da würd ich fast wetten, Zensuren wie ein Lehrer, ungenügend, mangelhaft, ausreichend. Dafür gucken Sie dann manchmal wieder so, als könnten Sie es nicht fassen, dass ich Ihre Bitte um ein Interview erhört habe, stimmt's? Und nun gewähre ich Ihnen das Interview, live auf Magnetband und exklusiv. Gewähren, ist das nicht ein wunderbares Wort? Das macht mich zum König, ich gewähre Ihnen die Gnade dieses Gesprächs. Und Sie freuen sich an jedem vollgeredeten Band, das Sie nach Hause tragen können ... Geduld! Es ist ein wunderbarer Abend, ich werde gleich auf die A4, auf die Wunder der A4 zu sprechen kommen – und wieder auf Ada. Bleiben Sie nur geduldig. Je mehr Geduld Sie haben, desto mehr werd ich erzählen, das ist versprochen ... Die Alten reden zu viel, das ist Ihr heimlicher Gedanke, geben Sie es zu. Dabei reden wir Alten viel zu wenig. Zu wenig! Ist doch das Gescheiteste, was wir tun können. Sollen wir etwa nicht jubeln, dass der Mund und die Zunge und die Stimmbänder und die Zellen neben der Großhirnrinde noch einigermaßen intakt sind? Es ist wie Gymnastik, nehmen Sie es als Gymnastik, wir brauchen das von morgens bis abends. Großhirnrindengymnastik könnte man sagen, Stimmbandgymnastik, Zungengymnastik, Lippengymnastik und so weiter. Auch mir gehen sie ja auf die Nerven, die alten Bekannten, die nie den Mund halten können. Einer redet dauernd vom Krieg und von seinen Panzern, da werd ich sofort taub, ein anderer, der hat sich auf Rhododendron spezialisiert und erzählt einem alles über Rhododendron, was man nicht wissen will. Und dann erst die Krankheitsromane! Aber ich frage Sie: Ist es nicht besser, wenn die Leute von ihren Krankheiten erzählen, als wenn sie gar nichts erzählen?… Ich hab das Recht, ungeduldig zu sein, ich! Aber Sie, junger Mann, haben das nicht … Gucken Sie nicht so kritisch, so ungeduldig aus der Wäsche, nur weil Sie die Prozess-Steuerung nicht würdigen können. Wenn ich schon mit Laien rede, wenn ich schon versimpeln muss, bis es mir wehtut, dann will ich wenigstens so reden, wie es mir passt … Nichts für ungut, aber Sie, Sie sollten sich freuen, dass ich seit 18 Uhr beim vereinbarten Thema bleibe, auch wenn es nicht immer so aussieht. Wenn ich abschweife, komm ich ja durch die Hintertür viel näher ans Thema, als wenn ich beim Thema geblieben wäre, oder nicht? … Mal im Ernst, helfen Sie mir: Wie macht man das, von seinen eigenen Leistungen sprechen und sich dabei nicht ständig beweihräuchern? Verraten Sie mir bitte das Geheimnis … Nur keine Ausreden. Ich hab eine längere Liste mit Erfindungen vorzuweisen, und Sie, Sie brauchen ja nur eine Sache neu erfinden, eine neue Sprache für solche Zwecke. Wenigstens das erwarte ich von Ihnen: Wie redet man über Verdienste, wenn es zufällig die eigenen sind? Bescheidenheit wäre falsch, und die Pose, die Denkmalspose doch auch. Ich werd euch nicht den Bismarck spielen, den Computer-Bismarck. Sie sind ein Mann des Worts, da müssen Sie mir doch helfen. Wir Techniker haben in den letzten fünfzig, sechzig Jahren das Denken und das Rechnen revolutioniert, und ihr, ihr von der Abteilung Sprache, was habt ihr getan in der Zeit? Was in den Festsälen geredet wird, ich kann das nicht mehr anhören und will es nicht mehr anhören, alles abgegriffen, vorgekaut, hohl und glatt. Na los, was tut Ihre Zunft eigentlich dafür, dass sich die Sprache entwickelt und Schritt hält mit unserm Denken? Sie entwickelt sich eher rückwärts, oder kommt das nur einem alten Mann so vor? Was ich höre und lese, wird irgendwie immer läppischer, infantiler, ärmer an Ausdruck und Raffinesse, oder etwa nicht? Oft hat man ja den Eindruck: Je mehr Scheinwerfer, je mehr Mikrofone, je mehr Blitzlichter, desto dümmer und dürftiger wird geredet, desto weniger Bedeutung und Inhalt stecken in den Worten, oder Temperament … Sie grübeln jetzt im Hinterkopf bitte darüber nach, und ich erwarte eine Antwort … Bis zum Sonnenaufgang … Oder zum Frühstück …

(Stoßgebete an Ada)

Also mitten hinein in die Bombennächte ... Es kracht, es zischt, es knallt um einen herum, der Fußboden scheint sich zu bewegen, alles schaukelt, das Haus wackelt, Sie denken an Erdbeben, draußen regnen die Leuchtkugeln vom Himmel, oder Sie sehen Qualm, Rauch ... Immer wenn ich versucht habe, noch etwas zu retten in den drei oder fünf Minuten bevor die Flammen zuschlugen, hab ich natürlich zuerst das aktuelle Projekt im Kopf gehabt, nie das, was ich hinter mir hatte, was ich geschafft hatte. Die wichtigsten Konstruktionsunterlagen waren einigermaßen sicher ... Ja, im Tresor. Aber entscheidendes, von heute aus gesehen historisch aufregendes Material, Skizzen, Ideen, sind in den Schubladen geblieben. Konnte ich denn ahnen, als es um mich herum brannte und ich über die Trümmer stolperte und nur ans Überleben dachte, dass ich eines Tages berühmt werden würde mit meinen Rechnern? Und dass sich heute die Museumsfritzen um jede Notiz von mir aus der Kriegszeit balgen? Und dass ich noch auf meine alten Tage Interviews geben würde auf irgendwelchen hessischen Bergen? Und zum hundertsten oder fünfhundertsten Mal berichten müsste von den wilden Pionierzeiten? ... Richtig, nur die A4 ist den Bomben entwischt, immer wieder. Ah, der Riesling ... Ja, bitte ... Ja, gut ... Also, zum Wohle ... Auf Ada! ... Sehr fein, eine milde Säure, gut. Oder ist er Ihnen nicht kalt genug? ... Mir ist es lieber so, der Magen ... Auf Ada! hab ich gesagt, weil ich ihr das Glück zu verdanken habe, dass die A4 mit mir überlebt hat ... Glück oder eigentlich ein Wunder, wenn ich als alter Nüchternheitsfanatiker das mal so sagen darf, drei Wunder sogar, mindestens drei. Einmal, dass wir diesen Rechner überhaupt zustande gebracht haben unter den schlechtesten Arbeitsbedingungen, die man sich nur vorstellen kann. Das zweite, dass die A4 nichts abbekommen hat, keine einzige Bombe und keinen Beschuss, weder in Berlin noch auf der Flucht. Und drittens, dass sie der Grundstein für die Firma wurde ... Ein Wunder, drei Wunder, und ich würde nicht gerade leugnen, dass ich Ada um die Wunder gebeten habe. Ich habe zu ihr gebetet, hab ich vorhin gesagt ... Bitten und beten, auf dies Glatteis geh ich lieber nicht, das zieh ich zurück ... Also, es war eher so: In meine Gedanken an Ada sind alle Hoffnungen geflossen von morgens früh bis abends spät, dass Ada als englische Lady mich vielleicht schützen könnte. Völlig irrational, aber das ist einfach unbewusst geschehen. Solche verrückten Gedanken konnte ich gar nicht kontrollieren und wollte ich auch nicht kontrollieren. Es war wie eine Schaltung, eine positive Schaltkette für meine Gefühle. Ich dachte, es schadet nicht zu hoffen, und hoffen soll man möglichst konkret. Ich hoffte, sie könne die Bomber vielleicht ein bisschen zurückhalten, Berlin ein wenig mehr verschonen lassen als andere Städte und Kreuzberg vielleicht ein wenig mehr als andere Bezirke. Ich habe an ihren mathematischen Verstand appelliert, an ihre Leidenschaft als Erfinderin und an ihre Liebe, wenn ich das so offen sagen darf. Die stand für mich völlig außer Frage ... Und ich muss noch was gestehen. Spät abends, vorm Einschlafen, wenn wir nicht gerade im Keller hockten, hab ich ihr Deutschland gezeigt, das schöne Deutschland. Wir haben jeden Abend einen anderen Ort durchgenommen oder eine andere Gegend, den Rhein, Heidelberg, Dresden, Thüringen, Regensburg. Sie sollte doch etwas haben von ihrem Leben in Deutschland, etwas Heimatkunde wenigstens, und sie sollte wissen, was ihre Landsleute in den Bombern im Visier hatten oder schon zertrümmert hatten ... Wenn ich als Lehrer für Heimatkunde nicht weiterwusste, hab ich die *Blauen Bücher* aus dem Bücherschrank der Eltern gegriffen, Naumburg mit Uta, Bamberg mit dem Reiter, Königsberg mit Kant und so weiter, ich hab ihr was erzählt vor dem Einschlafen und konnte ihr die Fotos in den *Blauen Büchern* zeigen ... Wie auch immer, sie hat mich erhört, meine stillen und streng geheimen Stoßgebete zwischen den Schaltplänen. Sollen andere vom Schicksal sprechen, ich spreche von Ada. Mit ihr konnte ich umgehen, mit ihr konnte ich reden, und mit ihr kann ich bis heute reden. Mit ihr lebte es sich besser als mit irgendeinem Fatum oder einer Fügung oder einem Willen Gottes oder einer blinden Vorsehung. Da hab ich doch lieber eine gescheite Frau, die noch dazu den Vorteil hat, nicht zu altern ... Genau, sie ist für mich, also äußerlich, immer die junge Dame aus dem Konversationslexikon geblieben, bis heute ...

(V4 und A4)

Eins steht fest, Ada hat die A4 gerettet – und mich. A4 ist eigentlich nicht korrekt, nebenbei gesagt. Solange die Geräte in Arbeit waren, haben wir sie Versuchsgeräte genannt, und jetzt sind wir bei V 4 … Ja, in aller Unschuld … Die Taufe fand, wie es sich gehört, dann statt, wenn das Kind einigermaßen laufen konnte. Schon aus Respekt vor Ada hab ich das Blechplättchen mit dem großen A erst angeschraubt, wenn das Gerät fertig war … Drei Jahre haben wir gebraucht, um die V 4 oder A 4 einigermaßen in Gang zu kriegen, von Juni zweiundvierzig bis Anfang fünfundvierzig. Drei Jahre, hat mich mal irgendein Idiot von der Presse gefragt, für einen Rechner, der nur eine Weiterentwicklung der A 3 ist, sind drei Jahre dafür nicht ein bisschen lang? Holen Sie sich mal eine Statistik über die Bombenschäden in Berlin, Sie Idiot, hab ich dem geantwortet und kein Wort weiter mit ihm gewechselt … Nein, das ist nicht übertrieben. Solche Leute hatte ich schon an meinem Tisch. Und wenn ich die dann vor die Tür setze, dann schreiben die, was ich für eine arrogante Socke bin … Mit Ihnen ist das anders, zum Glück, Sie mögen das intensive Gespräch, Sie ertragen die Zungengymnastik der Rentner. Aber bei meinem Rhododendron-Freund wären Sie schon eingeschlafen. Sie ertragen mich, Sie lassen mich ausreden, wenn auch nicht aus reiner Höflichkeit. Sie profitieren ja von meiner Beichte. Einer aus Ihrer Branche muss ja schließlich davon profitieren, einer oder zwei oder drei, von meiner Homestory, von meiner Lovestory, von meinen kleinen Bits und Bites. Mit Ihnen trink ich gern den Riesling, und von Ihnen lerne ich sogar noch was … Na, diese Geschichte mit *Hoch auf dem gelben Wagen,* das romantische Falsifikat … Also, die A 4 oder V 4, ich bleib jetzt mal der Einfachheit halber beim großen A, wir sind allein dreimal mit dem tonnenschweren Ding umgezogen in Kreuzberg. Dreimal die Werkstatt mehr oder weniger zerstört, dreimal die Glasscherben von den Blechen gefegt, dreimal den Mörtelstaub aus den Relais gekratzt, dreimal beim Glaser um Kitt gebettelt. Jedes Mal etwas vom kostbaren Material beschädigt, die Relais, die mir die Freunde besorgt haben aus den Abfällen der Telefonzentrale des Oberkommandos der Wehrmacht, die Filme aus den Abfällen von Babelsberg, das ganze mühsam zusammengeklaubte Material und die Schaltglieder, die ausgesägten Bleche. Wir wurden zwar finanziert von der DVL, ein Kredit, rückzahlbar bis Ende 1949 … Ja, fünfzigtausend solide Reichsmark immerhin. Aber wir hatten keine Dringlichkeit, da konnten wir keine Aufträge an andere Werkstätten geben, nicht mal für die Bleche. Einmal hat mir der Meister der Lehrwerkstatt von Henschel geholfen, unter der Hand natürlich, er hat seine Lehrlinge die Bleche für uns fertigen lassen – wunderbar. Aber dann, eine Bombe hat gereicht, alles Schrott. Jammern nützt da nichts, also mussten wir doch wieder Tausende von Blechen mit der Hand aussägen. Ich hatte in den besten Zeiten zwanzig Leute, wir mussten alles, alles selber machen, da hat jeder mal den Lötkolben in der Hand gehabt …

(Speer und Hitler und ich)

Im Auftrag des Reichsluftfahrtministeriums haben wir an der A 4 gebaut, ja, ganz am Ende. Trotzdem hatten wir von den Behörden keine Dringlichkeit, keine sogenannte. Also kein Neumaterial und nur das Personal, das sonst keiner brauchte. Sie wollten den Krieg gewinnen, auch ohne Universal-Rechner. Damals hab ich mich geärgert, heute denke ich: Das war ganz gut so. Selbst wenn wir alle Stempel für die höchste Dringlichkeitsstufe gehabt hätten, kriegswichtig oder kriegsentscheidend meinetwegen, natürlich hätten wir den Untergang des Deutschen Reichs nicht verhindert, nicht einmal mit den heute üblichen Rechengeschwindigkeiten. Mit der binären Logik, mit Null und Eins, hätten wir, verzeihen Sie, dieser Kalauer fällt mir gerade ein … Mit Null und Eins hätten wir die Stunde null auch nicht verhindert … In meinen Erinnerungen bin ich ja auf das Gerücht eingegangen, Albert Speer habe mit Hitler über meine Rechenmaschinen gesprochen, erinnern Sie sich? … Umso besser. Ich hab es nie geglaubt, aber ich hab das Gerücht trotzdem kolportiert, das muss ich nun doch mal beichten. Wenn man lange unterschätzt war, wird man ein bisschen anfällig für Schmeicheleien. Das Gerücht als solches ist ja schon eine Schmeichelei, selbst wenn es völlig erstunken und erlogen ist. Aber als ich die Erinnerungen geschrieben habe, hatte ich das offenbar noch nötig, mit Hitler und Speer anzugeben. Heute nicht mehr, hoff ich doch, wo ich oft genug in der ersten Reihe sitze … Also, Speer soll von der A 3 oder der A 4 gehört haben und Hitler gesagt haben, diese Erfindung werde zum Endsieg beitragen. Und der, unser einstiger Führer, soll geantwortet haben, eine Antwort übrigens, die sich jeder kleine Kabarettist, jeder Witzbold ausrechnen kann: Den Endsieg erringe ich mit dem Mut meiner Soldaten und nicht mit einer Rechenmaschine! … Im Ernst, ich bin sicher, dass die Kenntnis von meinen Rechnern niemals bis in das Vorzimmer von Speer gedrungen ist ... Nein, nie, damals schon gar nicht und nach seiner Spandau-Zeit auch nicht. Ich hätte ihn fragen können, einen Brief schreiben. Aber damit hätte ich gezeigt, dass ich irgendwie an das Gerücht geglaubt habe. Hab ich nicht. Also vergessen wir das. So viel zur Dringlichkeit ... Verstehen Sie meine Abneigung gegen Behörden? Das kann doch kein Beamter entscheiden, welche technische Entwicklung wie dringlich ist oder in naher Zukunft sein wird. Das weiß doch nicht mal der Erfinder, jedenfalls meistens nicht. Überhaupt, diese bürokratische Aufteilung, Dringlichkeitsstufe eins oder zwei oder drei. Und dann, was angeblich kriegswichtig ist und so weiter. Und kriegsentscheidend! Merken Sie, was da für eine Überheblichkeit steckt in diesen Kategorien? Das ist heute noch genauso, diese Dilettanten in den Ämtern, die Achtelfachleute, die über Forschungsgelder entscheiden. Das nur am Rande. Auf die Beamten in den Patentämtern komm ich noch, meine speziellen Freunde, erinnern Sie mich auf jeden Fall an die. Schreiben Sie das Stichwort auf Ihren Block. Falls ich doch etwas müde werde, da werd ich sofort hellwach ...

(Management im Bombenhagel)

Wenn es einen freien Markt gegeben hätte ... Ich weiß, wenn das Wörtchen Wenn nicht wär ... Ich liebe diese wunderbar pubertären Wenn-Sätze, also lassen Sie mich diesen Gedanken mal ausspinnen. Sie wollen doch, dass ich alles ausspreche, was mir durch den Kopf schwirrt, und ich nutze diese Gelegenheit, mal alles auszusprechen, was mir durch den Kopf schwirrt. Wer weiß, wann ich wieder eine Gelegenheit habe und ob ich mich dann so gut in Form fühle wie heute und ob ich mit den andern beiden Herren so locker ins Reden komme, prost! ... Das war eine gute Idee mit dem Riesling ... Also, wenn es einen freien Markt gegeben hätte, dann hätten Freund Hartmut und ich, wenn wir das Geld dafür beschafft hätten, einen Röhrenrechner entwickelt, fürs Erste hatten wir an zweitausend Röhren gedacht. Wir wollten das genau mit den Röhren machen, mit denen die Amis ihren ENIAC bauten, der dann 1946 der staunenden Welt präsentiert wurde. Eigentlich noch gar kein Computer, weil er nicht frei programmierbar war und mit

Dezimalsystem. Bei uns hieß es wie immer: keine Dringlichkeit, also kein Personal, kein Material. Hartmut durfte an der Uni ein Versuchsmodell bauen, eine Miniversion. Das Ding hat funktioniert, aber am Ende des Krieges kam eine Bombe geflogen oder die russische Artillerie, ich weiß es schon nicht mehr, und der erste Röhrencomputer der Welt wäre nur unter einem riesigen Trümmerberg zu bestaunen gewesen ... Sicher, der lief auch mit Röhren, und binär, also besser als die amerikanischen Geräte. Dieser Colossus ist richtig berühmt geworden, weil er den Briten geholfen hat, die Funksprüche der Wehrmacht zu entschlüsseln und den Krieg zu verkürzen, aber er war nur ein Spezialrechner und nicht frei programmierbar. Ich seh das alles mit höchstem Respekt, was unsere Konkurrenz auf die Beine gestellt hat, aber die Unterschiede sind schon gewaltig ... Jetzt dürfen Sie übrigens, falls es Sie wieder mal nach moralischer Betrachtungsweise gelüstet, an Hiroshima und Nagasaki denken. Der ENIAC wurde gebraucht bei der Konstruktion der Atombomben, so viel zum freien Markt ... Drei Jahre an der A4 basteln unter diesen Umständen mit steinzeitlichen Mitteln, mit Blechen und Relais, niemals hab ich so oft an das alte Wort denken müssen: Lernen tut weh. Die meiste Zeit geht ja sowieso drauf bei der Fehlersuche, und die wird nach jedem Angriff wegen der Erschütterungen im Haus ein besonders ausgedehntes Vergnügen. Die Bleche, ich sage nur Laubsäge, die immer wieder klemmenden und sich verhakenden Bleche. Und wenn Sie gerade denken, gleich läuft das Gerät oder dies Schaltteil im Rechenwerk wieder, was passiert dann? Alarm! Voralarm! Vollalarm! Und Sie müssen entscheiden, bleib ich jetzt bei meinem Gerät, was verboten ist, und schließe wenigstens diesen Versuch ab und kann mich freuen, wenn es endlich läuft? In den großen Fabriken wurde auch bei Vollalarm durchgearbeitet. Oder geh ich rechtzeitig in den Luftschutzkeller und fang morgen früh wieder von vorn an? Na, was hätten Sie gemacht? ... Nein, antworten Sie nicht! Sie können sich in manches einfühlen, das glaub ich Ihnen gern, aber hier brauchen Sie einen speziellen Instinkt. Sie riechen, aus welcher Richtung der Angriff kommt. Sie wittern die Gefahr. Sie lernen im Dunkeln zu sehen. Wenn die Fensterscheiben splittern, wissen Sie, was zu tun ist, und wie Sie sich hinwerfen bei den gefährlichen Luftdruckwellen. Sie können Sprengbomben von Brandbomben und Phosphorbomben und Zeitbomben unterscheiden. Sie dürfen nie aus Angst handeln, sonst machen Sie was falsch. Und dieser Instinkt, der entwickelt sich nur, wenn Sie so einen Krieg ein paar Jahre mitgemacht haben. Der Krieg an der Heimatfront ist oft komplizierter als vorn im Gefecht. Da gibt es keine Patentlösung. Meistens bin ich in den Keller, aber manchmal hab ich einfach weitergearbeitet bei Alarm, mal so, mal so ... Im letzten Jahr, nach dem dritten Umzug, hat die A4 sowieso im Keller gestanden, nur ein paar Schritte vom Luftschutzkeller. Kurze Wege im Bombenhagel, auch das ist eine wichtige Managementerfahrung. Die kann man heute schwer vermitteln, so wenig wie das Management by Rainer Maria ... Nicht dass Sie denken! Ich bin da keine Sekunde lang nostalgisch. Ich will nur, dass Sie begreifen, und vor allem die jungen Leute heute sollen begreifen, was für ein Wunder es war, dass die A4 einigermaßen ungeschoren durchgekommen ist ... Nein, das weiß ich nicht, was ich getan hätte, wenn es der A4 so ergangen wäre wie den anderen Geräten. Die ersten drei, die glorreichen drei, zuerst haben sie Ende dreiundvierzig eins aufs Dach bekommen, und im Januar vierundvierzig hat es richtig gekracht. Ich hab es zweimal begraben gesehen unter Ziegeln und Balken, mein Lebenswerk ... Gute Frage, aber man wäre damals verloren gewesen, wenn man bei allem Unglück noch viel gegrübelt und gejammert hätte. Abschiednehmen war Routine. Überleben die Parole. Gegen Ende sind die Bomben ja fast jede Nacht gefallen und oft auch am Tag. Immer mehr Leute, die man kennt, sind tot, und man geht trotzdem nicht öfter auf Beerdigungen. Die Türen hängen schief in den Angeln, Bretter vor den Fenstern, mal kein Wasser, mal kein Strom, mal kein Gas, man hat ständig zu tun, einen Happen Essen zu beschaffen. Zwischendurch immer wieder ein paar Sonnenstrahlen und die Bilanz mit entsprechender Kosten-Nutzen-Rechnung: Ich bin am Leben, mein Gerät auch. Man ist selbst am meisten erstaunt darüber, es kommt einem ganz unglaublich vor. Das Gefühl, noch da zu sein, will man lieber nicht Glück nennen, aber einen besseren Antrieb zum Arbeiten gibt es nicht. Je schlimmer alles wurde, desto mehr stieg die Nachfrage nach meinen Erfindungen. Ende vierundvierzig häuften sich Aufträge, Vorschläge, Besuche von Wehrmacht und der Luftwaffe, viel zu spät alles. Ich hab die Anerkennung als Wehrwirtschaftsbetrieb beantragt, und sofort war das durch ... Sie haben nach meinen

Gefühlen bei der Zerstörung der ersten Prototypen gefragt. Nun, die alten Geräte, die waren damals schon für mich Vergangenheit. Man hatte doch keinen Museumsblick darauf wie heute, wo alles, alles in die Museen wandert. Es kommt mir ja manchmal so vor, als hätten wir mehr Museen als Zukunftsideen in Deutschland. Als wären uns die Investitionen in die Vergangenheit wichtiger als alles andere, aber das ist ein anderes Thema. Was ich sagen wollte, mein Lebenswerk, so hab ich das gesehen, war die A4. Da steckt alles drin, das war die Aufgabe, auf die wir uns nach jeder Entwarnung wieder gestürzt haben, bis zum nächsten Alarm. Das Leben, es musste ja irgendeinen Sinn haben. Und da gab es keinen Zweifel: Das machen, was man am besten kann …

(Ewigweiblich)

Außerdem, ich hab mich verliebt und geheiratet, mitten im Trümmerchaos mit Frack und Zylinder. Das war auch Sinn, Sinn des Lebens, gerade in dieser Zeit, wenn ich das mal so platt auf Ihr Band laden darf … Sie können jederzeit auf die Stopptaste drücken … Nein, dazu hören Sie von mir nichts, Familiendinge sind Privatsache, da bin ich ganz altmodisch, die haben auch nichts mit dem Auf und Ab der Erfinderei zu tun … Klar! Ada ist trotzdem an meiner Seite geblieben, Ada hab ich die Treue gehalten. Ich hab sie natürlich aus meinem Bett verbannt. Da war dann Schluss mit Heimatkunde. Ada, meine ständige Begleiterin beim Planen, Grübeln, Programmieren … Ja, das ist vielleicht der einzige Punkt, an dem ich immer faustisch geblieben bin oder faustisch gefühlt habe: das Ewigweibliche, Sie wissen schon, hinan. Ada hat mich in jeder Lage, in jeder schwierigen Situation vorwärts, aufwärts gezogen. Hinan, so ein winziges Wörtchen und so stark. In diesen beiden Silben hab ich Adas Kräfte gespürt, wie sie mich vorwärts gezogen hat und aufwärts … Natürlich kann ein Mann zwei Frauen gleichzeitig lieben. Er darf nur die Ja-Nein-Logik nicht vergessen. Und denken Sie bloß nicht, bei Ada wäre alles nur abstrakt gewesen, nur kühl mathematisch. Nein, Ada hat mich gewärmt, und ich sie auch, hoff ich doch, mit Gleichungen, Wurzeln, Formeln, Schaltungen. Die ganze schöne Sinnlichkeit des Rechnens. Der Rausch des Richtigen, der zieht einen wirklich hinan, sag ich Ihnen … Ja, schade, dass Sie eine Ahnung davon haben und nie eine Ahnung davon haben werden, niemals den Hauch einer Ahnung ... Auch als verheirateter Mann hab ich fast ununterbrochen gearbeitet. Wenn die Luftangriffe mich vom Gerät weggerissen haben, man musste die Zeit nutzen, war die mathematische Logik dran. Da hab ich mich in die Finessen der Schaltalgebra gestürzt und eine Dissertation vorbereitet. Ganz schön verrückt, was? Sogar im Luftschutzkeller mit Mathematikern diskutiert, mit einem unserer ganz großen Mathematiker sogar, mit Scholz! Aber die Namen sagen Ihnen ja alle nichts ... Genau, im Bunker, wo betrunkene alte Männer vor sich hin lallen, Frauen herumzanken, Kinder jammern, Soldaten schnarchen, Dreck, Schweißgestank, verbrauchte Luft, und wir auf den Holzbänken, ohne Lehnen, versteht sich, wir reden über Logik und künstliche Intelligenz. Als alles in Scherben fiel, da haben wir nach einer brauchbaren Programmiersprache gesucht ... Mysterien haben Sie das vorhin mal genannt, Mysterien der Mathematik, das klingt ganz schön, junger Mann. Aber es stimmt von vorn bis hinten nicht. Geheimnisvoll ist da absolut nichts, im Gegenteil. Es gibt nichts, was klarer und durchschaubarer wäre als die mathematische Logik – unser Hirn ist nur zu faul oder zu dumm, geradeaus zu denken. Nicht nur Ihr Hirn, mit Verlaub, sondern auch meins ... Nein, da gibt es nichts Dunkles, da zählen die Zahlen und nicht die Deutungen und die Meinungen und Denkfaulheit erst recht nicht. Da wird man bescheiden und schwatzt nicht gescheit daher von Mysterien oder so was ... Und während es zusammengekracht ist, das Deutsche Reich, hatte ich wenigstens einen Vorteil, ich konnte mich an meine heimliche Verbündete bei der Siegermacht halten ...

(Krieg verloren, Computer geboren)

Immerhin, statt der Doktorarbeit ist die A4 fertig geworden kurz vor dem Ende. Wenn auch in einer simpleren Version, als ich geplant hatte, ohne bedingte Sprünge. Es war ja praktisch gar nicht mehr an Material heranzukommen. Der Krieg ging verloren, der Computer war geboren, so hat später ein Polier beim Richtfest in Bad Hersfeld gedichtet. Der Spruch hat was, oder? Genial einfach: Der Krieg ging verloren, der Computer war geboren. Und das von einem ehrlichen Handwerker und nicht von einem Schreiberling.

Nachmachen! So jemand müsste ein Vorbild sein für Sie ... Na, weil in dem Wort geboren die ganze weibliche Kraft steckt, Energie, Ausdauer. Eine Anspielung auf Ada, so hab ich das immer verstanden, als die Mutter der A4. Und das von einem ahnungslosen Handwerker aus Bad Hersfeld! ... Tja. Das war die Frage: Wie weiter? Als die Russen an der Oder standen und die Amerikaner am Rhein, sah meine Bilanz so aus: Ich hatte einen halbwegs funktionierenden Rechner, drei Berufe, zwanzig Mitarbeiter. Wie weiter? ... Unter die Russen geraten wollte niemand, ich erst recht nicht. Aber die A4 verpacken und in den Westen spedieren oder in den Süden, die Zeiten waren vorbei, in denen man dafür eine Genehmigung hätte erwirken können. Es kamen praktisch nur noch Frauen mit Kindern aus Berlin raus und am Ende die hohen Nazis. Also zusehen, wie alles um einen herum in Scherben fällt? Die Scherben gehn ja noch, aber der Schutt! Sich zermalmen und überrollen lassen, wie wir damals sagten? Die schöne Maschine, drei Jahre Arbeit, oder genauer, die Arbeit meines ganzen Lebens, zu Schrott hauen lassen? ... Ja, gute Frage, das ist unser roter Faden heute Abend. Was hätte Faust getan an meiner Stelle? Mephisto, schätze ich mal, hätte im Führerbunker gesessen ... Ja, da haben Sie recht, der wäre ständig auf Achse gewesen, um seine Seelen zu ernten ... Der gute Faust, der sollte nicht im Krieg vor die Hunde gehen, sondern als alter, verdienter Unternehmer abtreten. Mephisto hatte ja noch was vor mit ihm. Er hätte es wohl hingekriegt, per Funkspruch die A4 auf den Brocken zu zaubern. Oder, wenn er ganz klug gewesen wäre, in die Rhön, in die unscheinbare Vorderrhön, in einen Stollen am Stoppelsberg, am besten getarnt hinter dem Wasserwerk hier oben. Da hätte sie keiner vermutet, und ich hätte mir einige Umwege sparen können ... Sie haben recht, Faust, ein Mensch ohne jede Managerqualitäten, wäre wieder mal überfordert gewesen. Bis zu einer solchen Katastrophe, bis 1945 hat der alte Goethe eben doch nicht gedacht ...

(Ein tüchtiger Hauptmann von Köpenick)

Ich war auch überfordert, das können Sie mir glauben, ich mit der ganzen Verantwortung für die Familie, den Rechner, die Mitarbeiter. Ich sah meine alten Eltern in der zertrümmerten Wohnung, die Fenster mit Brettern vernagelt, dem Schicksal ergeben, sie standen abwechselnd Schlange an den Wasserpumpen und beim Milchmann. Und die Schwester, traurig, tränenlos traurig. Überall abgespannte, verhärmte Gesichter. Man redete kaum noch, man stöhnte: armes Deutschland! Abends wünschten wir uns nicht mehr Gute Nacht, sondern: Splitterfreie Nacht. So tief war der Humor gesunken, auf so ein dürftiges Niveau. Nach jedem Angriff Leichen auf den Straßen, die Straßen waren sowieso keine Straßen mehr. Man hörte die Verschütteten aus den Trümmern, der Brandgeruch blieb in der Nase, und die Nazis befahlen: *Vertrauen ist auch eine V-Waffe.* Selbst wenn es irgendwie zu schaffen gewesen wäre, mit dem Rechner aus der Stadt zu kommen, was sollte aus meiner Frau und den Eltern werden? ... Und dann? Was passiert? Als ich gar nicht mehr weiterwusste, wurde mir ein Retter geschickt. Wieder die alte Frage: Fügung? Wunder? Schicksal? Glück? Vorsehung? Zufall? Ich sage Ada. Es kann nur Ada gewesen sein, die mir geholfen hat. Mit dem geschicktesten Mann, den man in jener Zeit kriegen konnte, ein positiver Mephisto, würde ich sagen, ein Zauberer, ein Organisationsgenie ... Der fiel vom Himmel, ein Physiker, der es mit viel List und Tücke bis in die letzten Kriegswochen geschafft hatte, nicht eingezogen zu werden, der ist bei Henschel aufgetaucht und bei uns. Der hat mir geraten: Hauen Sie ab mit Ihrem Rechner nach Westen. So schlau war ich natürlich auch schon gewesen. Aber er kannte all die Tricks, wie man mit den Behörden umspringen musste, und er hatte einige nützliche Portionen Frechheit in seinem Auftreten. In anderen Zeiten hätte er ein tüchtiger Hauptmann von Köpenick werden können. Dass man in der schlimmsten Not am besten mit Frechheit vorankommt, das hatten wir schon völlig vergessen unter dem Dauerbeschuss von Propaganda und Bomben ... Er hat gesagt: Ihre Maschine heißt V 4, das werden wir ausnutzen. Tatsächlich hatte ich in dem ganzen Kriegstrubel die Taufe des Geräts hinausgeschoben. Es war, wie gesagt, wegen der Materialknappheit nur eine Sparversion geworden. Jedenfalls hieß das Gerät auf allen unseren Papieren und unter uns immer noch V 4. Sie wissen, V 1 und V 2 waren damals in aller Munde, die Vergeltungswaffen, die Wunderwaffen, die im letzten Moment die Wende bringen sollten, den Endsieg, den sogenannten. Das war die Chance! Unsere Arbeit galt ja sowieso als Geheimsache, hatte ich das schon gesagt? ... So ist das halt, ich hab meine Geschichte nicht chronologisch geordnet mit allen Details abrufbar in den Hirnschubladen. Aber sonst tickt das Langzeitgedächtnis noch ganz gut, oder? … Schön, dass Sie zufrieden sind mit mir … Also Geheimsache, und dann V4! Jetzt hieß es: Die V4 muss raus aus Berlin! Die Behörden waren in Panik, vor einer V4 standen sie stramm. Die Sache hatte höchste Priorität, und plötzlich geht alles schnell. Unser guter Mann schafft es, dass das Ministerium für Rüstung und Kriegsproduktion die Reichsbahn anweist, einen Güterwagen bereitzustellen für die V4. Alles im Ton von schnellstens, dringend, kriegswichtig und so weiter. Einen Güterwagen in diesen Zeiten! Das kann sich heute keiner mehr ausmalen, was das heißt, wenn die meisten Wagen kaputt sind und der Rest für den glorreichen Rückzug der Wehrmacht im Einsatz ist. Und dann die Bescheinigungen, um Berlin zu verlassen, meine Frau, fünf Mitarbeiter, ich. Auch die hat uns dieser Teufelskerl besorgt … Also holen wir die A4 oder V4 aus dem Keller, bei Stromausfall den Lastenfahrstuhl von Hand millimeterweise hochgewuchtet, fragen Sie nicht, wie wir das geschafft haben. Ein kurzes Lebwohl von den Eltern, jeder versucht den Gedanken zu verstecken: Wer weiß, ob wir uns noch einmal sehen. Wir waren ihn satt, diesen Krieg. Von der Schwester konnte ich mich gar nicht mehr verabschieden, da kam ein Angriff dazwischen … Ich raffe noch ein paar Unterlagen zusammen, und ab geht die Post. Schneckenpost auf Schienen, genauer gesagt. Güterzüge sind bevorzugte Angriffsziele, von allen Seiten können die Tiefflieger kommen. Ständig hören wir ihre Motoren oder das Knattern ihrer Maschinengewehre. Dann heißt es anhalten, hinwerfen, in den Graben, wenn es geht, Ohren zuhalten, Mund auf, möglichst eine Decke übern Kopf. Ich denke schon kurz hinter Potsdam, es ist ein Fehler, im Keller wäre deine Maschine sicherer gewesen als auf den Gleisen und auf freiem Feld, leichte Beute. Und dann denk ich: Vielleicht ist es besser, wenn sie hier von britischen oder amerikanischen Fliegern zu Klump geschossen wird, als wenn sie den Russen in die Hände fällt und die dich sofort erschießen als Chef der Wunderwaffe V4 … So wird man Fatalist und denkt: Hör auf zu grübeln, das Schicksal oder Ada wird schon wissen, was aus dir und deiner Maschine werden soll … Meistens fuhren wir nachts, dann machten die Tiefflieger Pause, aber nachts wurden die Bahnhöfe bombardiert. Was haben wir da herumgestanden auf den Gleisen zwischen den brandenburgischen Wiesen. Es war März und eine gemeine Kälte, die einem da durch die Knochen kroch ... So ging es voran, erst mal nach Göttingen. Heute fahren Sie mit diesen neuen Zügen in drei Stunden von Berlin nach Göttingen. Was schätzen Sie, wie lange wir damals gebraucht haben? ... Na, da freu ich mich aber, dass Sie nicht gesagt haben: einen Tag. Nach drei Tagen waren wir noch nicht mal in Magdeburg, noch nicht mal über die Elbe. Nein, eine Woche hat auch nicht gereicht auf dieser Strecke, die dauernd bombardiert und repariert wurde. Zwei Wochen waren es, genau zwei Wochen ...

(Wann wird ein Roboter Bundeskanzler?)

Ja, mach ich ... Bitte schön, auf Wiedersehen! ... Die letzten Gäste, jetzt haben wir die ganze Terrasse für uns. Wie spät ist es denn? ... Immer noch angenehm lau. Bin ja froh, dass die nur ein Autogramm wollten und mich nicht mit albernen Fragen überfallen haben: Welche Rechengeschwindigkeiten werden die Computer in zehn oder zwanzig Jahren erreichen? Oder ähnliches Zeug, immer soll ich den Propheten spielen. Gestern war ich im Park spazieren, und da hat mich jemand angesprochen, ein ziemlich junger Mann, so ein Streber-Informatiker-Typ, der wollte wissen: Was schätzen Sie, wann zum ersten Mal ein Roboter Bundeskanzler wird? Ich hab gelacht und einen Moment überlegt und dann gesagt: Woher wissen Sie, dass es keine Roboterin sein wird? Damit hatte ich ihn mattgesetzt, dann hat er mir ein bisschen leidgetan, hab ihn einfach reden lassen. Er wollte mir beibringen, dass wir Menschen auch nur biochemische Roboter sind und dass die Computer, die Roboter Gefühle lernen können und so fort. Das wurde dann noch ein munteres Geplauder. Der Hunger auf Science-Fiction, der irritiert mich immer wieder, die Fantasie, die Sehnsucht, sich auszutoben möglichst weit weg von der Gegenwart ... Nein, das hat nichts mit Technikbegeisterung zu tun, nicht mal mit Computertechnologie, dieser Junge hat natürlich auch nichts gewusst vom Gleitkomma oder von Flussdiagrammen ... Ich schweife wieder, entschuldigen Sie, ich schweife ab. Eigentlich sind wir in Göttingen, ich weiß. Eigentlich haben wir gerade erst Mitternacht, ich weiß. Die Nacht fängt so langsam an. Wir haben noch viel Zeit. Oder sind Sie schon müde? Können Sie noch? ... Wissen Sie, früher sind mir Abschweifungen immer verhasst gewesen. Geradeaus denken, Stein auf Stein im Lego-Logik-Land, anders kommt man ja gar nicht voran. Und als Ingenieur erst recht: Je gerader der Weg, desto näher das Ziel. Als Unternehmer sowieso, wer nicht schnell und geradeaus zur Sache kam, hatte bei mir nichts zu suchen. Und heute, beim Malen, da darf ich auch nicht abschweifen, da muss ich konzentriert bleiben auf den Springpunkt, auf die geheime, die unsichtbare Quelle des Bildes. Aber beim Reden ist das anders. Und jetzt, auf meine alten Tage, genieß ich das richtig, dass ich beim Reden wandern darf, wohin ich will. Wohin die umherschwirrenden Gedanken mich treiben, vorwärts und rückwärts und seitwärts, wohin die Assoziationen ziehen, ganz von allein ... Hinan, hinab ... Vom vorgeschriebenen Weg abweichen, das macht ja nicht nur den Kindern Spaß, es lebe die Abwechslung, oder? ... Auch wenn ich ins Weite schweife, bin ich immer da ... Ich bin da, wo meine Stimme ist. Und Sie wollen doch nur meine Stimme und sonst nichts. Wissen Sie, ich hab mich alle paar Jahre neu erfinden müssen, und nun, zum glorreichen Abschluss, mach ich euch den Schwätzer, den Vonsichselbstredner, den Ehrendoktor für unehrenhafte Abschweifungen ... Sie wollen natürlich wissen, wie es weitergegangen ist in Göttingen, Göttingen hab ich nicht vergessen, so trottelig bin ich noch nicht ... Sie wollen rasch weiterkommen, Sie wollen, dass wir durchkommen bis in die Gegenwart, ehe Sie einschlafen. Oder eh ich die Stimme verliere ... Sie wollen, dass ich mich beeile mit den Erzählungen vom Krieg. Sie wissen doch, dass die Alten am liebsten vom Krieg erzählen. Jedenfalls wenn sie keine tolle Krankheit zu bieten haben. Meinen Sie, ich bin da eine Ausnahme? ... Ja, das ist nicht falsch, ich scheue ein bisschen zurück vor einem Bericht über die Wochen des Kriegsendes, ich hab mich da immer ziemlich kurz gefasst. Man kann das auch gar nicht erzählen. Oder man müsste einen Abend, eine lange Nacht über nichts anderes sprechen, nur über diese letzten vier, fünf Kriegswochen. Es war ja alles so absurd, wenn man es von heute her betrachtet. Durch welchen Wahnsinn wir da getaumelt sind wie Schlafwandler. Immer mit dem Rechner im Gepäck, das nüchternste und nützlichste Ding, das man sich vorstellen konnte, mit der fantastischsten Rechenleistung, die man sich vorstellen konnte. Und wir unterwegs, überall Bombentrichter, Ruinen, Zerstörung, Tote, die Welt ging unter, da gab es nichts mehr zu berechnen. Nichts, nichts, nichts. Alles kaputt, und wir schleppen die tollste Rechenmaschine der Welt durch die Gegend! ... Und wenn wir Ada nicht gehabt hätten, ich kann mich nur wiederholen, wenn wir meinen guten Stern Ada nicht gehabt hätten ... Kaum war das Gerät aus dem Güterwagen geladen in Göttingen, zwanzig schwere Kisten, das Speicherwerk, das Rechenwerk, allein acht große Relaisschränke, die Bedienungskonsolen, die Kabelkisten, die Filmkiste und so weiter, alles auf einen Lastwagen, wir wollten zur Aerodynamischen Versuchsanstalt. Und kaum starten wir, kaum springt der Motor an, da heult der Fliegeralarm los. Viel schneller als erwartet sind die Flieger da, britische Flieger, und hauen den ganzen Güterbahnhof kaputt. Ich hab die Waggons aus den Gleisen hüpfen sehen, bevor sie explodierten. Ich hab das Krachen und Splittern von Metall und Stahl gehört, die Schienen ragten in die Luft. Wir waren haarscharf entkommen. Und bestimmt haben sie auch den Wagen getroffen, mit dem wir vierzehn Tage unterwegs waren. Da konnte nur Ada geholfen haben! Sie hat die Flieger so lange zurückgehalten, bis wir ausgeladen und das Gelände verlassen hatten. Was für ein Glück! Unfassbar! Die Vorsehung, haben meine Leute gesagt. Ich glaubte nicht mehr an die Vorsehung. Ich hab nur stumm vor mich hin gestammelt: Ada, ich liebe dich! ... Sie können lachen von mir aus, Sie dürfen maliziös lächeln, wenn Sie mögen, aber es war Krieg, verdammt noch mal! Und es muss endlich mal gesagt werden, wie es wirklich war ... Wenn Sie unser ganzes Gespräch einmal ausgebreitet und aufbereitet haben irgendwann, dann wird man mich auch besser verstehen. Mein Geheimnis Ada ist wirklich nur im großen Zusammenhang zu sehen. Aber ich mach mir keine Illusionen. Selbst dann, wenn das alles mal offen liegt, werden viele meiner besten Freunde, die alten Kunden und Kollegen die Köpfe schütteln. Das gefällt mir ja daran, dass ich allen noch ein hübsches Rätsel zu knacken gebe, wenn ich endlich von den Wolken herunterwinken darf, nur leider ohne diesen sauberen Riesling, fürchte ich ...

(Der Augenblick, auf den ich zehn Jahre hingearbeitet habe)

Sie müssen nicht an Ada glauben, es reicht völlig, wenn ich das tue. Eins steht jedenfalls fest: Sie hat uns bis in die Räume der Aerodynamischen Versuchsanstalt geführt, die mit der Kaiser-

Wilhelm-Gesellschaft zusammenhing, eine gute Adresse. Dort hab ich das Gerät mit den fünf Leuten, die ich noch hatte, zusammengebaut, Ende März fünfundvierzig. Es war kurz vor Ostern, vielleicht sogar Karfreitag, das hab ich vergessen, Feiertage interessierten uns nicht. Wir waren besessen davon, alles so schnell wie möglich bereitzumachen für die Vorführung, die erste ... Und siehe da, die V4 oder A4, wie Sie wollen, sie lief! Sie rechnete perfekt, sie rechnete schnell, sie rechnete, wie Ada und ich es immer gewünscht hatten! Die Professoren, die Kapazitäten, die Mathematiker standen herum und staunten und klatschten! Und vor allem, sie ahnten etwas von den Möglichkeiten, von der Zukunft der Rechner! Das war der Augenblick, auf den ich zehn Jahre hingearbeitet hatte. Alles, was ich mir ausgedacht habe, die Tüftelei von ungefähr fünfzigtausend Stunden ... Das schaffen Sie sogar, das können Sie im Kopf nachrechnen, und ich bin mal nur von einer Achtzigstundenwoche ausgegangen, alles, was ich in diesen fünfzigtausend Stunden erdacht, erlernt, erarbeitet habe, zusammengeklaubt und gebosselt, unter Lebensgefahr gerettet immer wieder! ... Nein, ich will gar nicht pathetisch werden, Erfolg ist Erfolg und doch nur relativ. Die Umstände selbst sind pathetisch. Am Ende des Krieges, buchstäblich in den letzten Tagen, wird die Maschine fertig und arbeitet einwandfrei – und wir schweben auf Wolken, und von Kassel her ist schon der Artilleriedonner der Amerikaner zu hören. Niemand hat sich geräuspert und feierliche Worte gesprochen, so in der Art: Dies, meine Herren, ist der Prototyp der Maschine, die in der zweiten Hälfte des Jahrhunderts und so weiter. Nichts dergleichen. Aber geahnt haben das einige. Triumphgefühle konnten sich Ostern fünfundvierzig wahrlich nicht einstellen. Also wieder kein Champagner, kein Lächeln vor den Kameras, nicht mal ein Riesling. Keine Presseerklärung, geschweige denn ein großer Medienchor wie heute. Statt Champagnerkorken hörten wir, wie gesagt, von Kassel her die Artillerie der Amerikaner. Darf man das dramatisch nennen in Ihrer Branche? Sie sind am Ziel und gleichzeitig in größter Gefahr. Das hat doch was, müssen Sie zugeben. Sie sind auf dem Höhepunkt und gleichzeitig am Ende. Die Amerikaner hätten in zwei, drei Tagen auch in Göttingen sein können, wenn sie zügig über die Werra oder die Weser gekommen wären ... Was ich damals gedacht habe, das weiß ich noch ziemlich genau: Selbst wenn in ein paar Stunden alles in Scherben fällt, wenn dein Gerät kaputt gehauen oder gekapert wird, wenn du selbst noch im letzten Moment dran glauben musst, ein Trost bleibt: Jetzt gibt es Zeugen, nicht nur in Berlin, sondern auch in Göttingen. Seriöse Wissenschaftler sogar, glaubwürdige Zivilisten, die bezeugen können, was sie gesehen haben. Du hast etwas für deine Unsterblichkeit getan, also bleib ganz gelassen … Ich will nicht übertreiben, es ist nicht meine Absicht zu übertreiben. Sie wissen ja, dass andere Leute da ganz andere Töne anschlagen. Je weiter weg diese Zeit ist, desto mehr wird auf die Pathos-Tube gedrückt: Eine neue Zeitrechnung habe damals in Göttingen angefangen, das Bethlehem des Computers sei unsere Vorführung gewesen, hat mal einer dieser Schaumschläger geschrieben. Und das an Ostern! Daran stimmt vielleicht nur so viel, dass manche Göttinger Herren wirklich wie Ochs und Esel auf das etwas groß geratene Kind geglotzt haben … Also, wenn ich damals gedacht habe: Du hast etwas für deine Unsterblichkeit getan, dann war das überhaupt nicht triumphal gemeint, das müssen Sie wissen. Sondern, wenn ich das mal so sagen darf, aus der verzweifelten Suche nach Sinn in dieser sinnlosen Welt, aus der Not heraus, ein Notnagel, ein Notnagelgedanke. Was soll man anderes machen, wenn man im Augenblick des Triumphs die Kanonen des Feindes hört? Wenn die Wände wackeln und die stille Hoffnung, vielleicht doch irgendwie zu überleben, schon eine Frechheit ist …

(Die Angst vor den angenehmsten Feinden)

Ja, warum? Es war schon klar, dass die Amerikaner die angenehmsten Feinde waren nach allem, was man hörte, aber eben Feinde. Wenn ich mich recht entsinne, hab ich keine Sekunde lang die Idee gehabt, mich einfach zu ergeben mitsamt der Maschine. Da hätte ich mich wie ein Verräter gefühlt, ein Deserteur. Und nicht nur, weil wir vom Geld des Reichsluftfahrtministeriums lebten … Mein stärkster Impuls war zu fliehen. Ich war so bescheuert, ich wollte in dieser totalen Unsicherheit noch einen sicheren Ort finden. Ich hatte die Schnauze voll und konnte trotzdem immer noch nicht an das Ende glauben. Ich dachte an meine Pflicht. Pflicht!, stellen Sie sich das mal vor, vier, fünf Wochen vor dem totalen Ende habe ich noch an Pflicht gedacht! Man fasst es nicht, heute fasst man das einfach nicht. Als es nur noch um die Rettung der eigenen Haut ging und um die Schaltpläne und Relaisschränke, da wollte ich noch ganz nebenbei zur Rettung des Reichs beitragen. Das steckte irgendwo ganz tief in mir drin. So tickt er nun mal, der Preuße. So wie er heute noch in mir steckt, der Preuße, wenn er liest, dass die höheren Manager bei der Treuhand, ich meine die Riege der mittleren Direktoren, nicht die Chefs, das Zehnfache verdienen von dem, was ich in meinen besten Zeiten hatte, das Zehnfache … Also, wahrscheinlich hab ich Ada verärgert, weil ich kein Deserteur geworden bin, weil ich noch nicht auf die Amis und die Briten gesetzt habe. Weil ich nicht mal ihretwegen, als Liebhaber sozusagen, zum Deserteur geworden bin. Und mich nicht bei erster Gelegenheit auf die Seite der Alliierten geschlagen habe. Oder weil ich unser Gerät nicht wie die Vorgängermodelle nach ihr benannt habe im Moment des Göttinger Triumphs. Mitten im Untergang, könnte man sagen, hatte ich noch nicht alle Schalter auf Anfang gestellt, auf das große A, auf einen neuen Anfang mit Ada. Und sie hat sich gerächt dafür, glaub ich. So hab ich mir das später zurechtgelegt. Denn sie hat mir nicht eingeflüstert, dass es am besten gewesen wäre, sich in Göttingen überrollen zu lassen. Sie hat mir nicht verraten, dass Göttingen von ihren Leuten eingenommen werden sollte einige Tage danach. Die hätten uns gleich mitsamt der Maschine verhaftet und wahrscheinlich auf ihre Insel verfrachtet und mich irgendwann in ihre Labors geholt, aber das wäre weniger gefährlich gewesen als das, was wir dann durchgemacht haben … Keiner kannte die Zukunft, keiner von uns. Wir haben in Jalta nicht mit am Tisch gesessen. Nur Ada kannte die Zukunft, da bin ich sicher, leider hat sie mir nichts davon verraten, hat mich allein gelassen mit meiner idiotischen Pflicht … Da bin ich ziemlich sicher, wären wir geblieben, dann wär ich nach England gekommen, da hätte man in aller Ruhe und mit viel Tee mein Know-how abgeschöpft. Vielleicht hätte ich weiterarbeiten dürfen in der Gegend von Cambridge unter zehnmal besseren Bedingungen als in Deutschland. Vielleicht sogar mit Alan Turing zusammen, wir wären ein gutes Gespann gewesen, so viel ist sicher. Verzeihen Sie einem alten Mann seine kindischen Fantasien … Wenn man so sein Leben resümiert, und das soll im fortgeschrittenen Alter ja hin und wieder vorkommen, dann bleibt man oft an diesen kritischen Stellen hängen, den Kreuzwegen, den

Weichen. Man weiß nachträglich immer ziemlich genau, warum man da seinerzeit nach links gegangen ist und nicht nach rechts und warum das richtig gewesen ist. Und dreißig Jahre oder fünfzig Jahre später sinniert man plötzlich etwas blöde vor sich hin: Was wäre, wenn ich nun nach rechts gegangen wäre? Möglicherweise ein ganz anderes Leben? Andere Schwerpunkte im Beruf? Andere Wohnorte? Eine andere Frau, andere Kinder? Man muss das immer wieder stoppen, und zwar sofort, völlig fruchtloses Zeug. Die elementare Weisheit von Null und Eins, von Ja und Nein, von Und und Oder, man soll es im freien Spiel der Gedanken nicht übertreiben damit. Gut, ich wollte Ihnen nur erzählen, wie wichtig diese Weichen fünfundvierzig waren, fünf Wochen vor der Kapitulation ... Darauf das letzte Glas Riesling. Prost! ... Lassen Sie uns mal aufstehn und die Beine vertreten, ein bisschen länger als unsere Pinkelpausen, einfach mal auf der Straße hin und her, im Mondlicht wandeln ... Ja, klemmen Sie mir das Mikro an, ich will keine Pause ...

(Walpurgisnächte, tief unter der Erde im Harz)

Also, Göttingen, und die Amerikaner stehn vor der Tür ... Ich seh schon, Sie merken, dass ich die ganze Zeit etwas rumeiere. Jetzt ist ein nicht ganz so glorreicher Moment meiner Laufbahn dran, jetzt kommt Dora. Also, kurz und schmerzlos. Wir sollten unsere gute V4 verfrachten und in das unterirdische Rüstungswerk im Harz transportieren. Wir haben das inspiziert, und wir waren entsetzt. Tausende von Häftlingen, völlig verhungert, mit Fetzen bekleidet, haben da gearbeitet an Raketen und Bomben und Granaten, in unterirdischen, riesigen Stollen. Man hatte die Häftlinge aus den KZs des Ostens hierher getrieben, die wenigen, die noch kräftig genug waren, durch Schnee und Kälte zu laufen. Es waren immer noch Tausende, später hab ich mal gelesen: über zwanzigtausend sollen damals dort vegetiert haben, tief unter der Erde im Harz. Und mir ist so, jedenfalls habe ich solche Bilder vor Augen, als seien die Leute zu allem Unglück noch mit Peitschen zur Arbeit getrieben worden. Aber das bilde ich mir vielleicht ein, denn die Lage war so, da brauchte man keine Peitschen. Ja, man bastelt sich die Erinnerungen auch aus Filmen und Büchern zusammen und hält sie für absolut subjektiv und authentisch, das ist ja nun wissenschaftlich erwiesen ... Wir waren vielleicht eine halbe Stunde in diesen Stollen, wir verhandelten mit dem Manager von Wernher von Braun ... Meinen Sie, ich hätte noch irgendein konkretes Bild gespeichert? Alles wegradiert, nur die stummen, anklagenden Blicke der Häftlinge, und die hundert Gesichter, die an mir vorbeigezogen sind, die sind zu einem einzigen geworden ... Nein, ich hab mich nicht für die stark gemacht, es wäre völlig sinnlos gewesen. Man kommt gar nicht auf so eine Idee unter solchen Umständen. Kurz gesagt, es war grauenvoll, wir haben hier zum ersten Mal mit eigenen Augen die schreckliche Seite des Nationalsozialismus ... In dieser Hölle, und es war eine Hölle, jedenfalls habe ich nie im Leben etwas Höllischeres gesehen als das, nein, in dieser Hölle wollten wir unsere gute V 4 nicht deponieren. Denn eins war klar: Wenn der Feind hierherkommt, der wird die armen Menschen befreien und dann alles ausräumen oder sprengen. In diesen Stollen hatte unser Gerät nichts zu suchen ... Die Zeit der Waffen ist vorbei, so ungefähr könnte ich gedacht haben, jetzt kommt die Zeit der Rechner ... Falls ich überhaupt noch denken konnte vor lauter Schrecken und vor lauter Sorgen um Kartoffeln und Quartiere und einen sicheren Ort für die Zukunftsmaschine. Man handelte intuitiv ... Am besten wäre es gewesen, aber wer hätte das damals wissen können, wir wären in einem dieser niedersächsischen Dörfer geblieben, wo man noch ganz gut zu essen bekam, hätten das Gerät in einer Scheune versteckt und in Ruhe auf das Ende der ganzen Bomberei und Schießerei gewartet. Hätten, hätten, hätten. Wie ich schon sagte, wir waren so treudeutsch, wir wollten uns nicht einfach dem Feind ergeben ... Immerhin, dem listenreichen Physiker ist es gelungen, uns einen neuen Befehl zu verschaffen: Ein Lkw mit Anhänger, tausend Liter Diesel, Marschbefehl nach Bayern ... Nein, der Gedanke ist mir nie gekommen. Obwohl ich mich nie näher am Harz aufgehalten habe als damals ... Nein, ich glaube, in keinem Jahr meines langen Lebens hab ich so wenig an Faust gedacht wie 1945. Die Arbeitsstollen im Harz, das Elend, die Hölle da unten, und die Walpurgisnacht, das Höllenfest oben, das mag eine originelle Idee von Ihnen sein. Aber es ist wieder so eine typische Idee für Schöngeister, mit Verlaub, das ist Ihre Branche. Die Blicke dieser Leute in den Stollen kann ich bis heute nicht vergessen, da stand mir nicht der Sinn nach irgendwelchem Höllenzauber. Wir haben gehungert, wir wussten nicht wohin, Katastrophen an jeder Ecke. Tiefflieger sind schlimmer als Hexen, das können Sie mir glauben, und eine Leiche am Straßenrand kann einen mehr erschrecken als hundert Teufel auf einen Schlag. Nein, wer jeden Tag seine Haken schlagen muss, um dem Tod auszuweichen, und wer dann noch Dora gesehen hat, der hat wirklich keinen Appetit mehr auf läppische Walpurgisnächte ...

(Ab nach Süden)

Wir also ab nach Süden, meine Frau, fünf Mann und ich und die V 4. Sie musste ja immer noch V 4 heißen, sonst hätten wir den Luxus nicht gehabt, um den uns alle beneideten: ein Lkw, Benzin und ein Fahrtbefehl nach Oberammergau. Und das als Zivilisten! Also über die Autobahn, wenn es ging, und nachts unterwegs, damit uns die Flieger nicht erwischen. Rechts und links brannten die Städte, die Dörfer, rechts und links Bombentrichter, auf der westlichen Seite rückte die Front näher. Die Straßen voll mit Militärkolonnen, Truppenteile, die irgendwo Anschluss suchten, überall Wracks, ausgebrannte Panzer, verkohlte Lkws und Pkws, Pferdeleichen, auch auf der Autobahn Pferdefuhrwerke und Massen von Flüchtlingen mit Handkarren und Soldaten auf dem Weg nach Süden. Mitfahren wollten sie alle. Wir mussten jeden abweisen, manche auf die Finger schlagen, unsere Fahrzeuge waren voll genug. Wir hatten Glück, dass uns keiner mit der Waffe bedrohte. Es gab ständig Unfälle, man sah ja fast nichts mit den abgeklebten Scheinwerfern. Man kam wegen der Wracks und der vielen Leute nur langsam voran. Oft standen wir nur rum und haben gewartet, dass es weiterging. Viele Brücken waren schon kaputt. Es war grauenhaft. Und dann, finden Sie mal am Tag ein Bett oder eine ruhige Ecke zum Schlafen am Waldrand. So warm sind die Tage im April nicht. Zu essen ein paar Kartoffeln und mal ein halbes Brot für sieben Leute. Und Sie wissen, dass Hunderte, Tausende ebenso hungrig wie Sie durch das Land streifen und Ihnen vielleicht schon morgen den letzten Brocken wegschnappen. Zum Glück waren die Bauern einigermaßen hilfsbereit. Aber von Würsten haben wir nur geträumt in Deutschlands besten Wurst-Gebieten. Gehn wir wieder an unsern Platz? ... Einmal, bei Vollmond, da kamen die Tiefflieger in der Nacht, und wir auf freiem Gelände, kein Wald in der Nähe. Das

Geknatter der Maschinengewehre, das Aufblitzen der Geschosse, Rauchwolken im Hintergrund, irgendwo in der Ferne flackert das gewohnte Feuerwerk des Krieges, alles gefährlich hell ... Da hab ich zu Ada gebetet und ihr geschworen: Wenn wir hier durchkommen, das Gerät und ich, dann werd ich in allen künftigen Vollmondnächten an dich denken und dir ein Dankgebet schicken ... Kurz danach schieben sich dicke Wolken vor den Mond, die Gefahr geht vorbei, und dann schaut er immer mal wieder zwischen den Wolken durch, ob wir da liegen oder schon wieder stehen. Ja, jetzt wissen Sie, warum Sie diesen Termin von mir diktiert bekommen haben. Und warum mich der Mond so belebt, jedenfalls in Friedenszeiten ... Sehn Sie, niemand hat die Gläser ausgetrunken ...

(Schaltpläne und Passionsspiele)

So, das hat gutgetan. Mich hat mal einer gefragt, ein ziemlich junger, ein ziemlich grüner Journalist: Warum haben Sie nicht einfach Ihre Schaltpläne in einen Koffer gepackt und das Gerät den Bomben überlassen? Oder warum haben Sie das Gerät nicht irgendwo abgestellt und versteckt und sind mit Ihren Schaltplänen im Koffer weitergezogen? Ohne dies Monstrum auf dem Buckel, diesen Klotz am Bein? ... Mal abgesehen davon, dass ich die A4 nie als Monstrum betrachtet habe, mal abgesehen davon, dass ich die Schaltpläne sowieso in einem Koffer dabeihatte, den ich gehütet habe wie meinen Augapfel, wie man so sagt, und mal abgesehen davon, dass der Fahrtbefehl für den Transport des Geräts galt und nicht für unsere Koffer, mir sind die drei Vorgängermodelle zerstört worden. Das hab ich diesem grünen Jungen gesagt und ihn aufgeklärt über Erfinderstolz und Erfinderehre. Was tut man nicht alles für die Journalistenausbildung! Ich kann doch nicht mit den Schultern zucken und das Gerät freiwillig den Bombern, den Tieffliegern, der amerikanischen Artillerie oder dem letzten deutschen Panzer zum Fraß hinwerfen! Ich glaube, der Kerl wusste nicht mal, was Artillerie ist ... Ohne Not mein Lebenswerk opfern, den funktionierenden Universal-Rechner, niemals! Das ist doch wie ein Lebewesen, ein technisches Lebewesen, wenn Sie so wollen. Oder mehr, denn die Knochen, die Nervenstränge, die Blutbahnen und Organe, die hab ich selbst entworfen, geschaffen und zusammengebaut.

Kein Zweiter kennt dies Wesen so wie ich. Was ich geschaffen habe, mit diesen Händen!, und so gut kenne, das liebe ich doch. Ich scheue mich nicht, das zu sagen, und das hab ich auch dem Grünling gesagt. Es geht um Stolz und um Ehre und den praktischen Beweis meiner Fähigkeiten, aber auch um Liebe. Und man lässt, was man liebt oder wen man liebt, nicht im Stich. Das mag ja heute anders sein, aber zu meiner Zeit war das so, hab ich ihm gesagt, das ist doch das Mindeste! Und dabei hab ich ihn strafend angeschaut, als hätte er gerade seine Freundin sitzen lassen, und der wurde rot! ... Ja und nein. In der Liebe zu meinem Gerät steckte meine Liebe zu Ada, ob mir das nun bewusst war oder nicht, ist eigentlich egal. Wenn Sie mich im April fünfundvierzig als rasender Reporter irgendwo auf der Autobahn bei Nürnberg vor einer zerbombten Brücke gefragt hätten oder bei der Fahrt durch München, eine Gespensterstadt, da standen nur noch Mauern und Fassaden, damals hätte ich Ihnen nicht so geantwortet wie heute mit fünfzig Jahren Abstand. Da hätte ich bestimmt nicht gesagt: Ich schleppe das Gerät aus Liebe durch die Gegend ... Man handelte intuitiv, und diese Intuition war ja richtig, wie wir später gemerkt haben ... Endlich sind wir angekommen, da unten im tiefsten Bayern. Es war schon alles voll mit Flüchtlingen, und keiner wollte uns, in Oberammergau schon gar nicht. Und die Bauern, überall, in Niedersachsen, in Franken, hatten sie uns geholfen, aber in Oberbayern, richtig feindlich waren die. Als hätten die nie Hitler gewählt, ausgerechnet die! Und tun dann noch so fromm mit ihren Passionsspielen, die können mir gestohlen bleiben! Na, ich will es kurz machen, über diese Zeit ist viel geschrieben worden, da ist es allen ähnlich ergangen. Bis zum letzten Tag Todesgefahr, aber das Wort Gefahr ist viel zu harmlos dafür. Ganz zum Schluss hatte man die Wahl, entweder durch die SS oder durch den Feind noch einen Volltreffer abzukriegen. Wie viele haben im letzten Moment eine falsche Bewegung gemacht ... Genug, ich will endlich fertig werden mit den Kriegsgeschichten. Nach einigem Hin und Her, zum Glück hat das Benzin gereicht, sind wir im Allgäu gelandet, die V4 im Schuppen gut versteckt, und eines Tages im Mai war der Krieg endlich aus. Endlich. Aber noch lange nicht vorbei. Wir hatten uns gerettet, uns und das Gerät. Fürs Erste jedenfalls ... Es ist schon komisch, wie erleichtert ich bin, wenn ich hier, am 8. Mai, einen Punkt machen kann. Selbst jetzt noch, im

Juli vierundneunzig, auf bequemen Terrassenstühlen mit Polstern, stellt sich die Erleichterung ein: Du bist durch! Ohne Querschläger! Geschafft! …

(Der neue Kolumbus)

Das hab ich mir gedacht, dass Sie mir die Erleichterung nicht gönnen! Die Frage nach Braun, die musste ja kommen, die lässt sich keiner entgehen. Da sehen Sie mal wieder, dass Sie auch nur Durchschnitt sind … Gucken Sie nicht so! Ich helfe Ihnen und stelle sie selber, Ihre Frage: Wie war das damals, wenige Tage vor der Kapitulation, da unten in Bayern, erzählen Sie doch mal bitte, war es eine historische Begegnung? Als hätte mir diese eine Stunde irgendwelche höheren Weihen eingetragen! Nein, sage ich, ich habe weder seine Füße noch seinen Ring geküsst, und ich habe mir seitdem schon öfter die rechte Hand gewaschen, die der berühmte Mann gedrückt hat. Der Mann, der in den Vierzigern ganze Stadtteile von London zerstört hatte mit seinen Raketen, der wurde ja regelrecht vergöttert in den Sechzigern als der neue Kolumbus, ich erinnere mich gut. *Der Mond ist jetzt ein Ami,* das war die Schlagzeile, und der Held dahinter war einer von uns, ein Deutscher … Das ist heute noch so, wenn Sie in einem Hörsaal oder in einem Altersheim eine Umfrage machen, Wernher von Braun kennen alle, mich vielleicht fünf Prozent. Mir ist es inzwischen ziemlich egal, aber damals … Ich erinnere mich gut, in den Sechzigern ging es mir ja eher mies, mein absoluter Tiefpunkt. Wer war ich denn, ein gescheiterter Unternehmer, ein Angeber, der behauptete, den Computer erfunden zu haben und dem nicht mal das Patentamt glaubte. Ein Scharlatan und ein Trottel, der seine stolze Firma für eine Kiste Äpfel und ein Schock Eier verschenkt hat, verschenken musste. Aber einen Pluspunkt hatte er, das hatte sich seltsamerweise herumgesprochen, er konnte berichten, als einer der Letzten mit dem neuen Kolumbus gesprochen zu haben, bevor der von den Amerikanern gefangen und in die USA verfrachtet wurde … Braun war ja aus Peenemünde mit ein paar Tausend Mitarbeitern in den Harz gezogen. In das unterirdische Arbeitslager, von dem ich vorhin gesprochen habe und wo ich mein Gerät auf keinen Fall unterbringen wollte. Ein paar Tausend, halten Sie bitte die Luft an und stellen sich das konkret vor, und das in der Endphase des Krieges! Ich glaube viertausend, aber die Zahlen hab ich nicht genau im Kopf. Ein ganzes Heer von hochkarätigen Ingenieuren und Wissenschaftlern. Von denen hat er noch hundert mit nach Bayern nehmen können, er wird sich schon die besten und treusten herausgesucht haben. Und die waren in einem Hotel in den Alpen, in dem wir auch ein paar Tage kampierten, erstklassige Wehrmachtsverpflegung übrigens, eh wir in das Allgäu weitergezogen sind. Es drängte ja alles ins Hochgebirge, als gäbe es da einen Berghof für jeden ... Was wir geredet haben? Ich erinnere nur, ich hab ihm begreiflich zu machen versucht, wie wichtig Universal-Rechner für die Raketentechnik sind oder sein werden. Hatte ja einiges an Erfahrungen mit Gleitbomben und dem Rechner für die Flatterfachleute. Aber der hat mich nicht verstanden oder sich einfach nicht interessiert. Oder ich war zu aufgeregt, und der hat mich für einen dieser hunderttausend technischen Narren gehalten, die ständig ihre Supererfindung, ihr Perpetuum mobile an den Mann bringen wollen und sonst nichts im Kopf haben. Oder der war in Gedanken schon bei den Amis. Es war kein besonders günstiger Zeitpunkt für einen echten Austausch. Eine Woche oder drei Tage vor dem Hissen der weißen Fahne kann man schlecht Fachgespräche führen. Ein tausendjähriges Reich geht unter, obwohl noch 988 Jahre fehlen, da ist man doch wie betäubt. Und ich war damals ein noch schlechterer PR-Agent meiner selbst als später. Heute erst wäre ich so frech zu behaupten: Raketen bauen ist simpel, aber sie auf Kurs halten und steuern, das geht nur mit Computern, mit gewaltigen Softwareprogrammen. So kam es dann ja auch, ohne die Rechner der amerikanischen Kollegen wäre von Braun nie bis zum Mond vorgestoßen. Aber im Mai fünfundvierzig verstand selbst der Halbgott der V1 und V2 noch nicht, dass die Rechner die Schlüssel zum Weltraum sind. Und ich hatte keine Visitenkarte dabei ... Nein, das wusste ich nicht. Das bestätigt meine Vermutung, dass er im Kopf schon bei den Amis war, dass er im Geist schon desertiert war, dass er an gar nichts anderes mehr gedacht hat, interessant ...

(Den lieb ich, der Unmögliches begehrt)

Nein, er imponiert mir durchaus, ich hab ihn immer bewundert und bewundere ihn noch heute. *Den lieb ich, der Unmögliches begehrt,* so heißt es doch im *Faust,* und schon deshalb hab ich mich ihm immer verwandt gefühlt. Pioniere, Erfinder, Visionäre, auf die lass ich nichts kommen. Selbst wenn sie einfache Opportunisten sind, so wie ich, oder eher der Typ Herrenreiter wie er, immer sehr geschickt, wenn es um die eigenen Vorteile geht. Aber wir sind ja alle nur Menschen ... Na, das lässt tief blicken, dass Sie nicht widersprechen, wenn ich mich als Opportunisten beschimpfe ... So eine gemeine Frage hätte ich Ihnen gar nicht zugetraut, so spät am Abend schon gar nicht. Bravo, das hat noch keiner gewagt! Ist das Ihre Revanche für meinen Spruch *Wir sind ja alle nur Menschen?* ... Ja, da muss ich einen Moment warten, ob die zwei Seelen in meiner Brust sich einigen. Ein Glück nur, dass mir vor fünfzig oder fünfundfünfzig Jahren keiner mit dieser Frage gedroht hat ... Also, wenn sie mich nach Peenemünde befohlen hätten, die Nazis oder sagen wir die Deutsche Versuchsanstalt für Luftfahrt oder die Chefs von Henschel, dann hätt ich sowieso nicht Nein sagen können. Da hätte auch jeder andere kleine Möchtegern-Faust gehorchen müssen. Und wenn sie mich eingeladen hätten oder sonstwie gelockt oder gedrängelt, ich hätte wahrscheinlich Ja gesagt. Wobei Einladungen in einer Diktatur natürlich Befehle sind. Ich bin, auch wenn Sie das schockieren sollte, junger Mann, ich bin sogar ziemlich sicher, dass ich gern nach Peenemünde gekommen wäre, zum Beispiel 1938 nach der Fertigstellung der A1 oder später, mitsamt einer halbfertigen A2 oder 3 oder 4. So jung und eine solche Beförderung! Und wenn ich mir das vorstelle: Endlich Material in Hülle und Fülle! Mitarbeiter nach Belieben! Das Ende der Laubsägenquälerei und der Abfallsammelei! Ich hätte in einem Raum mit Hartmut den Elektronenrechner, in einem andern meinen Relaisrechner bauen können, zwei Prototypen nebeneinander, ein edler Wettstreit wäre das geworden! Ja, wenn der von Braun damals schon begriffen hätte, was er erst in den USA begriffen hat, wie entscheidend die Computer, ich will mich nicht wiederholen ... Ja, ich muss zugeben, ich hätte da mitgemacht und nicht verweigert. Ich hätte mein bisschen Seele verkauft, fürchte ich. Und es vielleicht nicht mal gemerkt. Gedacht hätte ich: Leiste den Beitrag, den das Schicksal von dir geleistet haben will, und stell den Universal-Rechner auf die Beine! So hätten wir die A3 schon 1940 fertig haben können und den Elektronenrechner einundvierzig, würde ich schätzen, und die A4, eine voll ausgebaute A4 schon zweiundvierzig, mit allerhöchster Unterstützung ... Der Konflikt, der alte Konflikt zwischen edler Forschung und böser Anwendung, ich verstehe die moralischen Bedenken. Aber das vernünftige Abwägen, die richtige Entscheidung ist immer leicht, wenn man sie fünfzig Jahre danach durchspielt beim Rotwein am Abend. Oder beim Riesling oder beim Wasser in einer lauschigen Vollmondnacht. Sie dürfen nicht vergessen, erst seit Hiroshima ist diese Frage in den Vordergrund gerückt, seitdem meint ja jeder kleine Abiturient, auf so einem schwierigen Gebiet mitreden zu können. Ich kann Ihnen nur ehrlich sagen, wie ich mich verhalten hätte, und in meinem Alter darf man, muss man ja rücksichtslos ehrlich sein: Ich hätte mehr an das Funktionieren meiner Rechner gedacht als an ein zerstörtes London oder Rotterdam oder welche Stadt auch immer. Die Leidenschaft des Erfinders ist, wenn sie einmal da ist, einfach stärker, das lehrt die Geschichte, überall ...

(Raketen auf New York)

Ach, das wusste ich nicht. Und ich wusste auch nicht, dass ich einem Von-Braun-Experten gegenübersitze heute Abend ... Soso, da hat er noch Raketen auf New York geplant am Ende, eine spezielle V2 für New York ... Das muss ich mir erst mal auf der Zunge zergehen lassen, der wollte Raketen in die Wolkenkratzer jagen! Manhattan plattmachen! Kurz bevor er die Seiten gewechselt hat. Nein, das wusste ich nicht, das hat er in seinen Memoiren natürlich nicht erzählt. Woher haben Sie das? ... Und wie kommt es, dass Sie so viel über Herrn von Braun wissen? ... Na ja, es passt zu meinem Eindruck vom Herrenreiter. Da haben wir ihn endlich, Mephisto! Ja, wir hätten als Faust und Mephisto kooperieren können, in der schönen Uckermark, an der Ostsee. Nicht auszudenken ... Ja, wenn, wenn, wenn. Heute Abend stoßen wir ständig auf das große Wenn. Ich finde immer mehr Spaß an der Wenn-Fragerei, das muss am Alter liegen. Ein Wenn führt zum nächsten Wenn, und schnell sind die Schleusen offen für richtige Wenn-Schaltungen im Gehirn. Wenn, wenn, wenn wir mit verbesserten, computergestützten V-Waffen den Krieg gewonnen hätten oder ein, zwei Jahre verlängert – dann hätten wir die Atombombe aufs Haupt bekommen, eine auf Berlin, eine aufs Ruhrgebiet oder München, dann gute Nacht, nein, das will ich lieber nicht ausmalen … Herr Mephisto von Braun. Da bin ich ungerecht, das muss ich zugeben, da steht mir kein Urteil zu. Aber ich merke, dass ich nicht vergessen kann, was er da im Harz, in diesem unterirdischen Arbeitslager, angerichtet hat oder mitgemacht, so ein Schock war das für mich. Wahrscheinlich verbinde ich das mit Mephisto, weil es irgendwie passt, der Harz, diese Hölle tief unten im Harz … Ja, vielleicht haben Sie recht, vielleicht braucht der Faust heutzutage keinen Mephisto mehr, er besorgt die Geschäfte des Mephisto so nebenbei mit … Seit Auschwitz, seit Hiroshima ist Mephisto irgendwie aus der Mode, oder? Es ist irgendwie unanständig, über ihn zu reden. Und wem verkaufen nun die verschiedenen Herren Faust ihre Seelen? Sie bieten sie auf der Börse an. Nein, das stimmt auch wieder nicht, löschen Sie das, streichen Sie das! Nichts gegen die Börse! … Diese Wennwennwenn-Fragerei kann einen ganz schön meschugge machen, finden Sie nicht? … Sie haben längst gehört, was Sie zu diesem Punkt hören wollten, schätze ich. Alles auf Band, ich nehme nichts zurück. Ich hätte mein bisschen Seele verkauft, hab ich gesagt, und ich werde das nicht dementieren. Und Sie haben mein Plazet, diese Worte der interessierten oder uninteressierten Welt mitzuteilen in gebührendem Abstand nach meinem Ende, wie vereinbart … Vielleicht ist das falsch. Ich sollte misstrauischer sein bei Ihnen. Das ist mir verdächtig, dass Sie so viel über Herrn von Braun wissen … Ich seh schon, ich muss vorsichtig sein mit Ihnen. Es passiert uns braven Technikern ja immer wieder, dass wir euch unterschätzen, euch von der Presse. Ihr klopft leise und freundlich an, macht eure Komplimente, sagt immer Ja und fragt ganz unschuldig hier eine kleine Frage und da eine kleine Frage, stellt euch dumm und wisst in Wirklichkeit viel mehr, als ihr verratet. Ihr habt es faustdick hinter den Ohren, wie man so sagt. Man muss bei euch immer auf eine Falle gefasst sein. Oder auf Sticheleien, die mit der Sache nichts zu tun haben, weil ihr nämlich nichts versteht von der Sache …

(Von der Gleitbombe zur Gämsenmalerei)

Nein, ich will nicht aufhören, mitten in der Stunde Null. Vergessen Sie den berühmten Wernher, wir sind im Allgäu und überhaupt nicht berühmt. Stunde null, auch so ein dummes Wort, es ist ja eher ein Jahr null ... Wie ich mich und Frau und Kind durchgebracht habe, das ist heute alles Anekdotenkram. Holzschnitte, Gämsenmalerei im Akkord für amerikanische Soldaten, Pilzesammeln, Löwenzahn, Brennnessel, Schnecken und andere Delikatessen. Darauf bilde ich mir wahrlich nichts ein, da hat sich jeder was einfallen lassen müssen, jeder, der kein Bauer war ... Sie müssten mich jetzt eigentlich fragen: Was macht der Ingenieur im Hochgebirge? Was gibt's denn nun zu rechnen, wenn jeder froh sein muss, noch Zähne und einen Arm zu haben und jeden Tag ein Stück Brot zu kauen? ... Nein, an so was denkt man nun überhaupt nicht, Umwertung aller Werte! Das ist ein typisches Kulturthema, etwas für Podiumsdiskussionen. Nein, den Gefallen tu ich Ihnen nicht, obwohl das was hergäbe, die Werte der Gleitbombe und die Werte der Gämsenmalerei, und was ich dabei so dachte im Erfinderkopf. Nein, den Gefallen tu ich Ihnen nicht, es war alles viel banaler. Wenn ich nicht auf die Futterbeschaffung konzentriert war und nicht auf die Schaltalgebra, dann ist mir meine Mutter in den Sinn gekommen. Ein halbes Jahr hab ich nichts von meinen Eltern gehört und nichts von meiner Schwester, nichts. Was tut man da? Wie findet man mehrfach ausgebombte Leute in einer siebenhundert Kilometer entfernten Trümmerstadt? Man schreibt Briefe an alle Bekannten und hofft, dass einige von ihnen überlebt haben und der eine oder andere sich aufmacht und die Zettel mit den richtigen Namen findet an den Ruinen in Kreuzberg. Oder dass die Briefträger pfiffig sind ... Ja, das hatte ich. Ohne die Papiere in letzter Minute hätte ich wie alle anderen ausrücken müssen und Berlin verteidigen, die Familie ... Da hat man Schuldgefühle, na klar, auch wenn ich sicher war, dass die Eltern mich lieber weit weg gewünscht haben und hoffentlich gerettet mitsamt der Frau und dem Gerät. Und da man vom Warten und Grübeln nur blöde wird, hab ich an meine Mutter gedacht, wie sie mir geholfen hat. Wie sie uns versorgt hat jahrelang und jeden Tag, mich und meine Freunde und Helfer, die Ingenieur-Studenten, die Ingenieur-Soldaten. Sie hat sich um alles gekümmert, sogar um das Bier, das gute Braunbier. Das wurde ja noch in Fünfliter-Fässchen mit Pferdewagen ausgefahren, das hat sie dann abgefüllt und abends jedem eine Flasche hingestellt. Ein Teller Suppe mittags. Was ist es uns gutgegangen, hab ich im Allgäu gedacht. Oder Erbsbrei, den von mir so geliebten Erbsbrei, mit gebratenen Zwiebeln verfeinert, das war der Luxus, abends Wurstbrote … Die Arbeit war sehr eintönig für die Helfer, das hat meine Mutter gesehen, die Blechsägerei und die Relaisfummelei und die Drahtknüpferei, danach konnten durstige junge Männer einen guten Schluck brauchen. Bier ist Brot, das ist ja nicht nur ein Säuferspruch. Also, ich stehe für Auskünfte zur Verfügung, falls jemand eine Diplomarbeit schreiben will: Über den Anteil des Braunbiers bei der Entwicklung des ersten Computers der Welt … Im Ernst, das waren die Erinnerungsrituale zur Beruhigung vor dem Einschlafen, um nichts Schlimmeres denken zu müssen. Um sich satt zu fantasieren. Und es hat geholfen! … Ich hab immer wieder geträumt, dass meine Schwester keine Finger mehr hatte und die Patentschriften und Briefe nicht mehr tippen konnte … Alles Unsinn, alle haben überlebt … Im Hinterkopf denk ich gerade über was anderes nach: Ob ich durch Wernher von Braun auf das Braunbier gekommen bin. Sehen Sie, so ist das, wenn die Nacht dahinzieht und die Sterne flackern und der Riesling durch die Blutbahnen rieselt, wenn ich die Assoziationen laufen und treiben lasse, vom Herrn von Braun zum Braunbier, vom Braunbier zur Mutter – Sie sehen daran wieder, wie schwer es ist für die Kollegen von der künstlichen Intelligenz, unsere Assoziationswelten oder -wellen mit Programmierkunst nachzubauen und nur die schlichtesten Netzwerke im Gehirn in Programme zu übersetzen. Ungelöste Fragen, jede Menge … Ich muss mich nicht mehr damit herumschlagen! Ein schönes Gefühl! Eine Befreiung! Sechzig Jahre linear und logisch denken sind genug! Einfach reden, wie das Gehirn gewachsen ist oder meinetwegen der Schnabel …

(Der Ingenieur im Hochgebirge)

Ja, was macht er, der Ingenieur im Hochgebirge? Gute Frage. Meine Frage, falls Sie sich erinnern … Wenn er nicht mehr an seine Hardware rankommt, wenn die im Heu versteckt bleiben muss, wenn es verboten ist von den Alliierten, sich mit solcher Technik zu beschäftigen, dann, was macht er dann? Dann denkt er über Software nach. Und wenn Pilze und Löwenzahn gesammelt sind, die Konserven ertauscht und Brot und Milch mit Gämsenbildchen bezahlt … Ach ja, die Schnecken. Wenn die gebratenen Schnecken schwer im Magen liegen, dann hat er Zeit zum Nachdenken … Das Programmieren, diese Kunst war noch völlig unbekannt. Es gab noch nicht mal den Begriff, und das Wort Software steckte in der Küche oder sonstwo. Was heute auf einem fingernagelgroßen Siliziumplättchen in tausendstel Sekunden gerechnet wird, das musste erst mal vom Prinzip her erfasst und erfunden werden. Es musste erst mal einer damit anfangen, das Rechnen in ausführbare Arbeitsschritte zu zerlegen und die nach Plan in Unterprogrammen auszuführen, Schrittchen für Schrittchen. Die Welt besteht eben nicht nur aus Und, Oder, Nicht, sondern aus einem unendlichen Netz von Und-, Oder-, Nicht-Schaltungen, ganze Galaxien von Und, Oder, Nicht. Solche Netze knüpfen Sie nur mit höchstem mathematischen Wissen, mit einer Theorie des Rechnens und mit Kenntnis von den Möglichkeiten des Geräts. Ein arbeitsfähiges Betriebssystem musste her, standardisiert und normiert nach ingenieurmäßigen Grundsätzen. Das hatte noch keiner gemacht, bis dahin. Heute ist uns das so selbstverständlich, dass selbst mir schwindelt, wenn ich an die Steinzeit vor fünfzig Jahren zurückdenke. Auch Turing und von Neumann grübelten daran herum, in der Theorie, in der reinen feinen Theorie, aber das Programmieren in Hinblick auf eine gegebene Hardware, also das, was heute Millionen Informatiker in aller Welt betreiben, daran dachte 1945 noch kein Mensch … Also musste ich wieder mal ran … Ich kann nur hoffen, dass auch dümmere Leute als Sie und ich meine Ironie mithören … Eine hübsche Beschäftigung, die Welt in Ja-Nein-Werte zu zerlegen, wenn Sie ein Kind im Arm halten, über eine Blumenwiese gehen oder von Kühen angeglotzt werden … Ich erinnere mich, es muss früher Herbst gewesen sein, ein warmer Tag, ich war aus dem Wald heruntergekommen, hab mich auf einen Wiesenhang gesetzt und ins Tal geblickt, wie man das so macht. Ein paar Höfe an den Hängen, jede Menge Rindviecher, Wiesengrün, Tannengrün, unten das Dorf, nicht weit ein Kruzifix. Selbst in den Kruzifixen hab ich das binäre Prinzip walten sehen im Längsbalken und im Querbalken. Und bei den Rindviechern hab ich studiert, ob sie die Augen immer gleichzeitig schließen oder ausnahmsweise einmal ein einzelnes Auge mit dem Lid bedecken … Ja, wenn man seiner Zeit voraus ist, muss man aufpassen, dass man nicht für verrückt gehalten wird. An diesem Nachmittag, das weiß ich noch, hatte ich Lust, in einen Apfelbaum zu steigen, die Frühäpfel wurden reif. Man hätte mich gesteinigt, auch unter dem Kruzifix, wenn man mich erwischt hätte. Unten vom Dorf kam der Briefträger hoch, ein freundlicher Alter, der am Nachmittag die Bergbauern belieferte. Also, ich sitze auf meinem Wiesenhang, beobachte die Käfer und Krabbeltiere und grüble über meinem Notizbuch. Endlich steigt der Briefträger bei mir vorbei, ich grüße, er grüßt »Servus, Herr Dichter!«. Wenn man als Nachdenker, als Nichtstuer, als Flüchtling mit Dichter begrüßt wird, dann ist das ja noch die freundlichste Sorte Spott. Selbst in Neukirchen, wenn ich da an einem Samstag zum Nachdenken losgestiegen bin, rauf auf den Stoppelsberg, haben mich die Bauern für einen Faulpelz gehalten. Obwohl sie wussten, dass ich so viele Stunden in der Firma geschuftet habe wie sie auf ihren Höfen ... Was ich sagen wollte, dies »Servus, Herr Dichter!«, das hat mich in Schwung gebracht. Ein entscheidender Gedankensprung, irgendein Salto im Kopf, und plötzlich hatte ich die Lösung, die ich den ganzen Tag gesucht hatte: *Rechnen heißt, aus gegebenen Angaben nach einer Vorschrift neue Angaben bilden.* Merken Sie, wie dichterisch dieser Satz ist? Natürlich, können Sie sagen, der Rilke-Schüler, der Schwiegersohn von Lord Byron ... Es war dies »Servus, Herr Dichter!«, das hat mich auf die richtige Bahn gelenkt. Ich saß im Gras bei den Käfern, ich, der junge Vater, der Pilzesammler, der Brennnesselsalatesser, der Gemsenpinselmeister, und skizzierte im Notizbuch, wie ich eine Vielzahl elementarer Anweisungen verknüpfe, koordiniere und automatisiere. Von den Kruzifixen und Käfern und Briefträgern zu Sprungbefehlen, Stabwerten und Paarlisten, hin zum universellen Formalismus einer algorithmischen Sprache, wie man heute so sagt ...

(Jedes Küchenrezept ist ein Algorithmus)

Ich seh schon Ihr Gesicht, ich hab verstanden. Sie sind mir wirklich ein seltsamer Geselle. Immer wenn ich einen mathematischen Begriff verwende, einen ganz selbstverständlichen Begriff, der längst zur Allgemeinbildung gehört, außer in Ihren Kreisen offenbar, dann kriegen Sie dieses merkwürdige Zucken im Gesicht. Selbst nach Mitternacht noch so eine Ungeduld in den Augen, mit der Sie mich anflehen, als wäre ich Ihr Folterer: Verschonen Sie mich mit diesen mathematischen Dingen, ich verstehe nichts davon! Statt dass Sie sich schämen und die Begriffe notieren, mich befragen oder zu Hause nachschlagen. Lieber tun Sie so, als sei das meine Marotte. Oder als müssten Sie mich dafür bestrafen, dass Sie so schlechte Mathematiklehrer hatten und immer ein Mangelhaft im Zeugnis. Das Mangelhaft haben Sie verdient, muss ich mal ganz offen sagen, besser noch ein Ungenügend, eine Sechs minus … Und wahrscheinlich hatten Sie noch nicht mal einen schlechten Mathematiklehrer, der ist nur der Sündenbock, die beliebteste Ausrede für faule Leute wie Sie. Sie sind ganz schön arrogant, junger Mann. Denken Sie mal darüber nach, gehen Sie mal in sich, wenn Sie wieder zu Hause sind. Ich spreche ganz schlicht vom A und O unseres Lebens, vom Alltag, von den Grundlagen! Ich fass es nicht, diese Ignoranz der sogenannten Gebildeten … Jedes exakte Küchenrezept ist ein Algorithmus! Und Sie zucken mit den Schultern. Haben Sie nie gekocht, oder was? Jeder Opernsänger und jeder, der ein Instrument spielt und die Tonfolge der Noten wie vorgeschrieben vom Blatt singt oder spielt, folgt einem Algorithmus! Jede Bedienungsanleitung ist ein Algorithmus, jeder Schaltplan, jede Montageanleitung! … Also, merken Sie sich das endlich und sprechen Sie mit: Einen Rechenvorgang, los! … Einen Rechenvorgang, der nach einem bestimmten, bis in alle Einzelheiten festgelegten, sich wiederholenden Schema abläuft zur Lösung definierter Probleme, den nennen wir … Brav, Herr Dr. Erstklässler. Ich hab damals noch als guter Deutscher Vorschrift dazu gesagt. Und fürs Programmieren hab ich das schöne Wort Kalkül von Leibniz benutzt, eine Verneigung vor dem Alten, der uns das duale System geschenkt hat. Und Programm hieß bei mir Rechenplan, was ja viel anschaulicher ist, nebenbei. Aber ich werde Sie mit den Einzelheiten verschonen. Habe jetzt keine Lust, all meine schönen Formeln noch einmal aufzublättern. Wissen Sie, ich habe gegrübelt und vor mich hin geschrieben, weil ich das für mich klären wollte. Weil mir klar war, dass es für die immer schnelleren Rechner immer mehr Anwendungsmöglichkeiten geben wird und dass man die elementaren Anweisungen automatisieren muss. Mitten im ländlichen Kuhgebimmel und Glockengebimmel ist so die erste algorithmische Programmiersprache entstanden …

(Bill Gates und die Gebrauchsanweisung)

Und was macht der Trottel, der hier neben Ihnen sitzt? Er steckt das Papier, dreihundert Seiten immerhin, in die Schublade – und vergisst es. Fünfundvierzig oder sechsundvierzig war an eine Veröffentlichung nicht zu denken, die Pilze, das Brot und die Milch waren wichtiger. Das waren die echten Werte. Dann die mühsamen Versuche, sich irgendwo nützlich zu machen mit Rechenkünsten, der Aufbau der Firma, rund um die Uhr. Ich hab es wirklich vergessen, was ich da geschrieben hatte. Anfangs hab ich noch gedacht, wenn du mal in die Nähe einer ordentlichen mathematischen Bibliothek kommst, setzt du dich an einem ruhigen Tag hin und reparierst die paar Stellen, wo du geschwächelt hast und vielleicht zu viel spekuliert. Ich hatte ja alles ohne Fachbücher schreiben müssen, ohne Austausch mit andern. Aber ich bin weder in die Nähe einer guten Bibliothek gelangt, noch hatte ich ruhige Tage. Und erst zehn, zwölf Jahre später sind diese Ideen wieder aufgetaucht, in den USA, und daraus sind die bekannten frühen Programmiersprachen entstanden, Fortran, Cobol, Algol. Als ich davon hörte, damals, da dachte ich: Das kommt dir doch alles ziemlich bekannt vor. Die dreihundert Seiten lagen immer noch in der Schublade. Meine Terminologie war, wie gesagt, etwas anders. Dafür war mein Begriff vom Rechnen viel weiter gefasst und hat sich nicht nur auf numerische Rechnungen bezogen, sondern auch auf die höheren Ebenen des Rechnens. *Angaben nach einer Vorschrift,* Sie erinnern sich an den Briefträger ... Das dürfen Sie laut sagen! Viel moderner, weitsichtiger. Fast zu weitsichtig, denn als ich das endlich Anfang der siebziger Jahre veröffentlicht habe, da haben mich viele immer noch nicht verstanden. Auch das ist heute anders. So langsam hat man kapiert, dass mein Ansatz, von den Wurzeln der Logik ausgehend, der tauglichste Ansatz für die Informatik gewesen ist ... Entschuldigen Sie, wenn ich Ihnen schon wieder den Angeber vorspiele ... Der Witz ist ja, dass ich oft genug in meinem Leben ein Opfer meiner Bescheidenheit gewesen bin, ein Trottel ... Ja, der Trottel, der neben Ihnen sitzt auf dem Stoppelsberg bei Vollmond und Wasser trinkt, der hätte sich schon vor Jahrzehnten als Genie feiern lassen können. Wenn er seine Seiten an ein Patentamt geschickt hätte. Und wenn die Herren Beamten diese Ideen verstanden hätten, das mal in aller Kühnheit vorausgesetzt. Aber ich bin niemals auf die Idee gekommen, dass man sich eine höhere Mathematikaufgabe oder eine geschriebene Vorschrift, eine Gebrauchsanweisung patentieren lassen kann. Wenn, wenn, wenn, dann hätte ich Programmierkönig und Millionär sein können schon in den Sechzigerjahren. Als es losging mit der Informatik in Boston, in Texas, in Kalifornien, da hätte ich bereits der Papst der Informatik sein können ... Und Bad Hersfeld das neue Rom ... Alles verpennt. Stellen Sie sich das mal vor, statt Silicon Valley das schöne Fuldatal und unser Haunetal ... Vom Pfaffennest Fulda bis rauf nach Kassel zum Herkules alle Hänge und Höhen voll mit Softwarefirmen in den Garagen, nicht nur Garagen, lauter Softwareschmieden links und rechts der ICE-Strecke, neben den Autobahnen ... Fulda Valley, hört sich doch auch nicht schlecht an ... Hätte, hätte, hätte, wenn, wenn, wenn ... Ich finde das eher komisch als tragisch, ganz ehrlich. Wissen Sie, ich hab ja mal den Bill Gates getroffen auf der Messe in Hannover, er wurde mir vorgestellt, oder ich wurde ihm vorgestellt. Ehre, wem Ehre gebührt. Und da hab ich zu ihm gesagt: Wenn ich das geahnt hätte, dass man mit Gebrauchsanweisungen so viel Geld machen kann! So direkt, aber mit saftiger Ironie hab ich ihm das ins Gesicht gesagt und gelacht, und er hat freundlich gegrinst. Software ist auf Deutsch ja nichts weiter als Gebrauchsanweisung. Directions for use, hatte ich gesagt, in meinem groben Englisch. Das hat den Gates irgendwie aus seinem Götterhimmel auf den Boden geholt, und ich glaube, das hat ihm sogar gefallen. Es gibt ein Foto, ein komisches Bild, wir beide auf einem roten Messesofa. Dieser Knabe aus Seattle, mit seinen Anwendungen und gebündelten, auf Scheiben gebrannten Gebrauchsanweisungen ist er einer der reichsten Männer der Welt geworden, das weiß heute jedes Kind. Während ich, auch darin ein Trottel, meine Techniker in den fünfziger Jahren wochenlang zu den Kunden geschickt habe, auf meine Kosten, um ihnen den Gebrauch der Geräte zu erklären, so lange, bis sie es kapiert hatten ... Danach verteilten wir an die Kunden dicke Aktenordner mit Schaltplänen und Mappen mit Beschreibungen der Art und Wirkung der Programmierbefehle im Maschinencode und im Externcode, dazu Spulen mit den wichtigsten Programmen auf Lochstreifen. Die Schulung der Kunden haben wir viel zu lange auf unsere Kappe genommen ... Heute stellt man Ihnen den Kasten auf den Tisch, und Sie kaufen ein Programm dazu, fertig, und Herrn Gates ist es egal, wie Sie damit zurechtkommen ...

(Gretchen oder Helena)

Ja, wenn ich das wüsste. In meiner Erinnerung ist Ada in dieser Zeit eher blass. Vielleicht hab ich mich vor ihr ein bisschen geschämt. Ja, geschämt, weil ich erst in den letzten Kriegstagen die Papiere genommen habe, um aus der V 4 eine A 4 zu machen. An die V 2 durfte nun wirklich nichts mehr erinnern, es kursierten schon Gerüchte über die Höllenmaschine im Schuppen. Das war natürlich ein schäbiger Akt von mir, opportunistisch, wie man eben sein musste, wenn man die eigene Haut retten wollte. Vielleicht hatte ich irgendwie ein schlechtes Gewissen vor Ada … Sie sind ganz schön frech, junger Mann … Aber das ist eine interessante Frage, das muss ich zugeben. Wir wollten ja über Faust reden, also mein Pech, dass Sie mich wieder daran erinnern … Ist schon richtig, die meisten Erfinder haben ihr Gretchen geschwängert und dann sitzen lassen, jeder hat seine Leichen im Keller. Ich bin auch kein besserer Mensch als die andern, aber ein Gretchen hab ich nicht, nennen Sie das, wie Sie wollen, ich hatte einfach keins. Ich hatte meine Ada, und die hat mich bekanntlich nicht kaltgelassen. Eine reife Frau, keine Vierzehnjährige … Man kann mir vorwerfen, dass ich mich opportunistisch verhalten habe, aber ich hab Ada nie verstoßen, ich hab ihr weiter die Treue gehalten, trotz meiner Ehe, das sieht man schon an den Namen der Rechner. Es war mitten im Zusammenbruch, als wir unsere Krise hatten, danach ging es ja weiter im schönsten Einvernehmen … Nein, ich bin nicht beleidigt, Sie brauchen sich nicht zu entschuldigen. Es ist eine sehr interessante Hypothese, und ich bin immer für interessante Hypothesen zu haben, sogar gegen zwei in der Nacht. Prost! … Wissen Sie, ein alter Kerl wie ich muss seine Zeit nutzen. Nicht nur die Tage, auch die Nächte, warum denn nicht. Und statt den Mond anzubellen, erzähl ich Ihnen doch lieber, was ich bei der *Faust*-Lektüre neulich gedacht habe. Ada war meine Helena, wenn ich mal übertreiben darf, nicht mein Gretchen. Eine Fantasiegestalt, die Schönheit schlechthin, die Sehnsucht in Person, präsent nach Wunsch, ideal, produktiv, rund um die Uhr. War es nicht so, dass Faust und Helena den Homunculus gezeugt haben? Den künstlichen Menschen aus dem Glas, das hat mich schon immer fasziniert, wie hier die Idee eines künstlichen Wesens, das denken kann, durchgespielt wird. So ein Faust wär ich natürlich von Herzen gern gewesen, der mit einer Dame wie Helena oder Ada einen neuen Menschen zeugt! ... Ach so, Euphorion. Und der hatte nichts mit Homunculus zu tun? ... Natürlich, ja, logisch. Das hatte ich falsch gespeichert, ist auch zu viel Gewusel im *Faust zwei.* Aber der Homunculus, der zeigt doch, dass der Goethe was vom Computer geahnt hat, und er macht sich schon lustig über das künstliche Wesen, das denken kann. Und, das ist spannend, aber jetzt müssen Sie mir helfen, ich will mich nicht schon wieder blamieren, bezeichnet der Homunculus nicht Mephisto als seinen Vetter? ... Danke ... Ja, darauf bestehe ich, und das hab ich am frühen Abend vielleicht schon mal gesagt, Ada ist, wenn wir sie vergleichen wollen, dann ist sie Helena ... Ach was, dem Faust gönnt man auch sein Glück mit der Griechin. Dann kann man mir doch auch mein Glück mit der Engländerin gönnen, oder nicht? Ohne Wahnsinn keine Liebe, so les ich die Helena-Geschichte, so ähnlich sagt das doch der Faust. Nur wer liebt, ist lebendig, das ist doch die Botschaft, oder? ... Auch bei einem Altersunterschied von hundert Jahren oder hundertfünfzig ... Das ist gut! Dreitausend Jahre, auch kein schlechter Altersunterschied. Das werd ich mir merken! Und das sagen Sie nicht, um mich zu trösten? ... Dreitausend Jahre, und die haben sich auch nach Kräften geliebt. Das ist für eine Weile gutgegangen mit Faust und Helena, auf ideale Weise gut gegangen, wie sich der Goethe das ausgemalt hat ... Wir haben unsere Lovestory selber ausgemalt, Ada und ich. *Bewundert viel und viel gescholten Helena,* großartig, dieser Auftritt ... Auch wir haben unsere Kinder, von der A1 angefangen. Unsere Draufgänger, unsere Alles-oder-nichts-Maschinen, unsere rechnenden Euphorions ... Wunderbar! Das gefällt mir! Ich lerne wirklich was von Ihnen! Wenn der Goethe den stürmischen Euphorion dem Vater Byron nachgebildet haben soll, dann schließt sich ja ein Kreis. Ada als Mutter ihres Vaters. Das geht ein bisschen zu weit, oder? ... Sie wollen sich nicht etwa anschmeicheln damit? Sie wollen mich nicht etwa verrückt machen mit solchen Storys, so wie Ada am Ende verrückt wurde? ... Bewundert viel und viel gescholten Ada Byron ... Nein, man soll nicht dauernd vergleichen. Das führt ja nur zu Inzucht, wenn man dauernd vergleicht. Dann ist irgendwann alles gleich ...

(Die Stille zwischen Null und Eins)

Nein, als ich die Grundzüge des Programmierens entworfen habe, da war mir, das ist ja der Witz, nichts bekannt von Adas Fertigkeiten als Programmiererin, immer noch nicht. Ich wusste so gut wie nichts von ihr. Eine Anmerkung, zehn Zeilen. Ich hatte sie als schöne Mathematikerin vor Augen, als Mitarbeiterin eines gewissen Mr. Babbage, und als meine Beschützerin … Und Muse, falls Sie einem Ingenieur auch eine Muse zugestehen wollen. In Ihrer Branche haben Sie doch neun Musen, da können Sie den Ingenieuren eigentlich eine abgeben … Nein, es gab noch nicht mal das Wort Programmierer. Und ich habe rein gar nichts von ihren wirklichen Leistungen geahnt. Wie hätte ich darauf kommen sollen, dass man sie später als die erste Programmiererin feiert? Als die große Mutter der Software, und dass die Militärs sie missbrauchen für ihre Zwecke? Eine Vergewaltigung, dazu später, erinnern Sie mich … Ich habe nichts geahnt von ihren Leistungen. So wie man jahrzehntelang von meinen Leistungen nichts geahnt hat. Da sehen Sie, wie gut wir zusammenpassen! Auch wenn sie, wir wollen ja nüchtern bleiben, nur meine Fantasiegestalt war … Das will ich nicht ausschließen, so genau kann das keiner wissen, vielleicht hat mich ihr Geist in den Allgäuer Bergen mehr beflügelt, als ich bemerkt habe. Vielleicht hat die Dichtertochter mir was ins Ohr geflüstert, als der Briefträger Herr Dichter zu mir sagte. Es ist ihr alles zuzutrauen … Es ist ja ein Quatsch, von der Stunde null zu sprechen. Ich würde sagen: Stunde null und eins. Wo die Null ist, ist die Eins nicht weit. Die Welt stand still, als ich die Formel aller Formeln suchte, jedenfalls hab ich mir das eingebildet, im Kopf tobten die Fantasien. In dieser Stille zwischen Null und Eins war es mir vergönnt, den Grundstein fürs Programmieren zu legen. Es gibt Leute, die behaupten, das sei meine größte Leistung gewesen: der erste Informatiker der Welt. Andere sagen … Halten Sie das noch aus, wenn ich schon wieder, ein letztes Mal hoffentlich, von den Verdiensten rede, die man mir zuschreibt? … Trösten Sie sich, in Braunschweig hätten Sie das alles auch gehört, nur nicht in meinen Worten, und dazu noch Champagner trinken müssen! … Andere sagen, die Erfindung der relationalen Datenspeicherung, der künstlichen Intelligenz, sei noch mehr wert. Verstehen Sie mich richtig, es geht wirklich nicht um die ersten Plätze. Die Rangelei um die Rangfolge interessiert mich nicht.

Ich will nur andeuten, wie kreativ diese Zeit gewesen ist. Und das zwischen den Allgäuer Bauern, als ich noch nicht mal die Groschen hatte, um mit denen ein Bier zu trinken! Mit oder ohne Adas Rückenwind, ein Rausch des Denkens und Schreibens ... Bringen wir das schnell hinter uns, damit Sie mich nicht zur Partei der Angeber ... Die ersten Überlegungen zur Automatisierung in der Industrie, zur Prozess-Steuerung von Werkzeugmaschinen, der Schachcomputer, das mechanische Gehirn, der Kosmos als gigantische Rechenmaschine. Alles wie nebenbei, während draußen die Schneeflocken fielen und drinnen das Kind in den Schlaf gesungen wurde. Ideen, die sich erst dreißig Jahre danach durchgesetzt haben ... Der Bundeskanzler hat ja mal von der Gnade der späten Geburt gesprochen, erinnern Sie sich? Ich hadere wirklich nicht mit meinem Schicksal, aber wenn ich denn hadern wollte, könnte ich sagen: Die Ungnade der frühen ... Nein, ich will nicht sagen Geburt ... Der zu frühen Idee. Die Ungnade der zu frühen Geburt der Ideen. Wäre das eine Überschrift für Sie? ... Nun ja, ich kann nichts dafür, dass die anderen etwas langsamer ticken als ich. Stolz bin ich nur darauf, dass ich nicht verrückt geworden bin. Wer zu früh auf die richtigen Gedanken kommt, und noch dazu ziemlich allein, der kann schnell abstürzen in die Rolle des verkannten Genies, schrecklich. So viele gute Leute sind in der Pionierzeit vor die Hunde gegangen, und die hatten zur Rückenstärkung halbe Armeen oder ganze Konzerne. Bin wahrlich kein Freund der These, dass Künstler, Wissenschaftler und Erfinder hungern müssen, um Spitzenleistungen abzuliefern. Aber es hat mir nicht geschadet, dass es als Lohn für die grundlegenden Gedanken zur Informatik nicht viel mehr als Brennnesselsalat gab. Das wär mal eine Preisfrage für die Heerscharen von Informatik-Professoren mit ihren hübschen Bezügen und Pensionsansprüchen: Welches Honorar erhielt der erste Informatiker der Welt, Brennnesselsalat oder Löwenzahnsalat? ... Ja, wahrscheinlich wäre auch ich verrückt geworden, wenn ich nicht bei null hätte anfangen müssen. Wenn ich nicht Unternehmer geworden wäre. So lernt man vergessen und warten. Na ja, mehr oder weniger warten, bis die andern aufgeholt haben und mit zehn, zwanzig, dreißig Jahren Verspätung anerkennen, dass der Begründer der ersten höheren, der ersten algorithmischen Programmiersprache der Welt und der künstlichen Intelligenz mit meiner Person ziemlich identisch ist. Und dass das eben etwas dauert, bis sich das bis nach Harvard und Kalifornien herumspricht ... Entschuldigen Sie, wir waren beim Stichwort Verrücktwerden. Es hat mir geholfen, dass wir den Krieg verloren haben. Es war ein Glück, dass wir den Krieg verloren haben. Mit der Hardware war Schluss, und wann hätte ich sonst die Gelegenheit gehabt, weitab von der Welt in diesem bayrischen Dorf alle Konzentration auf so schwierige Dinge zu lenken? Was sollte ich denn 1945 anderes tun, als die Informatik zu begründen? ... Da sagen Sie nichts. Frieren Sie? ...

(Ein balzender Auerhahn an der Wand)

Nein, Ada hat mir nicht verraten, welchen Vorsprung unser Gerät vor den andern hatte. Die Scheinwerfer und Blitzlichter der Welt haben sich bekanntlich auf Mark 1 gerichtet mit dem plumpen Dezimalsystem und auf den Röhrenrechner ENIAC, der noch nicht frei programmiert werden konnte. So ist das halt, wenn man den Krieg verloren hat. Da richten sich die Scheinwerfer und Blitzlichter nicht auf einen Heuschuppen im Gebirge oder auf einen Mann, der über die Wiesen streift und Löwenzahn rupft, ist ja klar ... Ja, Sie haben recht, der Wind, es wird ein bisschen kühl jetzt. Gehen wir rein. Da müssen wir halt den guten Mond allein lassen. Sehn Sie, der zieht eine Schnute, der ist beleidigt ... Schon seltsam, früher hieß es immer, die Alten sind kälteempfindlich, und jetzt wird es nicht mir zu kalt, sondern Ihnen. Umwertung aller Werte, da haben wir es wieder! Was hätte Nietzsche dazu gesagt, dass heute die Jungen frieren und am Ofen sitzen und die Alten in der Sommernacht den Mond anschwärmen! Auf nichts mehr kann man sich verlassen! ... Hier ist es doch besser als draußen, Sie hatten schon recht ... Rudi, bring noch zwei Flaschen Wasser, geh endlich schlafen und lass uns hier sitzen, ich mach das Licht aus, keine Sorge ... Und, vermissen Sie den Mond? ... Dafür haben wir den guten alten Auerhahn im Blick. Früher war der in jeder zweiten Kneipe zu finden, wie ein Schutzpatron der Biertrinker in der Gegend zwischen Hünfeld und Hersfeld und Lauterbach. Heute ist es ziemlich verdrängt, das Auerhahn Bräu aus Schlitz. Ein ausgestorbener Vogel, oder fast ausgestorben, ein balzender Hahn als Wappen auf dem Bier, das war mir immer sympathisch. Der alte Vogel erinnert mich an die Fünfzigerjahre … Sie haben recht, Sie haben schon wieder recht, so weit sind wir noch nicht. Wir wollen schön brav in der Ordnung der Jahre bleiben. Seien Sie nicht so streng mit mir! … Wir waren bei Ada im Allgäu, ich weiß. Aber ich sitze im Geiste gerade mit dem alten Philipp an diesem Tisch, dem Vater von Rudi. Den werden Sie nicht mehr erlebt haben. Das war ein Pfundskerl, sag ich Ihnen, und ein Erzähler, dem konnte ich stundenlang zuhören. Der kannte die alten Sagen und Schwänke dieser Gegend, und der kannte die Dörfer ringsum und ihre Geschichten. Der Philipp, das wollte ich sagen, der hat auch nie nach der Ordnung erzählt, der ist ständig gesprungen. Der hat eigentlich immer durcheinandergeredet, so wie seine Assoziationsketten liefen. Man wusste nie, ob das, was er sagt, vor drei Jahren oder vor dreißig oder hundert Jahren passiert war oder ob es nur Gerüchte waren oder Erzählungen von Erzählungen. Der tat so, als hätte er die Raubritter, die Grafen Haune auf der Burg hier oben, noch persönlich gesprochen. Ich fand das wunderbar, dies Durcheinander. So schön wild und durcheinanderzureden, das schaff ich nie. Philipp, das war Urlaub, alles extrem unlogisch. Aber er kannte seine Leute im Haunetal. Die Biertheke ist ein guter Beichtstuhl, am Zapfhahn erfahren Sie mehr, als wenn Sie mit Ihrem Mikrofon ankommen. Na ja, an diesem Tisch hab ich viel gelernt über die Gegend hier und die Leute, die bei mir gearbeitet haben …

(Mein intimstes Geheimnis)

Es ist mir manchmal doch unangenehm, merke ich, wenn Sie nach Ada fragen. Sie ist natürlich ein gefundenes Fressen für Sie, das ist klar, Liebesgeschichten verkaufen sich ja immer gut. Aber mir fällt es wirklich nicht leicht, zu antworten. Wie gesagt, ich habe nie über sie geredet, eigentlich niemals laut ihren Namen genannt, ein ganzes Leben lang nicht. Es spricht sich einfach leichter über Analog-digital-Wandler, vielleicht sogar leichter über die Relativitätstheorie als über Gefühle, über solche Gefühle. Mir geht es jedenfalls so. In Ada steckt die ganze Algebra meiner Gefühle. Und jetzt, nachdem ich mich entschieden habe, leichtsinnigerweise, mein intimstes Geheimnis preiszugeben, macht mich das doch ziemlich verlegen trotz der vorgerückten Stunde und trotz unserer guten

Flasche Riesling. Deshalb red ich dann lieber über den alten Philipp als über Ada … Ich will nicht verwechselt werden mit einem balzenden Auerhahn. Ist Ihnen schon aufgefallen, da fehlt die Auerhenne, um die der Hahn balzt, die Dame bleibt unsichtbar … Hätte ich meine Ada auch unsichtbar lassen sollen, auf meinem Reklamebild? … Richtig … Andererseits, denk ich manchmal, vielleicht hab ich Ada auch nötig gehabt als eine Art Anti-Mephisto, verzeihen Sie solche verrückten Gedanken … Damit ich keinem Mephisto in die Falle renne. Ich hab ihn ja im Nacken gespürt, seinen Atem im Nacken, hin und wieder … Na, was sagen Sie? … Da sagen Sie nichts, keine Einfälle mehr, keine Fragen mehr? Verstehen Sie, was ich meine? … Das Weibliche, das Konstruktive, das Spröde, das Schöne – genau das Gegenteil von Mephisto, wenn ich das richtig sehe. Das mag Ihnen platt vorkommen, das müssen wir noch mal vertiefen. Nur nicht jetzt, wo Sie gerade Ihren toten Punkt haben und schon zum zweiten Mal Ihr Gähnen nicht verstecken können. Passen Sie auf, Sie beleidigen mich. Auch ich hab meine empfindlichen Seiten, vergessen Sie das nicht! Und wenn ich beim Thema aller Themen bin, bei der Liebe, und wenn ich hier freiwillig und in aller Offenheit meinen empfindlichsten Punkt anspreche, Ada Lovelace, dann haben Sie gefälligst nicht zu gähnen! Sonst breche ich unser Gespräch ab. Passen Sie auf, dies war die erste Mahnung … Ada als Anti-Mephisto, merken Sie sich das Stichwort … Nun, fragen Sie los, ich seh schon, wie Sie Ihren ganzen Mut zusammennehmen. Ich seh schon, welche Frage Sie jetzt auf der Zunge haben, ob ich Ada meine Seele verkauft habe, stimmt's? … Da würde ich Nein sagen, ich hab meine Seele an Ada gehängt, aber wir haben keinen Vertrag geschlossen. Verkauft, wer liebt, seine Seele? Das sollen die Philosophen entscheiden. Jedenfalls schwöre ich, dass von einem Verkauf dieser unsichtbaren Ware, die wir Seele nennen, nicht die Rede sein kann, nicht an Mephisto oder eine andere Sorte Teufel. Auch nicht an die Luftwaffe oder IBM oder eine englische Lady. Oder was meinen Sie? Sie sind doch inzwischen der Experte für meine Seelen und Sünden. Krieg ich das große Ego-te-absolvo von Ihnen? … Danke, sehr großzügig. Trotzdem weiß ich nicht, ob es richtig war, mein intimstes Geheimnis preiszugeben und ausgerechnet einem Fremden wie Ihnen. Der gähnt, wenn ich auspacke! … Sagen Sie nichts! Jetzt ist es passiert, jetzt müssen wir durch. Das hab ich davon, dass mich der Ehrgeiz juckt, im Alter radikal ehrlich zu sein. Ich will ja nur, dass die Leute wissen, dass ich nicht bloß ein Rationalist, ein sturer Ja-Nein-Denker gewesen bin, ein digitaler Idiot. Ich will, dass man auch meine andere Seite sieht, die Fantasie, die Spielerei, das Verrückte und Versponnene, die Kunst. Und die Fähigkeit zu einer Liebschaft mit Ada, mit der Muse, mit einer Helena oder wie immer Sie diese Leidenschaft nennen. Ich hab nur leider nicht gelernt, über Leidenschaften so offen und frei zu sprechen wie über Formeln und Schaltungen ... Apropos ... Jetzt darf ich Sie um eine Defintion bitten: Was, bitte, ist ein Algorithmus? ... Ich weiß, ich bin gemein. Aber ich habe von meinen Mitarbeitern immer viel verlangt, sehr viel. Und heute sind Sie mein Biograf, also mein Mitarbeiter, nichts anderes. Außerdem werden Sie wach, wenn ich Sie trieze. Also ... Da fehlt aber noch was: ... Zur Lösung definierter Probleme. Na ja, das ist bestenfalls eine Vier minus, Herr Dr. Erstklässler. Vor einer halben Stunde ungefähr haben Sie die Definition gehört, von mir persönlich, schön langsam zum Einprägen, zum Mitschreiben, und jetzt haben Sie nicht viel mehr als das Beispiel mit dem Kochrezept und mit den Musikern behalten, das hab ich mir gleich gedacht. Also, Sie müssen noch üben. Üben, üben, üben, mein Lieber, und nicht immer nur Wenn, Wenn, Wenn. Fakten, Formeln, Fakten, und nicht immer nur spekulieren, spekulieren, spekulieren, Spekulatius ... Das dürfen Sie gern Ihren Enkeln erzählen, dass Sie bei mir Nachhilfestunden in Mathematik hatten, mitten in der Nacht zwischen zwei und drei, und dass ich Ihnen unvergesslich eingetrichtert habe, was ein Algorithmus ist ...

(Ein Whisky auf dem Ärmelkanal)

Also gut, die zweite Gründerzeit, ich durfte endlich das Gerät aufbauen, zum Laufen bringen, eine Firma gründen. Seit siebenundvierzig geisterte das Gerücht über die A4 durch die Branche ... Ganz einfach, ein Nachbar in unserm Dorf, auch ein Flüchtling, mit einer Amerikanerin verheiratet, die gingen in die USA, er rannte dort gleich zu IBM und Remington und erzählte denen, da sitzt im tiefsten Bayern so ein kleiner Edison ... Zufall sagen Sie, ich sage Ada. Prompt standen Vertreter der zwei Konzerne auf der Matte und wollten mich und meine Rechte kaufen. Da bin ich stur geblieben, hab ihnen nur Optionen eingeräumt, und dafür zahlten sie genug Dollars, dass ich mich über Wasser halten konnte. Und das Gerücht brachte mir zwei Reisen ein, nach London und in die USA 1948 ... Na ja, mein Kompagnon und ich wurden einbestellt und ausgefragt, verhört, aber freundlich. Wir konnten kein Englisch, der Mann von der British Tabulating Machine Company kein Deutsch, der Dolmetscher verstand nichts von Rechnern, darum erfuhren die Briten nichts von unseren Leistungen ... Ich muss zugeben, erst als wir in Hoek van Holland aufs Schiff stiegen, da hat mich der Gedanke getroffen wie ein Blitz: Du fährst zu Ada! Warum hast du dich nicht vorbereitet, du reist zu deiner Geliebten! Jetzt bist du fast in London, am Abend in London, wo sie gelebt hat! Hundert Jahre, was sind schon hundert Jahre! Endlich kam ich ihr näher! Ganz direkt! Und war überhaupt nicht innerlich auf sie eingestellt ... Vor Aufregung wollte ich unbedingt einen Whisky trinken auf dem Schiff. Mein Freund hat mich ziemlich verwundert angeguckt, der kannte mich nicht als Säufer. Das brauch ich gegen das Schaukeln, hab ich gesagt. Und er: Aber es schaukelt doch gar nicht. Ich will nicht seekrank werden, hab ich gesagt. Aber der Whisky war unbezahlbar für einen armen Deutschen mit ein paar Mark in der Tasche, das waren noch Reichsmark. Von da an hab ich immerzu an sie gedacht, wie neu verliebt in mein Bild von ihr. Ich habe buchstäblich gefühlt, wie ich ihr nähergekommen bin, von Welle zu Welle, über den Kanal schaukelnd, und in der Bahn, von Telegrafenmast zu Telegrafenmast ... Später hab ich bei jeder Überquerung des Ärmelkanals und des Atlantiks einen Whisky auf Ada getrunken ... Unsere Gastgeber, die Firmen, die unser Know-how abklopfen wollten, die haben uns rund um die Uhr beschäftigt, da gab es kein Entkommen. Ich hab mich nicht getraut, auf eigene Faust Adas Spuren zu suchen. Ich habe den Wunsch geäußert, das British Museum mit dem berühmten Lesesaal zu besichtigen, in der Hoffnung, dort vielleicht etwas über Ada in die Hand zu kriegen. Man nickte freundlich, man war höflich, aber ich bin nie auch nur in die Nähe einer Bibliothek gelangt ... In den USA war ich etwas gelassener, da hat mich nicht die Nähe meiner schönen Lady nervös gemacht. In meinem miserablen Englisch konnte ich den Leuten von Remington nicht erklären, dass wir auf dem Gebiet, auf dem sie sich als stolze, unerreichbare Weltmeister feierten, auch etwas vorzuweisen hatten. Übersetzungsprobleme, verschiedene Terminologien, lustige Missverständnisse. Und als sie nach unseren praktischen Erfolgen fragten, konnten wir nur sagen, dass die A4 die Monatsabrechnung einer Sennerei, die früher einen Tag gedauert hatte, in einer halben Stunde erledigte. Eine Sennerei! Milch aus den Alpen! Und die hatten es mit der Atombombe. Da haben die gelacht, da haben die sich innerlich auf die Schenkel geschlagen, das hab ich genau gespürt ...

(Ich als Amerikaner)

Manchmal stellen Sie wirklich überraschende Fragen, über die ich richtig nachdenken muss. Kompliment! Auch wenn Sie der schlechteste Mathematiker sind, der mir seit Jahren begegnet ist, als Wenn-Frager sind Sie durchaus begabt! Jetzt haben Sie sogar eine meiner fixen Ideen erraten, Sie Schlauberger. Als die Amis ihre Manöver veranstaltet haben hier auf dem Stoppelsberg und die Hubschrauber über den Vulkankuppen herumgeflattert sind, da hatte ich manchmal die Idee: Ein Hubschrauber fliegt auf mich zu, wirft ein Netz aus und nimmt mich mit. Ich werde gefangen und in die USA transportiert und da irgendwo abgesetzt. Irgendwo abgesetzt, wo Computer entwickelt werden und wo ich alles hätte, reichlich Forschungsgelder, Assistenten, Wohlstand und die Familie, und null Komma null Sorgen um die Firma und um hundert, fünfhundert, tausend Angestellte. Ja, ob mir das gefallen würde, ob ich das gerne hätte, ich hab mir nie eine eindeutige Antwort geben können, ich als Amerikaner ... Ich weiß nicht mal, ob ich das bedaure ... Achtundvierzig fand ich die Leute viel freundlicher als die Briten, ungewohnt herzlich, die Wissenschaftler sehr offen, sogar uns komischen Germans gegenüber. Dabei hatten die gerade gegen uns gekämpft ... Ja, das Land Edisons, das Land Einsteins, das Land Aikens, die Röhren-Landschaft von Eckert und Mauchly, das hätte mich schon gelockt ... Aber, von der Sprache mal abgesehen, ich glaube, ich bin einfach zu sehr als Deutscher programmiert, mit den Ja-Nein-Werten von Faust und Rilke und Spengler in der Brust. Und neue Software in einen Menschen schieben, das ist nicht so einfach ... Nein, das ist kein Zufall, dass mir immer wieder der Spengler einfällt. Leben, sagt er, heißt für den faustischen Menschen kämpfen, überwinden, sich durchsetzen. Und in den Staaten kam mir alles so leicht und locker vor, als müsse man dort nicht kämpfen. So viel Geld für die Forschung, Neugier auf frische Ideen, die Fähigkeit, schnell die Meinung zu wechseln, wenn neue Fakten auftauchen, alles schien so selbstverständlich. Ich wusste, der Eindruck täuscht. Keine Ahnung, wie ich da ins Flattern gekommen wäre mit meinem schwerdeutschen Erbe, mit meiner bodenständigen Mentalität ... Sehen Sie, das können Sie sich auch nicht vorstellen. Nichts gegen die Rocky Mountains, aber die Rhön ist doch irgendwie ... Darf man das sagen, menschlicher? Sehen Sie, das würde der Amerikaner nie verstehen, der denkt groß, größer, am größten ... Bis weit in die fünfziger Jahre hinein hatte ich die fixe Idee mit den Hubschraubern. Die Fantasie, eines Morgens in einem Holzhaus irgendwo in den USA aufzuwachen und in einem Buick zur Arbeit zu kutschieren und an einer A6 oder A7 zu basteln ... So hab ich eben auf deutschem Acker meine bescheidene Ernte eingefahren. Manche Leute behaupten ja, die ganze Informatik hätte eine andere Entwicklung genommen, wenn ich mich damals anders entschieden hätte. Und die Schätze aus meiner Schublade gehoben hätte! ... Lassen wir die Spielchen. Ich kann wirklich nichts dafür, dass man erst in den Sechzigerjahren in den USA und Europa wieder bei meinen Grundgedanken von Fünfundvierzig angekommen ist: Die Software ist eine Aufgabe für Ingenieure, nicht für Halbgötter und selbst ernannte Künstler. Sie muss standardisiert werden. Da hat die Nato kräftig gedrängt, bis dies Ziel klar war. Und wie lang hat es gedauert, bis man sich zusammengesetzt hat, in Garmisch-Partenkirchen witzigerweise, nur ein paar Kilometer von meinem Allgäuer Nest, wo ich gut zwanzig Jahre vorher den Stein der Weisen schon gefunden hatte. Zufälle gibt es! Ada hat bestimmt fröhlich gekichert. In Garmisch und in Rom, da hat die Nato die Experten zusammengerufen, um dem Babel der Programmiersprachen ein Ende zu machen. Wissen Sie, wann das war? ... Schätzen Sie ... Nein, 1968. Bildungslücke, Herr Journalist. Wieder eine unverzeihliche Bildungslücke. Bei 1968 denkt die deutsche Intelligenz immer nur an das Eine. Aber die eigentliche Revolution hat unsere Branche geschafft ... Nein, daran hatte ich überhaupt keinen Anteil, in der Zeit kannte mich kein Schwein. Trotzdem, da bin ich dabei, wenn wir Ihnen in aller Form die Zunge herausstrecken. Ätsch! Wir feiern das wahre Achtundsechzig! Da hat er begonnen, der Siegeszug der Rechner, immer kleiner, immer schneller, der Aufstieg der Software-Ingenieure, der Boom der Informatik … Und die Doktorhüte …

(Einsteins Zunge)

So simpel schaltet das Hirn. Bei Zungerausstrecken denkt mittlerweile jeder an Einstein, auch wir beide denken sofort an Einstein. Jeder kennt das berühmte Foto, wie er die Zunge herausstreckt, das bekannteste Einstein-Foto überhaupt. Und warum, haben Sie mal darüber nachgedacht? Verstehen Sie die Geste? Verstehen Sie, was er mit seiner rausgestreckten Zunge sagen will? Er will in Ruhe gelassen werden, von Reportern, von Neugierigen, von Neunmalklugen, von sogenannten Fans. Von all diesen Leuten, die seiner Berühmtheit hinterherjagen, aber sonst nichts von ihm begreifen. Und sich nicht mal die Mühe machen, ihn begreifen zu wollen. Er wehrt sich, richtig schön unverschämt wehrt er sich … Und auch ich wehre mich, auf meinem schlichten Niveau, versteht sich, ich will mich mit ihm in keinster Weise vergleichen, wirklich nicht … Ich seh schon, *in keinster Weise* werden Sie mir streichen, das werden Sie mir in keinster Weise durchgehen lassen, wetten? … Was ich sagen wollte, auch ich muss mich wehren – gegen Oberbürgermeister und ihre Sätze, gegen Studenten und ihre Sätze, gegen das Drei-Minuten-Gestümper im Radio. Gegen das Geschwätz über technische Fragen ohne technische Kenntnisse in den Schwatzrunden im Fernsehen. Gegen die Honoris-causa-Sätze in den Urkunden, die ich alle schon auswendig kenne … Ich strecke zwar nicht die Zunge raus, ich kann ja schlecht Einstein kopieren. Aber dass ich gestern nicht nach Braunschweig gefahren bin und mich nicht mit diesem neuen Hut fotografieren lasse, mit dem sie nur meine Berühmtheit dekorieren, um selber in die Zeitung zu kommen, auch wenn sie sonst wahrscheinlich herzlich wenig von mir begreifen, und mich mit Wein füllen, den ich gar nicht trinken sollte, und mit Süßspeisen, die ich gar nicht essen sollte, und dass ich stattdessen hier bei Ihnen sitze, das ist meine Art des Zungerausstreckens. Und dass ich Ihnen und Ihrem Mikrofon hier eine lange, lange Rede halte und eigentlich eine viel zu kurze Rede halte, was sind schon zehn, zwölf Stunden verglichen mit einem langen, langen Leben, ein Arbeitstag verglichen mit acht Jahrzehnten. Was wollte ich sagen … Ja, eine solche kleine Rede hätte ich in Braunschweig nie halten dürfen und an keiner technischen Universität der Welt, die kann ich vielleicht nur hier oben auf dem Stoppelsberg halten … Nehmen Sie unser Gespräch als meine Art, Ätsch! zu sagen. Und dass ich Ihnen erkläre, warum ich nicht nach Braunschweig gefahren bin und warum ich endlich mal alles ganz anders erzählen will und so erzählen will, wie es wirklich gewesen ist und wie ich mit dem Faust in meiner Brust umgesprungen bin und wie mit Ada, genau das ist meine Art, dem Rest der Welt die Zunge rauszustrecken. Die Leidenschaft hab ich noch, die Begeisterung für die Erfinderei, das spüren Sie hoffentlich, aber ich will kein Schauspieler mehr sein, ich will diese Rolle des Erfinders nicht mehr spielen, erst recht nicht vor einem ehrfürchtigen Doktorhutverleihungspublikum. Ich will kein Darsteller sein, kein Mime meiner selbst, verstehen Sie? … Einstein hatte es schwerer, er war seit seiner Jugend berühmt. Deshalb hat er keine Memoiren geschrieben. Ich konnte meine schreiben, gerade weil ich nicht berühmt war. Und weil ich eine Wut im Bauch hatte, weil niemand meine Leistungen kannte und die Rheinmetall- und die Siemens-Herren mich elegant und eiskalt aus meiner Firma geschmissen hatten, ich sag's mal etwas ungerecht. Die Wut hab ich mir damals verkniffen. Da sehen Sie wieder, Memoiren sind nur die halbe Miete. Da wirft man sich in Pose, da referiert man brav seine Erlebnisse, man gibt sich keine Blöße und schreibt nichts Böses über andere und nichts Peinliches über sich. Man streckt jedenfalls nicht frech die Zunge raus, damit die Balance wieder stimmt. Es war nie meine Stärke, Aggression rauszulassen, ich kann das auch heute nicht, nie hab ich ein Manager-Trainingsprogramm in der Wildnis absolviert: Wie mache ich meine Aggression produktiv für Ego und Karriere? Oder so ähnlich. Also bleibe ich maßvoll und höflich und zeige heute nur ein bisschen die Zunge …

(Die Neukirchen-Schiene)

Richtig, wir waren bei den Schweizern. Aber drängeln Sie mich bitte nicht, nur weil Sie jetzt müde werden. Wir hätten vielleicht doch eine Kanne Kaffee bestellen sollen für die Nacht, oder Tee, wenigstens Tee. Wann wir aufhören, das bestimme ich, das ist der Vertrag, und meine Zunge ist noch lange nicht müde … In aller Nüchternheit könnte ich sagen: Auch das war wie ein Märchen, ein Märchen mit einem guten Anfang und einem guten Ende. Es war einmal ein Schweizer Professor, keine Angst, ich mache es kurz, der hört von unserer A4, fährt vor, sieht sie, testet sie, ist begeistert, hält sie für besser als die amerikanischen Maschinen und bestellt sie nach Zürich. Zur Miete, aber für jede Menge allerbester Schweizer Franken! … Ja, das war mein Glück, dass ich so verrückt gewesen bin und die A4 durch das zerstörte Deutschland geschleppt habe, statt nur die Schaltpläne in eine Aktentasche zu stecken. Selbst wenn sie meine Pläne studiert hätten, die Schweizer, selbst wenn sie mir geglaubt hätten, dass da der tollste Universal-Rechner aller Zeiten auf sie wartet, wie hätten sie ihn testen können, wie hätten sie Vertrauen in den Rechner und mich fassen können? Und dann noch in einen Deutschen, so kurz nach dem Krieg? Das macht sich heute auch kein Schnösel mehr klar, welches Misstrauen uns überall entgegenschlug, uns Nazis, uns Verbrechern … Also, wir müssen das Gerät reinigen, überholen, erweitern, brauchen mehr Platz für unsern kleinen Betrieb, aber eine Werkstatt ist nicht zu kriegen, in Bayern vermietet man nicht an Fremde. Und wir waren nicht frech genug zu sagen: Wenn wir einziehen, dann dürfen Sie in dreißig Jahren ein Schild draußen anbringen: Hier wurde der erste funktionsfähige Computer Europas und so weiter … Als dann mein Freund und Kompagnon sagte, ich hab da was aufgetan, da oben in Hessen, und eine Wohnung wär da auch zu haben. Eine Wohnung! Die erste eigene Wohnung meines Lebens, das erste Mal nach fünf Jahren eine Wohnung für meine Familie, da war man glücklich und hat nicht erst lange Gutachten in Auftrag gegeben über die strukturschwache Gegend und solchen Blödsinn. Gute Ideen können überall wachsen. So kommen wir hierher ins tiefste Hessen, direkt an den Fuß des Stoppelsbergs. Und, wie es sich so trifft, in die alte Poststation, wo früher die Pferde gewechselt wurden, Relaisstation hat man dazu gesagt, da kommt der Name Relais her, und genau da tauchen wir mit unserm Relaisrechner auf, hundert Jahre nach dem Ende der Postkutschenzeit … Sie dürfen auch Wink des Schicksals dazu sagen … Das bin ich schon hundertmal gefragt worden, und ich habe immer geantwortet: Neukirchen ist nicht der Arsch der Welt, mal deutsch gesagt. Als Standort fast ideal – ziemlich in der Mitte zwischen Hamburg und München und zwischen Göttingen und Frankfurt. Direkt an der wichtigen Bahnstrecke von Nord nach Süd und an einer der wichtigsten Nord-Süd-Straßen, an der B 27 und an den Autobahnen bei Hersfeld. Es gab nicht nur die Rheinschiene im Westen, es gab an der Ostgrenze auch so eine Schiene, die Neukirchen-Schiene, könnte man sagen, nah an der Zonengrenze entlang. Die alte Poststation, wo wir unsere A4 wieder auf Vordermann brachten, lag genau zwischen Schiene und Straße, ein paar Schritte zum Bahnhof und ein paar Schritte zur viel befahrenen Bundesstraße, wo die Lkws der Speditionen aus Nord und Süd aneinander vorbeidonnerten … Die Mitte der Mitte, Sie sagen es … Trotzdem sprech ich Ihnen das auf Ihr Band, in unserm Stoppelsberg-Interview müssen wir natürlich über Neukirchen reden, auch wenn Sie sich hier auskennen, Herr Nachbar. Jetzt haben Sie das auch, mit meiner Stimme dokumentiert … Ich helf Ihnen ja gern, ein anständiges Produkt abzuliefern, es muss doch stimmig sein, was Sie unter die Leute bringen, und ohne Neukirchen als Mittelpunkt wäre es nicht stimmig … Nein, Angst hatte ich vor denen nicht. Obwohl, die hätten nur einen Ausfall nach Westen machen müssen, zehn, ünfzehn Kilometer Luftlinie von drüben. Im Ernst, die Russen kannten meine Arbeit noch weniger als die Amis und die Deutschen … Stimmt, ich versteh Ihre Frage. Genau hier in der Vorderrhön, rund um das hessische Kegelspiel, hat die Nato den Angriff erwartet, das war eine der möglichen Angriffsrouten, Fulda Gap, der leichteste Weg für den Warschauer Pakt nach Rhein-Main. Aber mit den Amis als Nachbarn und Beschützern haben wir uns doch erstaunlich sicher gefühlt … Ja, das macht sich heute auch keiner mehr klar, wie nah uns die Grenze im Nacken saß, der Eiserne Vorhang, der Riss durch die Welt, ein paar tausend Meter vor unserer Haustür. Eigentlich war es tollkühn, so kurz nach der Berliner Blockade nach Neukirchen zu gehn, einen Haubitzenschuss von der Roten Armee entfernt – und hier zu bleiben trotz Korea und 17. Juni und Ungarn. Im Grunde können wir froh sein, dass unsere Dörfer noch stehen und nicht Ruinen geworden sind wie die Burg Hauneck im Dreißigjährigen Krieg, was sag ich, wie Hiroshima. Gerade hier in der Gegend war alles gespickt mit taktischen Atomwaffen und chemischen Waffen. Die Sprengkammern auf den Straßen, die sie mit Kanaldeckeln getarnt haben.

Na ja, so viel zur schönen Natur, zum Bilderbuch des hessischen Berglands …

(Das Wunder von Zürich)

Also, die gute A 4, die in Berlin schon dreimal umgezogen ist, die vom Berliner Keller auf einen Lkw geladen wurde, vom Lkw in einen Güterwagen, vom Güterwagen auf einen Göttinger Lkw, vom Lkw in ein Kaiser-Wilhelm-Institut, vom Institut wieder auf einen Wehrmachts-Lkw, mit dem Lkw durch das zerbombte Land, vom Norden bis in den Süden geschaukelt, in einem bayrischen Schuppen versteckt, vom Schuppen in einen Pferdestall umquartiert, und von da in die kurhessische Poststation von Neukirchen, ja, wenn das kein Fortschritt ist, wenn das kein Aufstieg ist, diese lange Wanderung … Jetzt verstehen Sie, warum ich Wanderlieder mag, *Hoch auf dem gelben Wagen* … Wir reinigen das Gerät und rüsten es auf, die meisten laubgesägten Bleche und die Relais aus dem Abfall der Wehrmacht tun es noch. Klammer auf, meine Damen und Herren Lehrer, ich weiß, man sagt nicht laubgesägte Bleche, aber erlauben Sie mir am späten Abend bitte ab und zu eine kleine Innovation, Klammer zu. Und dann geht die Fahrt wieder los, mit der Bahn, in die Schweiz! Nach Zürich! In den Tempel der Technik! In die berühmte Eidgenössische Technische Hochschule! Und da läuft das Gerät fünf Jahre wie geschmiert Tag und Nacht, und alle Welt bestaunt den ersten funktionstüchtigen Computer Europas … Durchbruch, ja, klar, aber was heißt schon Durchbruch? Es war viel mehr als ein Durchbruch. Für mich war es ein … Sehen Sie, mir fällt nicht mal ein passendes Wort ein, mir fällt dafür nur so etwas wie Wunder ein, und bei so einem Wort geniert sich natürlich ein alter Logiker. Ein Festakt, hundert Honoratioren geladen, und kurz bevor die anrücken, bockt die A 4, sprüht Funken, Leitungen schmoren. Ich werf den dunklen Anzug ab, greif zum Lötkolben, fummle die Relais zurecht, prüfe hier und da, eine halbe Stunde mit heißen Fingern, steig schwitzend in den Anzug und setz mich in die erste Reihe, ziehe den Kopf ein, bereit zur Hinrichtung, hundert Henker hinter mir – und siehe da, das Wunder. Sie läuft. Sie läuft sogar reibungslos. Und die Tage danach, ich sehe die A 4 rechnen und rechnen, ich höre sie rechnen, sie rechnet nicht nur für die

Mathematiker, sie erledigt die Rechenarbeit für Physiker, Ingenieure, Flugzeugbauer, Turbinenbauer, Biologen und Optiker gleich mit. Sie rechnet hundert Stunden am Stück, sechzehn Multiplikationen pro Sekunde, und tippt die Ergebnisse wie eine Schreibmaschine. Ich höre sie rechnen und rechnen und habe endlich die Bestätigung, dass ich fünfzehn Jahre lang das Richtige getan habe. Das Glück und das Pech, die unendlichen Arbeitsstunden und all die Opfer sind nicht umsonst gewesen ... Denken Sie nicht, aus mir wäre nun plötzlich ein sentimentaler Knabe geworden, es war eher ein Rausch in Richtung Zukunft. Die Maschine vibriert, und ich steh daneben und vibriere auch. Ich spüre, du lebst in einer Zeit, die solche Maschinen brauchen wird, immer schnellere, immer kleinere Maschinen dieser Art, und du hast sie geschaffen. Bald werden sogar die stolzen Schweizer Banken mit solchen Geräten rechnen, die Versicherungen, das ganze Geld wird durch Rechner fließen. Und du bist Teil dieser Zukunft, du siehst sie hier vor dir rattern und rechnen... Da hab ich wieder mal begriffen, wie richtig es gewesen ist, das Gerät monatelang durch die Gegend zu schleppen und vor Tieffliegern und Bomben und der SS und den Alliierten zu schützen, so gut es ging. Es hatte überlebt und rechnete und rechnete alles durch und rechnete aus und rechnete rauf und runter. Es fraß vorschriftsmäßig alle Zahlen, die man ihm vorlegte, und spuckte eine Lösung nach der andern aus, und noch dazu richtig ... Jetzt fällt es mir wieder ein, weshalb ich eben auf das Wort Wunder gekommen bin, das ist nicht auf meinem Mist gewachsen. Damals hat eine Schweizer Zeitung geschrieben: *Das Wunder von Zürich,* und so hab ich das auch empfunden ... Bern, Ungarn, ja, das ist sogar mir zu Ohren gekommen, aber das war erst vier Jahre später, davon haben meine Leute im Betrieb lange gesprochen. Ich war kein Fußballmensch, doch das hab ich schon mitgekriegt. Ich hab mich lieber an das Wunder von 1950 gehalten. Keineswegs nur aus egoistischen, nein, wie sagt man, helfen Sie mir ... Narzisstischen, richtig, keineswegs nur aus narzisstischen Gründen. Denn hier steckte der Schlüssel der Zukunft. Ich ahnte, ich wusste, dass Maschinen wie diese die gesamte Arbeitswelt verändern würden. Ich war kein Hellseher, ganz gewiss nicht, aber ich habe immerhin so viel Zukunft vorausgesehen, dass ich mich hüten musste, offen darüber zu sprechen, um nicht für verrückt gehalten zu werden. Man musste sie sehr genau aussuchen, die Gesprächspartner. Nicht nur Kassandra macht sich unbeliebt, auch wer was Gutes vorhersieht, der stört genauso …

(Bleche in Rechner verwandeln, Wasser in Wein)

Kunststück, inzwischen sind wir alle schlauer. Damals, da konnten Sie die Leute an zwei Händen abzählen, die gesagt haben, die es gewagt haben zu sagen: Die deutsche Industrie sollte sich am Wunder von Zürich orientieren … Keine Frage, da stünde Deutschland heute ganz anders in der Welt. Man hat fünf Jahre gepennt, und so langsam aufgewacht ist man erst sieben, acht Jahre nach Zürich. Da ist dann mal die eine oder andere Million geflossen, natürlich nicht an uns. So war er hin, der schöne Vorsprung, den wir vor den Amis hatten. Allein IBM hat in dieser Zeit siebzigmal so viel in Computer investiert wie alle Deutschen zusammen, die Firmen, uns eingeschlossen, Universitäten, Max Planck und so weiter. Siebzigmal so viel! Allein IBM! Man hat sich berauscht am Wirtschaftswunder, am Glauben an stetiges Wachstum, und noch nicht verstanden, dass stetiges Wachstum mit stetigem technischen Wandel einhergehen muss … Entschuldigen Sie, das ist jetzt ein Allgemeinplatz geworden, solche Sätze dürfen Sie von mir aus schmerzlos streichen, wenn Sie die Bänder mal bearbeiten … Ja, da wundern Sie sich, dass der alte Logiker so ausdauernd vom Wunder spricht, obwohl das Gerät Schritt für Schritt seinem Kopf und der Schaltalgebra entsprungen ist. Das war ja das Schöne: Ich wusste, wie dies Wunder zustande gekommen war. Ein Wunder, durch und durch rational. Ich hab es zwar nicht geschafft, Wasser in Wein zu verwandeln, eine Leistung, die ich ebenfalls respektiere, auch als alter Agnostiker. Aber Bleche und Stahlstifte und Drähte in einen Universal-Rechner zu verwandeln, diese Leistung steht der anderen so viel auch nicht nach … Jetzt wirft er endlich die Tarnkappe der Bescheidenheit ab, werden Sie denken. Sie irren sich. Ich hoffe jedenfalls, dass Sie sich irren. Ich habe nur so vor mich hin gedacht, das Wort Durchbruch war der Anstoß, ob ich noch eine Flasche Wein aus dem Thekenkühlschrank holen soll, ich darf mich hier ja benehmen wie zu Hause. Es war nur eine Idee, kein Entschluss, ich will mich nicht betrinken, schon gar nicht mit einem Mosel oder einem französischen Supermarktrotwein, etwas anderes werden sie gar nicht haben. Den Weg in den

Keller, wo vielleicht noch ein Riesling im Staub liegt, den will ich uns nicht zumuten. Das sähe der Rudi auch nicht so gern. Vor allen Dingen will ich Sie nicht noch müder machen. Sie können sich betrinken, wenn Sie wollen, das ist mir egal, aber hellwach müssen Sie bleiben, einen müden Gesprächspartner kann ich nicht brauchen. Also kein Wein, hab ich mir gesagt, während ich vom Wunder von Zürich gesprochen habe, und dann ist der Gedanke gesprungen zur Verwandlung, zur Verwandlung von Wasser in Wein. Ein künstliches Gehirn würde solche Sprünge nicht schaffen, so schnell geht das, unser Hirn ist nun mal keine logische Maschine, und ein dümmerer Mensch als Sie würde mir jetzt vorwerfen: Er vergleicht sich nun schon mit Jesus, der Alte. Das alles nur, um Ihnen zu zeigen, dass die künstliche Intelligenz immer noch in den Kinderschuhen steckt. Ehrlich gesagt, ich freu ich mich darüber, dass unsere ziemlich langsamen Hirne wesentlich flexibler schalten können als die schnellsten Computer …

(Die Schönheit der Mathematik)

Ich muss Ihnen was erzählen, was ich noch keinem erzählt habe. Das geht auch ohne Wein, hoffe ich. Als die A4 in Schwung gekommen war, als sie lief und reibungslos ihre Berechnungen ausspuckte, rund um die Uhr nützlich und zuverlässig, da bin ich etwas länger in Zürich geblieben, eine gute Woche, als Gast der Uni. Zur weiteren Kontrolle, aber auch als Erholung oder Belohnung für meine Arbeit. Die Stadt, wie soll ich sagen, Zürich war das Paradies gegen jede deutsche Stadt. Aber das Paradies hat mich irritiert: Nirgends eine Ruine, keine einzige geflickte Jacke oder Hose, nicht ein amputierter Mensch auf dem Bürgersteig! Der sagenhafte Reichtum, der Luxus, das ist ja nun bekannt von der Schweiz, aber für mich war der wahre Luxus, kein zerstörtes Haus zu sehen, kein kaputtes Fenster. Nirgends auch nur der Hauch der Vernichtung oder des Provisorischen, es war fast nicht zu ertragen. Alles stabil wie seit Ewigkeiten. Hier war alles fertig, hier war nichts zu tun, kein Platz für Neues, kein Platz für Fremde, so einen Eindruck hatte ich. Aus den Geschäftsstraßen bin ich geflohen, ich kam mir überall wie der ärmste Schlucker vor. Und der Kaffee, so köstlich, aber irrsinnig teuer. Auch darum hat es mich mehr in die Bibliothek gezogen als in die Cafés, und die mathematische war ganz hervorragend. Hier hab ich es gefunden, ein englisches Buch, das ausführlich über Ada Lovelace und Babbage informierte. Und ein zweites, wo weniger drinstand, dafür hatte es Abbildungen. Ausleihen durfte ich die nicht, als ausländischer Gast bekam ich keinen Leserausweis, ich habe nur ein bisschen exzerpiert ... Zum ersten Mal hab ich Näheres über Babbages Rechenautomat erfahren, verständlich sogar für den Fachmann. Er hatte einige ähnliche Gedanken wie ich bei der A1, ich will das jetzt nicht aufdröseln. Wir hatten in die gleiche Richtung gedacht, binäres System, Boole und so weiter. Das war großartig, fast wie die späte Entdeckung eines Vaters. Ich hatte einen Vorgänger, ich hatte nicht bei Null angefangen! Ich war nicht der einzige Narr nach Leibniz, der sich auf dem unendlichen Feld von Null und Eins getummelt hat. Das hat mich kein bisschen gekränkt, es hat meinen Stolz eher noch gekitzelt. Aber die Sensation, das war Ada, seine Assistentin zeitweise und tatsächlich so etwas wie Programmiererin, in der Theorie jedenfalls! Babbages Maschine hat ja nie funktioniert. Die Frau an zentraler Stelle, die Geliebte am Beginn der Computerentwicklung. Jetzt war meine Ahnung bewiesen. Es war wie ein Rausch. Ich muss zugeben, ich hatte keine Zeit damals, mich in ihre Arbeit zu vertiefen. Das war die Phase, in der ich sogar meine eigene Programmierkunst zu vergessen begann. Es reichte mir völlig, dass meine Geliebte in der binären Logik brilliert hatte ... Was mich aber am meisten erregt hat, meine ganz private Sensation, das war ihr Bild. Ein Ölbild, verkleinert auf das Buchformat, schwarz-weiß. Ihre Züge deutlich – und einfach schön. Ein vornehmes, edles, waches Gesicht, dunkles Haar, große Augen, weites Dekolleté. Und genau so, wie sie da abgebildet war, hatte ich sie immer vor mir gesehen! Ich saß in diesem Schweizer Lesesaal und konnte es nicht fassen: Sie sah wirklich so aus wie das Bild, das ich von ihr im Kopf hatte! Das war das zweite Wunder von Zürich! Ich war verwirrt und, wenn ich das mal ganz privat vor dem öffentlichen Tonband sagen darf, ich war glücklich ... Die Hellseherei hat mich immer fasziniert, und hier fand ich fast einen Beweis: Ich hatte Ada gesehen, bevor ich sie gesehen hatte ... Nein, ich will da nicht herumspekulieren, warum und wieso. Es ist so, es war so, ein Faktum, Punkt. Und es war praktisch. Ich brauchte mein Bild nicht zu korrigieren. Es stimmte, was ich im Kopf hatte. Ihr Kleid hab ich mir blau gefärbt und aus dem schweren Gewand ein leichtes Sommerkleid gemacht, schon war sie fertig, die Schönheit der Mathematik, die Geliebte … Nein, ich brauchte keine Kopie ihres Abbilds aus dem Buch, ich hatte nicht mal den Wunsch, es standen sowieso noch keine Kopiermaschinen auf den Fluren herum … Stimmt, ich höre bis heute nicht auf zu staunen. Was würden Sie denn sagen, wenn Sie zehn, zwölf Jahre ein fantasiertes, nur von einem Lexikon angeregtes Bild einer Lady mit sich herumtragen, und dann entspricht das genau der Realität? … Ja, nach und nach hab ich mehr über sie herausgefunden, ihre Arbeit, ihr Leben … Da werden Sie wach! Da werden Sie wieder neugierig, wenn es um die heimliche Liebschaft geht …

(Zieht uns hinan)

Ich weiß noch, wie ich am frühen Abend nach dieser Entdeckung, nein, Wiederentdeckung, auf dem Lindenhof stand. Kennen Sie Zürich, wissen Sie, wo dieser Lindenhof ist? … Auf der Bahnhofseite, eine Erhebung, ein steiler Hügel mitten in der Altstadt, hoch über der Limmat. Da muss früher mal eine Festung gewesen sein, so sieht die Anlage aus, viele Lindenbäume und Bänke. Ein ruhiger Punkt in der Stadt, Sie blicken auf den Fluss hinunter und schräg links hinüber auf die andere Seite zur Technischen Hochschule, wo die A 4 vor sich hin schnurrte, und rechts das Großmünster. Die Dächer röteten sich unter der Abendsonne, alles sah noch reicher und satter und schöner aus als zuvor, und hier oben habe ich meine Ada-Gefühle ausgekostet. Ihr Bild hat mir das Bilderbuch-Zürich noch mehr vergoldet, versteht sich. Und in dieser halben Stunde da oben, an diesem Abend habe ich plötzlich Goethes Satz kapiert, über den wir als Schüler und Studenten immer nur gekichert haben, *Das Ewigweibliche,* Sie wissen schon, *zieht uns hinan.* Das Finale, die Quintessenz, der letzte Satz im ganzen *Faust* … Nett von Ihnen, dass Sie nicht lachen über den alten Bildungsbürger … Dies unscheinbare Wörtchen *hinan* … Da haben Sie wieder das Dualsystem in einem Wort, in zwei Silben, hin und an, Null und Eins. Ada zieht mich hinan, und mich zog es und zieht es zu Ada hinan. Das war die ziemlich einfache Gleichung oder, wenn Sie wollen, der ziemlich simple Algorithmus meines Lebens, ohne alle mystischen Chöre. Ada, das hab ich dort im Lindenhof so deutlich wie nie zuvor gespürt, hat mich immer nach oben, hinauf, hinan gezogen … Und nie hinab … Nicht in Richtung Mephisto. Mephisto zieht dich runter, so ist es doch. Und Ada, Sie verstehen schon … Ich also da oben, und schräg gegenüber in der ETH läuft mein Rechner, der nach Ada benannte Rechner, den wir durch Bomben und Trümmer geschleift haben, der erste funktionierende Computer Europas, und Adas Bild und das Wort *hinan* schalten wie wild in meinem Gehirn herum. Da verstehe ich plötzlich, dass ich doch kein richtiger Faust bin, oder wenn, dann nur ein sehr kleiner Faust, trotz Oswald Spengler und seiner flammenden Reden für den faustischen Menschen. Einfach deshalb, weil ich mit Mephisto und dem ganzen Mephisto-Kram nichts zu tun habe und nichts zu tun hatte und nichts zu tun haben will – weil ich Ada hatte und habe, weil Ada so etwas wie mein Nicht-Mephisto ist. Hab ich das nicht vorhin schon mal gesagt, beim Riesling? … Anti-Mephisto, richtig. Tickt noch ganz gut, der Zeitmesser hier oben … Ja, wenn es ein Wesen gegeben hat, das mich voran gebracht hat und hinan, hinauf und aufwärts, bis in den Tempel der Schweizer Technik und auf diesen Altstadthügel, den Höhepunkt meines Lebens, dann ist es Ada, das Ewigweibliche in Ada. So ungefähr hab ich gedacht, und ich hoffe, Sie haben mich verstanden trotz der vorgerückten Stunde … Von diesem Tag an, könnte man sagen, ging es auch mit der Firma hinan. Ada wurde wieder mein wichtigster, mein unsichtbarer Kompagnon. Die Erfolge und Entwicklungen der folgenden zehn, zwölf Jahre, ob die ohne die ewigweibliche Triebkraft möglich gewesen wären, darüber dürfen sich später mal die Computerhistoriker streiten …

(Cherchez la femme)

Das ist Ihnen hoffentlich nicht peinlich, neben einem närrischen Verehrer einer britischen Dame zu sitzen, noch dazu unter einem balzenden Auerhahn. Für wen lädt man denn die ganze Arbeit auf sich? Für die Eltern? Die Ehefrau, die Kinder? Die Schwester? Ruhm? Für Doktorhüte aus Braunschweig? Den Gewinn? Um den Forschungstrieb zu stillen? Nein, weil man besessen ist und ein Ideal hat … Ich weiß, meine alten Gefährten werden den Kopf schütteln. Dabei brauchen sie sich nur an den weisen Rat der alten Römer zu halten: Cherchez la femme! … Sie werden dichthalten, junger Mann, wie verabredet, und erst nach meinem Tod damit herausrücken. Das soll dann nicht mehr meine Sorge sein. Man muss den Leuten auch nach dem Tod noch ein paar Überraschungen bieten, was zum Lachen, was zum Wundern, was zum Streiten, finden Sie nicht? So kann man selbst ein bisschen was tun für sein Weiterleben, man bleibt im Gespräch … Richtig, ich habe immer Rücksicht genommen, viel zu viel Rücksicht auf Freunde und Kollegen, und Ada ausgeklammert. Jetzt soll sie endlich mal im Mittelpunkt stehen! Darum hab ich Ihnen die Geschichte anvertraut, meinen Liebesroman mit Ada. Aber warum Ihnen, einem mathematischen Deppen, entschuldigen Sie, ausgerechnet Ihnen, das wird man Sie fragen. Also, seien Sie gewappnet. Dann dürfen Sie zitieren, was ich Ihnen hier aufs Band spreche, was ich vorhin schon mal gesagt habe: Wer das Faustische in mir versteht, der versteht auch die Ada in mir. Kein Faust ohne Ada. Punkt … Nein, ich konnte das trennen. Ada spukte mir bei den Plänen und Ideen durch den Kopf, und zu Hause, vor meiner Frau, war mir diese Affäre niemals peinlich. Es war eine Arbeitsaffäre, nichts weiter, auch nichts Körperliches mehr. Der Eros der Arbeit, die Erfindungslust, die Fantasiearbeit, das war Ada für mich, eine erotische Antriebskraft gewissermaßen. Das Umögliche im Möglichen, nur so konnte man durchhalten … Ah, das ist interessant. Ja, die alten Griechen, die wussten noch, wie der Mensch tickt. Ich hab das wirklich nicht gespeichert, Eros als Gegensatz zum Chaos. Das ist es! Kompliment! … Hab ich nicht im *Faust* irgendwo den Satz gelesen über Mephisto: *Des Chaos wunderlicher Sohn?* … Danke. Könnte ich jetzt analog über Ada sagen: Des Eros wunderliche Tochter? … Na ja, so toll klingt das nicht, aber das ist nicht mein Job, das wollen wir dem alten Goethe überlassen … Nein, nein. Ich hab es immer abgelehnt, an mir herumzupsychologisieren. Ich bin gewohnt, die Tatsachen zu sehen, und Tatsache war, ich konnte mich Ada nicht mehr entziehen und wollte mich ihr nicht entziehen, da hätte ich mich ja ins eigene Fleisch geschnitten … Vielleicht kann man Schönheit gar nicht besitzen, es ist immer ein Sehnen und Suchen … Natürlich war es absurd, mich als ihr Verehrer aufzuspielen, vor mir selber aufzuspielen… Zerbrechen Sie sich etwa den Kopf, ob Ihre Liebe vor allen Instanzen dieser Welt gerechtfertigt ist? Bestimmt nicht. Ich wusste von Anfang an, dass alles, was mit Ada zu tun hat oder was ich mit Ada zu tun habe, absurd ist und verrückt. Aber was wäre man denn für ein armseliger rationaler Mensch, wenn man keine geheimen Verrücktheiten zu pflegen hätte und keine Absurditäten? Gerade als fanatischer Logiker braucht man doch Ausgleich, meinen Sie nicht? … Nein, nur in einem hab ich ihren Rat nicht befolgt. Sie wollte immer, dass ich mein Englisch verbessere. Mir sträuben sich ja selber alle Haare, wenn ich mich höre, wie ich mit meinen englischen Vokabeln herumstochere. Ich hab es einfach nicht geschafft, neben meinen neunundneunzig Berufen noch Business-English für Fortgeschrittene zu pauken …

(Betriebsgeheimnis)

Also, weiter in Neukirchen, Kreis Hünfeld, die Anfänge dort. Was liegt da noch im Tresor der Gefühle? … Nein, da fällt mir was ein. Ein Tipp für Sie, eine Empfehlung … Wir haben uns jetzt lange mit mir beschäftigt, gut und schön. Aber Sie sollten Ihre journalistische Aufmerksamkeit auch mal auf Ada Lovelace richten. Sie müssen doch objektiv sein, oder? Dann sollten Sie nicht nur auf mich hören. Dann sollten Sie versuchen herauszufinden, was sie zu unserer lebenslangen Liebesgeschichte meint, aus ihrer Sicht. Ob es auch für sie eine Liebesgeschichte war. Für mich, das sag ich mit einem gewissen, nun ja, Stolz, war es eben keine Affäre. Sie soll ja einige Affären gehabt haben in ihren letzten Jahren … Sie sind jung genug, mit Ihnen wird sie sprechen, mit Alten wie mir spricht sie nicht mehr gern. Das muss man verstehen, sie ist nur sechsunddreißig geworden. Es schmeichelt ihr, dass ihr Name wiederauferstanden ist mit dem Siegeszug der Computer. Ihr Name ist ja regelrecht okkupiert worden von Militärs und Feministinnen. Eine lustige Allianz, oder? … Wissen Sie, ich lege wirklich nicht den geringsten Wert darauf, dass ich es war, der sie entdeckt hat im Jahr achtunddreißig, in der Anmerkung in diesem Buch. Wenn meine Aufzeichnungen nicht verbrannt wären, könnte ich Ihnen sogar den Titel verraten. Seit damals sollte Ada mein schönstes Geheimnis bleiben, mein Betriebsgeheimnis gewissermaßen … Als die amerikanischen Militärs ihre vielen Programme vereinheitlichen wollten und die Programmiersprache Ada genannt haben, da hab ich natürlich nicht beleidigt gerufen: Ada ist mein, nur ich hab ein Recht auf ihren Namen! Meine Computer tragen das große A von Ada!

Und dann eine Frau, und ausgerechnet diese, eine Dichtertochter, für ein militärisches Programm, was denkt ihr euch dabei, was seid ihr für Schweine! Eine Vergewaltigung, anders kann man das nicht nennen. Ich habe geschwiegen, nicht vornehm, nur wütend. Und als die Feministinnen Ada als erste Programmiererin gepriesen und für sich reklamiert haben, weil sie als Frau schwer diskriminiert worden ist wie damals üblich, da hab ich auch nicht laut gerufen: Hängt euch nicht auch noch an ihre Schürze! Ada ist meine Geliebte! Bei mir ist sie schon lange gleichberechtigt und emanzipiert! Meine Computer tragen das große A von Ada! Nichts dergleichen, ich habe geschwiegen … Ein Ada-Projekt, vielleicht sogar ein Buch, sie hätte es verdient. Und Sie, Sie müssen doch noch was zu tun haben, wenn Sie mit mir durch sind, wenn Sie alles abgetippt haben und nur noch auf meinen Tod warten, bis Sie diesen Stapel Kassetten endlich unter die Menschheit streuen können. Sie müssen doch was zu tun haben in der Wartezeit, in der langen Wartezeit, in der hoffentlich langen Wartezeit. Also lassen Sie sich bitte von Ada erzählen, warum Babbage plötzlich nicht mehr mit ihr an der Analytischen Maschine arbeiten wollte und ihr ausgewichen ist. Warum sie sich dann auf die Elektrizität geworfen hat und Herrn Faraday helfen wollte. Was sie zu den Pferdewetten getrieben hat, und warum sie ein mathematisch perfektes Wettsystem entwickeln wollte. Ob Babbage ihr diesen Quatsch aufgehalst hat, wie krank und verschuldet sie wirklich war, das Morphium und so weiter. Ich käme leicht auf hundert Fragen für ein Interview mit ihr … Man müsste auch prüfen, ob das mit der ersten Programmiererin wirklich stimmt oder doch nur eine tolle Legende ist. Ada, das kann ich Ihnen versichern, ist nicht eitel und würde gewiss ganz trocken, britisch trocken ihre Wahrheit auspacken. Und dann ihre Tragödie, die Tragödie des weiblichen Genies … Ein Thema, was sie heute in jede Talkshow lotsen würde, das weibliche Genie … Und der Vater … Noch schlimmer die Mutter … Das sind Stoffe, Gefühle, Tragödien! Das wär doch was für Sie! Viel spannender als mein langweiliges Leben … Nein, ich hab sie nie ausgefragt in diese Richtung. Wir waren scharf auf die Schaltalgebra und die Zukunft von Ja und Nein und Und und Oder. Wir wollten alles andere als in ihrer Vergangenheit herumkramen. Über ihren Vater wollte sie sowieso nicht reden, über die Mutter noch weniger. Ich hatte es nur auf ihren Intellekt und ihre Weiblichkeit abgesehen, vielleicht war das falsch. Aber ich hatte einfach keine Zeit für ihre Seelenpein. Ich bin schließlich nicht dafür gemacht, Tragödien aus der Welt zu schaffen. Ein Mensch kann nicht alles sein, nicht noch Psychologe nebenbei. Erfinder und Liebhaber, das geht mit Ach und Krach …

(Güterzüge neben Apfelbäumen)

Ja, die Heimat ruft, *Ich bin der Bub vom Haunetal.* Lange nicht mehr gehört, das Liedchen … Der Anfang mit fünf Leuten, das hatten wir schon, schnell waren es hundert, dreihundert … Das war nicht so schwer. Die Dörfer waren ja vollgestopft mit Menschen, und unter den Flüchtlingen gab es viele tüchtige Leute, sogar Ingenieure. Wer ein Handwerk gelernt hatte, wo es auf die Feinarbeit ankommt, Friseure, Schneider, Schuster, die wurden bei mir eben Feinmechaniker … Vom alten Philipp wusste ich, dass die Einheimischen fast alle ziemlich braun gewesen waren. Und direkt nebenan Rhina, wo besonders viele Flüchtlinge hockten, in den Häusern der Juden. Das war ja das einzige Dorf im Reich, wo bis dreiunddreißig mehr Juden als Christen gewohnt hatten, auch das hat mir nur der Philipp verraten, sonst keiner. Das haben Sie damals, drei Kilometer weiter, sicher auch nicht gewusst, oder? Sie waren zu jung, aber Kinder spüren doch was … Da lag Spannung in der Luft, idyllisch war nichts in den Fachwerkdörfern rechts und links der Haune … Unsere Rechner, die waren den Bauern natürlich etwas unheimlich. Wenn wir neue Räume wollten oder Bauland, dann haben sie lieber für die dritte oder vierte Tankstelle gestimmt, das waren die Goldgruben. Trotzdem, der Aufstieg der Firma, die Aufstiege, der Boom, die erste Phase der Rechner-Konjunktur, die A5, schon sechsmal schneller als die A4, unsere ganzen Erfolgsgeschichten werd ich Ihnen jetzt nicht auf Ihr Band runterbeten … Wie versprochen, ich greife weiter in die Gefühlskiste, und wenn ich an Neukirchen denke, dann denk ich nicht nur an die schöne Schufterei. Dann denk ich auch an die Pausen, an die Augenblicke der … Besinnung ist ein blöder Ausdruck, das klingt so fromm, suchen Sie mir ein besseres Wort dafür. Ich denke an die Minuten, wenn die Züge durchs Dorf rollten, da kamen bestimmt zehn Züge in der Stunde vorbei, vielleicht mehr. Die D-Züge, die hinter unserm Haus, hinter der Werkstatt und hinter der Bahnhofstraße über die Schienen geschossen sind, da hat der Boden gewackelt von all der Kraft, Sie wissen schon, Masse mal Beschleunigung ... Nein, ich hatte nie die Sehnsucht, einzusteigen und kurz mal mitzufahren nach Basel oder Hamburg-Altona. Ich bin ja genug durchs Land gezockelt als mein eigener Vertreter. Mir hatten es die Güterzüge angetan, von Jahr zu Jahr sind immer mehr Güterzüge vorbeigerollt, zwanzig Meter an unsern Apfelbäumen und Himbeerhecken vorbei. Da hab ich gern aufgeblickt, Kohle, Benzin, Stahlrohre, immer mehr Waren und Rohstoffe runter nach Süden, rauf nach Norden. An den Güterzügen hat man gesehen, wie die Wirtschaft zum Wirtschaftswunder wurde, Zug um Zug, wenn ich das mal so blöd sagen darf. Es wurde auf die Dauer lästig mit dem Lärm, aber der von der Straße war schlimmer ... Am schönsten fand ich die VW-Züge, nie sehr schnell, dafür umso länger, die langen Züge mit den fabrikneuen, in allen Farben glänzenden und glitzernden Volkswagen-Käfern auf zwei Etagen in den offenen Waggons, die in den Süden rollten. Beinah jeden Tag einer, so kommt es mir vor, ich weiß nicht mehr, wie oft. Immer rollten neue Autos vorbei für München oder Frankfurt oder die Schweiz oder was weiß ich. Und am schönsten war es, wenn man an Sonntagen beim Wandern auf den Höhen diese Züge in den Blick bekam und rollen sah, unten im Tal im weiten Bogen der Schienen um Odensachsen herum und an den Haunewiesen entlang und dann nah am Kirchturm und an den Fachwerkhäusern vorbei, und die Schienen wirkten wie Straßen, wie Autobahnen mit ferngesteuerten, dicht an dicht fahrenden Autos des gleichen Typs, das war fast wie ein Bild im Traum. Da hätte man an automatisierten Straßenverkehr denken können. Aber ich hab viel schlichter empfunden und die Autos auf den Schienen mit so einem, wie soll ich sagen, innerlichen Behagen betrachtet, kann man das so sagen? Als Beweis unserer Tüchtigkeit. Je öfter diese Züge fahren, desto besser geht es uns allen, so dachte man doch. Ein Glücksgefühl war das, in Frieden in einem Land zu leben, das aufblühte mit Volkswagen und Rechenanlagen, ein Land, wo alle mit anpacken ... Versteht das heute noch jemand? ...

(Denkmalschutz)

Ja, das erzählt man mir immer wieder. Aber ich mag nicht mehr hingehen, in die Ur-Werkstatt, und den alten Zeiten nachweinen, es sieht zu traurig aus. Die Gemeinde lässt die Poststation verfallen, zu vermieten ist die nicht mehr. Keine Ahnung, was sie damit vorhaben, ob da der Denkmalschutz mitredet oder ob alles verfallen soll trotz Denkmalschutz oder wegen Denkmalschutz. Viele Fachwerkhäuser auf den Dörfern verfallen ja nur deshalb, weil kein Bauer Geld hat für die denkmalgerechte Renovierung … Stimmt, die gibt es gar nicht mehr im Dorf, kein Bauer mehr da, nur Arbeiter, Pendler, alles Bezieher der Pendlerpauschale … Das find ich auch, die paar Mark für eine Plakette müsste die Gemeinde doch übrig haben … Ich halt mich da zurück, das sähe komisch aus, wenn ich das zahle und diktiere, was sie da draufzuschreiben haben: In diesem Hause wurde 1949, und so weiter, und so weiter … Ist schon absurd, da fliegen einem aus ganz Europa Ehrendoktorhüte zu, Anerkennungen von Palo Alto bis Tokio, und hier, in meinem kleinen Dörfchen, wo der Aufstieg begonnen hat und der Aufstieg der Branche, da gibt es nicht mal ein Hinweisschild … Na sicher! Zwei, drei alte Geräte werden sich noch finden lassen, ein kleines Museum, mit viel Rummel, mit großer Touristentrommel, das wäre doch ein gefundenes Fressen auch für das Dorf. Ist alles nur eine Frage des Marketing heute. Bald hat jeder zweite Deutsche, nein, sagen wir jeder zweite Westdeutsche, seinen eigenen Computer, da wird doch die eine oder andere Million Leute neugierig sein, wie alles angefangen hat und wo. Auch wenn die Neukirchen-Schiene sich ein bisschen verschoben hat zur ICE-Strecke und den Autobahnen, seit der Vereinigung liegt das Dorf erst recht in der Mitte der Mitte. Die logistische Mitte, ich zitiere die Leute vom Rhön-Marketing. Also direkt am Weg, sozusagen, egal aus welcher Richtung die Leute kommen … Wissen Sie, was mir eben einfällt? Ich denke an die Kanalisation, lachen Sie nicht. Die wurde erst Anfang der Fünfzigerjahre angelegt. Man könnte also damit werben, wenn man witzig sein will, wenn man das geschickt macht: Dies ist der einzige Ort auf der ganzen Welt, in dem es erst den Computer und dann die Kanalisation gab! Man muss nur einfach mal losfantasieren. Sie und ich, wir beide würden in fünf Minuten ein Konzept hinwerfen: mit Gastronomie und Museumsshop, wie man das heute so hat, und allen Schikanen. Ich seh das schon vor mir, T-Shirts und Kappen mit dem A4-Signet, Kalender mit meinem Porträt, Minicomputer aus Plastik und aus Marzipan, Führungen für Schulklassen, die Kinder dürfen mit der elektrischen Laubsäge auf Bleche losgehen und so weiter. Das ganze Haunetal würde aufblühen, wenn nur ein tüchtiger unternehmerischer Mensch das in die Hand nähme, und am Ende kriegen wir vielleicht sogar einen Computer-Erlebnis-Park für die ganze Familie …

(Brunnen in Hünfeld, Brunnen in Hersfeld)

Klar, da gab es genug, was meine Gefühle hat kochen lassen, was mich geärgert hat … Das Dorf war gut für die ersten Jahre, aber es war zu klein für die Firma. Also expandieren, Bauland suchen, ich wollte nach Hünfeld. Es gab ein günstiges Gelände von der Stadt, wir wollten es kaufen, es wurde erschlossen und vermessen. Die Kaufverträge waren fertig, und plötzlich stimmen die Stadtverordneten dagegen, keine Baugenehmigung. Die CDU war dagegen! Ist ja bis heute alles CDU, eine erzkatholische Gegend. Die Partei der freien Marktwirtschaft, die ich bis dahin immer gewählt hatte, das darf ich zugeben, das wird sowieso jeder vermuten, der mich kennt. Meine Partei, sozusagen, sagt Nein. Sagt Nein zu mir, zum Computer, zur Zukunft, könnte man laut trompeten, wenn man was gegen Hünfeld hätte. Aber ich habe nichts gegen Hünfeld. Was war geschehen? Die Großfirma am Ort, ich nenne sie mal die Friseure, das ist nicht sehr originell, ich weiß, die hatten einfach Angst, dass ich ihnen Arbeitskräfte wegnehme. Dass ich vielleicht zwanzig Pfennig mehr pro Stunde zahle und ihnen die Leute abwerbe. Das waren die goldenen Zeiten der Vollbeschäftigung. Wie die Friseure da im Hintergrund agiert haben, weiß ich nicht, aber heute, wo alles verjährt und verziehen ist und ich sowieso keine Scheu habe zu sagen, was ich denke, heute sag ich, die Friseure haben die Stadtverordneten bestochen – mit einem albernen Brunnen, den sie vor das Rathaus gepflanzt haben, so viel ist sicher. Was sonst noch so gesprudelt ist, da gibt es nur Gerüchte, die sind nun auch schon Jahrzehnte alt, da werd ich nicht spekulieren. Sicher ist nur, die Friseure und die Wirtschaftspartei haben verhindert, dass Hünfeld zur Stadt des Computers wurde. Darum sind wir nach Bad Hersfeld gegangen, dort hat man uns mit offenen Armen ... Da regierten Sozialdemokraten, die ich trotzdem nicht gewählt habe. Und ich hatte morgens und abends die Fahrerei auf der B 27, zweimal am Tag unter dem Stoppelsberg vorbei und die Kurven an der Haune entlang. Dafür war der Bahnhof in Hersfeld größer und die Autobahn vor der Tür ... Ja, die machten schon was her für das Image der Stadt, aber unsere Kunden waren nicht scharf auf Kultur, leider, muss ich sagen, leider. Computerleute und Kultur, ein finsteres Kapitel. Man produziert immer schnellere Rechenzeiten und hat immer weniger Zeit, das ist ja fast ein Gesetz. Aber, mea culpa, selbst ich als alter Theatermann bin kein Vorbild gewesen. Auch ich hatte nie Zeit für die Festspiele. Nur einmal hab ich eine Aufführung in der Stiftsruine gesehen, und dreimal dürfen Sie raten, was für ein Stück das war ... Genau, und nach der Pause hat es zu regnen angefangen, damals gab es noch kein Zeltdach, alle haben ihre Regenmäntel ausgepackt, und der Regen ist einem in den Nacken geflossen. Da hat mich selbst das Gretchen nicht mehr rühren können ... Nein, auch für die schönen Kuren von Bad Hersfeld hatte ich keine Zeit, all die gesunden salzigen Heilwässerchen, die nicht weit von unserm Firmensitz sprudelten. Ich muss zugeben, ich habe nur einmal, vielleicht zweimal davon gesüffelt und fühle mich trotzdem ganz ordentlich heute. Leber, Galle, Herz, oder was sie mit diesen Wässerchen kurieren wollen, ich habe mich darum nie kümmern müssen. Mit der Gesundheit hab ich einfach Glück gehabt, bis heute. Und Kuren? Das ist was für Beamte, für Angestellte, für den öffentlichen Dienst, wo Sie krank werden von der Langeweile und vom Nichtstun. Das ist nichts für Unternehmer, hab ich recht? ... Nein, viel bin ich nicht rumgekommen in der Stadt. In Gaststätten war ich selten, bei Geschäftsessen musste ich auf Spione achten, Vorsicht bei Leuten, die zwei Tische weiter die Ohren spitzen ... Unterschätzen Sie das nicht! Spione der amerikanischen Firmen waren im Raum Hersfeld mit Sicherheit unterwegs, dafür leg ich meine Hand ins Feuer. Das hab ich auch meinen Chefingenieuren eingeschärft. Vielleicht sogar britische, russische, ostdeutsche, vielleicht japanische, wer weiß. Wir brauchten mehrere Panzerschränke für die Schaltpläne und neuen Ideen, so locker konnte man das nicht nehmen ... Nein, abhörsicher waren die Räume unserer Entwicklungsingenieure nicht, das konnten wir uns nicht leisten. In der Industriespionage sind die amerikanischen

Freunde bis heute Spitze, mit der besten Technologie und der gütigen Mithilfe ihres Militärs, das ist allgemein bekannt, das darf man sagen, auch als leidenschaftlicher Pro-Amerikaner. Keine Sorge, ich leide nicht unter Verfolgungswahn, aber ich kenne das A und O der freien Marktwirtschaft. Wie kamen wir jetzt darauf? ...

(Das schafft der Rechner nie)

Zwölf Jahre Erfolge, mit ein paar Dämpfern, ich darf zufrieden sein, mehr als zufrieden, und stolz ... Hören Sie? Ich habe zufrieden und stolz gesagt ... Auf das zurückblicken, was wir da hingelegt haben ... Hören Sie, was ich sage? ... In einer Branche, wo alles neu war und alles sich rasend schnell entwickelt hat ... Merken Sie? Jetzt red ich schon wieder in der Braunschweiger Rhetorik, die ich unbedingt vermeiden wollte. So geht es, wenn Sie nicht aufpassen ... Aber wie würden Sie das formulieren, in aller Kürze den Eilmarsch vom Relais zur Röhre, von der Elektronik zum Transistor, vom Schrank zum Tischgerät? Und das in einer Branche, wo jeden Monat neue Anwendungsbereiche erschlossen werden? ... Das will ich Ihnen gerade erklären, warum mir an dieser Stelle ein Wort wie Stolz über die Lippen fließt. Gegen unsern schärfsten Konkurrenten haben wir bis Anfang der Sechziger gut mitgehalten, obwohl der die geballte Förderung einer Weltmacht hinter sich hatte ... Sie sagen es. Aber dann der Vietnamkrieg, was haben die da für wertvolles Know-how gesammelt! Dagegen konnten wir auf Dauer nicht bestehen, trotz guter Auftragslage. Auch diesen Krieg haben wir verloren, ich übertreibe mal, ausnahmsweise. Uns fehlte es hinten und vorn an Kapital, die Hardware wurde teurer und teurer, die Software komplizierter. Das war der Gang der Dinge, und über den Gang der Dinge soll ein erwachsener Mensch nicht jammern, hab ich recht? ... Unter diesen Umständen überhaupt ein Dutzend Jahre mitzuhalten, das soll mir erst mal einer nachmachen. Das mein ich mit Stolz. Aber ich sitze ja nicht bei Ihnen, um über Stolz und Zufriedenheit zu palavern. Die A5, die A22, der Graphomat, die Erfolgsgeschichten können Sie in den Jahresberichten nachlesen. Stolz soll man sich verkneifen, auch am frühen Morgen ... Und Erfolg, was heißt schon Erfolg? Sehen Sie, bis heute hab ich mich nicht getraut, öffentlich zu sagen, was ich Ihnen jetzt sage: Unsere

A22 konnte nur zum Verkaufsschlager werden, weil der Bundestag beschlossen hatte, die deutschen Universitäten sollten mit Rechnern ausgestattet werden, aber die mussten bitte schön von der deutschen Industrie gefertigt sein, nur dafür gab es Geld. Das war nun das Gegenteil von freier Marktwirtschaft, und das unter einem Minister Ludwig Erhard! Mir war das recht, damals, aber jetzt verstehen Sie vielleicht mein Misstrauen gegen sogenannte Erfolge … Wenn ich ehrlich bin, hängen sich, wenn ich müde im Bett liege und nicht schlafen kann, meine Gefühle, meine Gefühlsgedanken mehr an die Misserfolge. Es ist verrückt, es ist völlig irrational, da sitzen immer noch ein paar alte Stachel. Da ist man sein ganzes Leben ein Optimist der Tat gewesen und damit weit gekommen, angenehm weit, weiter, als ich gekommen bin, wollte ich eigentlich gar nicht kommen. Trotzdem zucken da noch ein paar kräftige Enttäuschungen mit. Ist das normal? … Wir waren ja Experten für Zukunftsmusik, automatisierte Buchung, Managementsysteme, Prozess-Steuerung, Computer für die Wettervorhersage, für die Medizin, die Liste der Firmen, die uns ausgelacht haben, würde ich gern einmal veröffentlichen. Das alles hab ich leicht weggesteckt, aber die Flugzeuge, es sind immer wieder die Flugzeuge, die grüblerische Stimmungen in mir auslösen, dies Gefühl, versagt zu haben. Egal, ob ich fliege oder ob ich sie da oben in der Luft schweben sehe oder in den bunten Anzeigen, die uns nach San Francisco oder Singapur einladen. Mein Leben wäre anders verlaufen, und meine Firma hätte viel länger bestanden, wenn die Luftfahrtmanager ein wenig gescheiter gewesen wären, ein wenig fortschrittlicher, oder sagen wir's offen: mathematischer. Ausgerechnet die Flugmenschen, die immer so modern tun und einen Tick hochnäsiger sind als andere. Das ist das Einzige, was mich noch juckt: wie wir gescheitert sind, denen ein Gerät und ein Programm zur Sitzplatzreservierung zu verkaufen … Wir waren die Ersten, die vorgeschlagen haben, die Buchungen per Computer zu erledigen, über einen Zentralrechner und beliebig viele Zugangsterminals. Wie das heute gang und gäbe ist, wie das heute gar nicht mehr anders zu denken ist. Das haben wir den Fluggesellschaften angeboten, siebenundfünfzig, achtundfünfzig. Nur mit einer gab es ernsthafte Gespräche und fast einen Abschluss, mit der KLM, aber dann haben sie entschieden: Das schafft der Rechner nie, den Platzreservierer zu ersetzen!

Punkt. Keine fünf Jahre später hatten sie alle ihre Computer für die Platzreservierung. Heute geht es gar nicht mehr ohne, auch bei der Bahn! In Hotels, im Krankenhaus, beim Arzt, überall! …

(Das Image eines Spinners)

Diese Enttäuschung, die hab ich noch viel zu harmlos beschrieben in meinen Erinnerungen. Was sag ich, Enttäuschung, es war eine Erschütterung. Dabei war es mir ziemlich egal, und es ist mir heute erst recht egal, dass ich hätte Multimillionär werden können, wenn die Leute um ein Gramm Hirn verständiger gewesen wären. Was mich getroffen hat, war der Spruch des Schicksals: Du bist und bleibst der zu früh Gekommene … Das hat mich getroffen, und jahrzehntelang mochte ich kein Flugzeug sehen und konnte in kein Flugzeug steigen, ohne mich verhöhnt zu fühlen: Der Mann, der Pleite gemacht hat, weil er zu früh die richtige Idee hatte … Heute bin ich dem Schicksal dankbar, dass es mir das Los erspart hat, Millionär zu werden. Da wär ich nicht ohne Herzinfarkt davongekommen und vielleicht niemals zum Malen. Nein, ich klage nicht, ich packe nur mal meine Gefühle aus wie versprochen, so ausführlich, wie Sie wollen, und so ausführlich, wie ich kann. Wir hatten damals keine richtige Werbeabteilung, wir haben nichts für die PR getan, wir haben die Presse- und Öffentlichkeitsarbeit völlig vernachlässigt. Wenn wir das Mitte der Fünfzigerjahre kapiert hätten … Wenn, wenn, wenn. Was sollen wir spekulieren, es war mein Fehler, eindeutig mein Fehler. Ich dachte immer, die Leute können meinem sachlichen und lockeren Erfindergeist nicht widerstehen. So ein kreuzbraver Trottel war ich, der noch geglaubt hat, dass Argumente und Leistungen zählen – und nicht das Image … Als Erfinder haben Sie ja immer auch das Image eines Spinners, und bei mir war es noch schlimmer, ich hatte das Image eines Spinners aus der hessischen Provinz. Ich verhandelte mit Leuten, die auf allen Kontinenten herumflogen, und auf meiner Visitenkarte stand Bad Hersfeld. Wenn ich wenigstens eine Visitenkarte aus New York oder Stuttgart gehabt hätte … Werbung war sowieso nicht meine Stärke, da muss man ständig angeben, übertreiben, überrumpeln, überzeugen. Vielleicht wäre ich mit unserm Buchungssystem ja durchgekommen, wenn ich vorher einen Wochenendkurs belegt hätte: *Verkaufen, aber wie?* Solche Kurse, wie sie heute jeder Verkäufer von Elektroartikeln absolviert mindestens einmal im Jahr … Egal, ich mochte das flotte Gerede und Getrumpfe nicht. Das hat sich inzwischen geändert, wie Sie merken … Die Antwort jedenfalls, die steckt mir seitdem im Kopf wie ein Messer: Das schafft der Rechner nie, den Platzreservierer zu ersetzen! … Die zu früh Gekommenen, hab ich mal irgendwo gelesen, sind nicht gern gesehen, aber ihre Milch trinkt man dann … Und bei der Computergrafik, heute unverzichtbar, Computerdesign, riesige Anwendungsfelder: Nein, kommen Sie uns doch bitte nicht mit so was! Nicht mit Rechenmaschinen! Da haben wir uns am Ende durchgesetzt – aber erst als die Kunden mit eigenen Augen gesehen haben, wie das Gerät, mit Zahlen gefüttert, perfekte Zeichnungen ausspuckt. Die Automatisierungen in der Industrie, Netzplanung, computergestützte Buchhaltung, alle Lösungen, die wir angeboten haben, sind erst mal auf Ablehnung gestoßen, spätestens in den Finanzabteilungen … Vielleicht haben wir den Fehler gemacht, dass wir zu lange Rechner gesagt haben, und das klingt für den Laien nach einem kleinen Multiplizier-Maschinchen. Computer, da wird gleich irgendein Zauber versprochen, das klingt fast schon warm und menschlich, oder? … Egal, tempi passati, ich frag mich ja nur, warum mich das heute noch beschäftigt, gelegentlich … Das ist interessant, das könnte stimmen. Richtig, dem Faust ist auch alles nicht perfekt genug oder nicht schnell genug. Obwohl er es vergleichsweise komfortabel hat mit seinem Kompagnon, der ihm die Schauplätze der Welt nach seinen Wünschen öffnet und ihm die Erfolge zu Füßen legt, könnte man sagen. Die Kette meiner Misserfolge, die ist dem guten Herrn Faust erspart geblieben. Der könnte hier gar nicht mitreden. Aber Sie haben recht, das faustische Drängen nach Perfektion, nehmen wir das mal als Erklärung … Wissen Sie, ich klage überhaupt nicht über das, was mich enttäuscht hat, ich bin fast stolz auf meine Misserfolge, denn wir haben ja meistens richtig gelegen. Die andern haben sich blamiert, und nicht ich …

(Erfindungshöhen)

Ach, es ist doch eine so schöne Nacht heute, müssen wir denn wirklich auf meinen heikelsten Punkt kommen? ... Na gut, in Braunschweig könnte ich jetzt nicht schlafen, da würde ich mich im Bett wälzen wegen des Vollmonds oder weil ich mich immer noch nicht beruhigt hätte über den Festakt für Großsprecher. Da nutz ich lieber die Zeit und erzähle Ihnen von meiner bittersten Enttäuschung. Erst hab ich sie jahrelang in mich reingefressen, dann endlich doch publik gemacht und mich hin und wieder mal laut beklagt. Seitdem werde ich kräftig bemitleidet für das Pech, das ich mit den Patentämtern hatte. Aber was soll ich mit Mitleid? Soll ich am Ende den Eindruck wecken, ein wehleidiger Mensch zu sein, der auf Mitleid angewiesen ist? Nein, den Gefallen tu ich Ihnen nicht und Ihren Lesern oder Hörern auch nicht ... Gut, einigen wir uns darauf: Die Welt ist ungerecht. Punkt. Und mir geht es trotzdem nicht schlecht. Das reimt sich sogar. Schreiben Sie das auf, ein passendes Motto vielleicht, Nein, lassen Sie's, es ist doch zu banal ... Sie haben es sowieso auf dem Band, das läuft uns nicht weg. Was ich sagen wollte, die Herren, die einige edle Patente im Safe haben, die sind auch nicht glücklicher als ich. Falls sie überhaupt noch leben, meine genialen Kollegen. Turing ist schon lange tot, Aiken ebenfalls, von Neumann auch. Und, wen haben wir noch, ja, Mauchly. Vielleicht sind auch Stibitz und Eckert schon auf dem Friedhof oder in der Pflegestation ... Sehen Sie, ich war der Erste und bin einer der Letzten, was will ich denn mehr ... Also, machen wir's kurz. Den Antrag auf ein Patent für die A1 im Jahr sechsunddreißig eingereicht, und neunzehn Jahre und einen langen Weltkrieg später wird das Patent erteilt, das war 1955. Da war die Entwicklung meilenweit darüber hinaus, das hatte keine Bedeutung mehr, nicht mal für mich. Das entscheidende Patent für die A3, 1941 beantragt, sollte immerhin schon elf Jahre danach erteilt werden, die Ämter waren dafür, drei Dutzend Firmen hatten keine Einwände. Nur eine hat sich gerührt und das Verfahren aufgehalten mit immer neuen Einsprüchen bei den absurdesten Details. Nach einer Weile haben wir gemerkt, dass IBM hinter dieser Firma steckte. Kurzum, es hat sechsundzwanzig Jahre gedauert, bis 1967, da hat das Bundespatentgericht in letzter Instanz eine Entscheidung getroffen. Ich kann die Kernsätze auswendig. Sie könnten mich in der Nacht um vier wecken, ich könnte die immer auswendig hersagen: *Die Neuheit und Fortschrittlichkeit des mit dem Hauptantrag beanspruchten Gegenstandes sind nicht zweifelhaft. Indessen kann auf ihn mangels Erfindungshöhe kein Patent erteilt werden.* So viel zum ersten funktionierenden Computer der Welt. Die Stieselköpfe der Gerichte, sie brauchen ein Vierteljahrhundert und urteilen über die A3, ohne die Mathematik und das Gleitkomma begriffen zu haben! Neu ist der Rechner durchaus, aber eine Erfindungshöhe: null Komma null! Verstehe einer die Juristen, hab ich mir tausendmal gesagt. Und tausendmal gegrübelt über die Bedeutung dieses einen Wortes: *indessen.* Ein Wort wie ein Relais, verstehen Sie? Damit können Sie alles neu schalten, den Inhalt auf den Kopf stellen, das Argument wechseln. Manchmal denk ich, die Wörter sind doch mächtiger als die Formeln, jedenfalls solche Wörter. Und natürlich hab ich mich tausendmal bremsen müssen, der IBM keine seltsamen Machenschaften zu unterstellen. Damals wollte ich noch mit aller Gewalt am Glauben festhalten: Ich bin ein anständiger Unternehmer, also sind die anderen auch anständig … Lassen wir das, lassen wir das. Es ist bald drei, Sie werden müde, und mein Arzt sieht es nicht gern, wenn ich mich aufrege … Erfindungshöhe, ein so schönes Wort eigentlich. Verstehen Sie jetzt, warum mir der Stoppelsberg so lieb geworden ist? Die höchste Erhebung zwischen Betrieb und Wohnung, hier hab ich mich immer auf der Höhe gefühlt, und hier fühle ich mich noch heute auf der Höhe. Hier sitze ich gewissermaßen auf einer Erfindungshöhe, hier wandere ich über eine Erfindungshöhe. Und unten im Tal, die können mich mal. Und wer mir meine Erfindungen klaut mit Paragraphen, der kann mich erst recht! … Viele Erfindungen habe ich hier spazieren gehend überdacht und durchdacht, mit einigen bin ich ja einwandfrei durchgekommen … Ich weiß es noch wie heute, als mir mein Anwalt die Entscheidung des Gerichts mitteilte, da bin ich sofort ins Auto gestiegen, hab das Radio angedreht, so laut, bis es wehtat, Beethoven, ein Streichquartett, wenn ich mich richtig erinnere, und dreimal dürfen Sie raten, wo ich hingefahren bin … Genau, und hier hab ich erst mal ein Jägerschnitzel gegessen. Es war ein Jägerschnitzel, ganz sicher. Ich fühlte mich verraten von der ganzen Welt, ich musste einfach essen, viel essen, verstehen Sie. So wie früher, wenn die Bomben fielen, dann wurde man hungrig. Je näher die Einschläge, desto stärker der Hunger … Es waren sowieso keine rosigen Zeiten nach dem Verkauf der Firma, und nun wurde auch noch meine Erfindung, die Erfindung des Jahrhunderts, zur Schnecke gemacht. Hier, in diesem Raum, hab ich vor Wut mein Jägerschnitzel gefuttert. Der balzende Auerhahn vom Auerhahn Bräu ist Zeuge, der hat mir zugesehen. Ich wollte nicht nur Enttäuschungen in mich hineinfressen. Himbeeren gab es nicht, ich hab noch Schmandkuchen obendrauf gegessen, so viel ich konnte, ich hab mir richtig den Bauch vollgeschlagen …

(Point Alpha)

Und dann bin ich durch die Gegend gekurvt, zwischen den Kegeln und rund um die Kegel, zwischen all diesen erloschenen Vulkanen, und in mir hat es gekocht und gebrodelt. Ich war nicht betrunken, da pass ich schon auf. Aber wahrscheinlich bin ich gefahren wie betrunken, auf den Landstraßen rund um den Wieselsberg, den Appelsberg und den Hübelsberg und bis zur Grenze hinter Rasdorf. Da gab es einen Aussichtspunkt, es gibt ihn noch, eine Art Hochsitz mit weitem Blick in die DDR, nach Thüringen hinein, in die östliche Rhön, nach Geisa hinunter … Stimmt, damals haben wir Ostzone gesagt. Das war Point Alpha, der nur bei den Amis so hieß, die Bezeichnung kannten wir damals gar nicht, für uns war das immer nur die Rasdorfer Aussicht. Da konnte man auf einen Turm steigen und über den Grenzzaun und den Todesstreifen weit nach drüben schauen, auf die Dächer der Orte im Tal und auf die Grenzsoldaten mit den Fernrohren und Spähwagen und die Wachtürme an den Betonwegen, die im Zickzack durch die Wälder und Felder liefen. Hier begann das Rote Meer, von Geisa bis nach Wladiwostok und Schanghai … Ich brauchte das ab und zu, die verlorene Einheit betrauern, diese Narbe mitten in der Rhön, die noch wehtat. Mir jedenfalls hat sie wehgetan. Man hat die Leute im Osten bemitleidet und das Glück gepriesen, dass man im Westen gelandet war. Ein heißer Punkt im Kalten Krieg, Fulda Gap, … Ja, Sie wissen das noch, aber die Kinder, die Kinder in zehn Jahren wissen das schon nicht mehr. Und wenn jemand noch eine Generation später mal dies Band abhört und verstehen will, wie es mir ergangen ist nach dem Schock mit der Erfindungshöhe, da oben bei Point Alpha, dann muss ich das erklären … Selbst wenn ich heute schon mal Fulda Gap gesagt habe, junger Mann, drängeln Sie mich nicht, nur weil Sie müde sind. Ich darf alles aussprechen, was mir einfällt, ich darf mich wiederholen, sooft es mir passt, und Sie dürfen nachher kürzen, das sind die Regeln. Bitte, unterbrechen Sie mich nicht, bleiben Sie geduldig! Also, für die jungen Leute muss ich erklären, das war der westlichste Punkt des ganzen Ostblocks, hier hat man im Fall des Falles einen Angriff aus dem Osten erwartet. Fulda Gap, die Fuldaer Lücke, gutes Gelände zum Einmarschieren Richtung Frankfurt oder Ruhrgebiet. Und zur Verteidigung hätte man hier im Fall des Falles auch die taktischen Atomwaffen eingesetzt, das war kein Geheimnis. Dann wäre der ganze schöne Stoppelsberg und meine Firma, dann wären wir alle weggeschmolzen, dann hätte es sich ausgekegelt in der Rhön. Dann hätte man uns zurückgebombt in die Zeit der Vulkane, und das mithilfe der tollsten Computer ... Na ja, Tatsache ist, die Amerikaner haben hier oben besonders fleißig aufgepasst und gehorcht, und die Russen und ihre Freunde auf der anderen Seite auch. Es gab auf dem Point-Alpha-Gelände einen amerikanischen Turm, und gegenüber einen der DDR, Auge in Auge sozusagen. Ich habe, viel niedriger natürlich, auf dem Aussichtsturm gestanden und zugesehen, wie sich die Feinde bewacht und belauert haben, man roch das fast in der Luft, wie sie sich gegenseitig abgehört haben. Ich stand mitten auf einem Schlachtfeld, verstehen Sie? Ich hatte keine Bataillone hinter mir, im Gegenteil. Ich fühlte mich von Feinden umstellt, es war ja die Zeit des Übergangs, die staatliche Förderung ging an die Großindustrie, die Software wurde zu teuer, die Banken hatten mir nicht mehr helfen wollen. Die Konkurrenz freute sich über die fette Beute, die ich ihnen bot, ich hatte verkaufen müssen, viel zu billig ist alles am Ende verscherbelt worden. Diesen Schock hatte ich noch nicht verwunden, und dann fielen mir auch noch die deutschen Richter in den Rücken. Nach sechsundzwanzig Jahren Urteilsfindung. Eine schöne Urteilserfindungshöhe, oder? Auch gegen mich wurde ein kalter Krieg geführt, das war sonnenklar ... Was ich sagen wollte, ich bin wirklich kein Selbstmordkandidat, schon gar nicht als Familienvater, aber ich musste doch etwas streng mit mir werden: Nein, du stürzt dich jetzt nicht diesen Turm hinunter! Nein, du rennst jetzt nicht an den Bundesgrenzschützern vorbei zum Zaun und lässt dich von den Ostzonen-Soldaten umbringen oder von ihren Minen! Nein, du dringst jetzt nicht bei den Amis ein und lässt dich erschießen oder verhaften, nur aus Wut über einen amerikanischen Konzern, nein! Und du fährst auch nicht gegen einen Baum, nein, heute nicht! … Und dann hab ich, den Blick auf den weiten Himmel und auf die Wälder der Ostzone, plötzlich Ada gehört. Beruhige dich, hat sie gesagt. Selbst wenn IBM gewittert hat, dass du deren Laden hättest aufmischen können, wenn du dein Patent bekommen hättest, unser Patent … Ja, aufmischen, ich bin ziemlich sicher, dass sie aufmischen gesagt hat, sie hat immer Umgangsdeutsch mit mir gesprochen, so wie ich mit Ihnen … Und selbst wenn die, hat Ada gesagt, an dieser Entscheidung mitgedreht haben, mehr als erlaubt mitgedreht haben, vergiss eins nicht: Du hast den Prozess verloren, weil ihr den Krieg verloren habt, so einfach ist das. Beschwer dich bei eurem Hitler. Und dass du heute als freier Mensch vor den Gerichten überhaupt klagen kannst, das verdankst du den Amis, die hier stehen und deine Freiheit schützen, und das verdankst du ganz nebenbei auch mir und meinen Briten. Beruhige dich! Ich bleibe deine Alliierte, aber nur, wenn du aufhörst zu jammern und zu klagen! Und wenn du hier sentimental wirst an der Grenze, an eurer hübschen Narbe, dann beschwer dich ebenfalls bei dem Herrn im Führerhauptquartier … So trocken, so deutlich konnte sie sein, und sie hatte ja recht damit. Es war trotzdem nicht leicht, das einzusehen und zu verarbeiten … Mit dem mühseligen Schreiben der Erinnerungen und mit der Malerei. Verarbeiten mit dem vollen Risiko der Blamage, nebenbei, ein Maler wird von Computerleuten belächelt bestenfalls, und die Künstler sagen, der Alte soll bei seinem Leisten bleiben …

(Schneller, höher, weiter)

Genug davon, ich will nicht über Fehler und Niederlagen reden, wer will denn in meinem Alter noch Zeit dafür verschwenden … Tja, eine gute Frage, die Fehler der Zukunft … Ich darf Ihnen verraten, dies ganze Schneller, Höher, Weiter, diese immerwährende Erfinderolympiade, dieser permanente Wettkampf der Technologien, das alles interessiert mich nicht mehr. Wie es weitergeht mit dem Computer, mit den Rechengeschwindigkeiten, den Datenmassen. Wann werden die Supercomputer eine Billion, hundert, neunhundertneunundneunzig Billionen Rechenoperationen pro Sekunde schaffen? Es ist mir herzlich wurscht. Oder diese schafsdummen Spekulationen, wann werden die Klone die Roboter begatten? Was halten Sie von Computern, die ins Gehirn operiert werden? Wie viele Jahre sind es noch bis zum ersten Computermenschen? Werden eher die Automaten Menschen oder die Menschen Automaten? Homunculus, ick hör dir trapsen … Inzwischen kann ich mir leisten, einfach zu antworten: Die eigentliche Zukunftsfrage ist, ob und wann wir wieder runterschalten, ob wir überhaupt verlangsamen können. Sehn Sie, sag ich dann Ihren Kollegen von der Drei-Minuten-Abteilung, ich habe einiges dazu beigetragen, die Rechenleistungen zu vervielfachen und die Welt schneller zu machen. Jetzt erlaube ich mir den Luxus, nicht so dumm zu werden wie Herr Faust, der nie genug kriegen konnte, dem alles nicht schnell genug ging. Der Goethe lässt den Trottel Faust blind und dumm sterben, das soll ja wohl der Abschreckung dienen. Also, langsamer werden! Intensivierung statt Maximierung! … Wissen Sie, eins möcht ich noch loswerden, ehe Sie mir einschlafen. Damals, als ich angefangen habe, in den dreißiger Jahren, war ich für die Abschaffung der Sklaverei, der Sklaverei der Rechenknechte in Industrie und Verwaltung. Heute bin ich auch für die Abschaffung der Sklaverei, nämlich für die Abschaffung der Abhängigkeit von einer Software, die nicht mehr produktiv ist, sondern destruktiv und mehr Bürokratie und Kontrolle und dumme Beamte produziert. Hören Sie sich mal um im Land! In allen Betrieben, allen Branchen, allen Behörden der Wahn des Kontrollierens, wie bei Lenin, nur viel feiner. Da wird nach der Rendite hinterm Komma gesucht, mit was für einem Aufwand! Gegen Sklaverei bin ich ganz entschieden, gegen die von früher und gegen die von heute … Ja, das andere Extrem … Glauben Sie bloß nicht, dass ich das nicht kenne, das Gejammere über die Entwicklung, die der Computer genommen hat. Die digitale Gesellschaft, die Tyrannei der Rechner und so weiter, all diese fetten Überschriften, diese feisten Begriffe … Die Beschwerden über den Siegeszug des binären Denkens, damit hätte sich die Welt reduziert angeblich auf Ja und Nein, Schwarz und Weiß, Gut und Böse, Entweder Oder, In und Out. So sei das Leben nicht. Das wird sogar mir vorgehalten manchmal, als hätte ich das je behauptet … Als wäre es die Schuld der Ingenieure, wenn die Leute mit ihrem Leben nicht mehr zurechtkommen … Und dass wir aufpassen müssen, das Lernen nicht verlernen und nicht zu Sklaven der Maschinen werden, das sag ich ja selber. Aber sollen wir deshalb den Stecker rausziehen und uns in die Höhlen der Steinzeit verkriechen? Ich frage dann zurück: Kennen Sie Lewis und Clark? … Keiner weiß es, Sie auch nicht, ich seh schon … Sie wollen gebildet sein und ein Freund der USA … Nein, keine Techniker, keine Erfinder. Nein, das waren die ersten beiden, die vom Mississippi aus, von St. Louis, in den Wilden Westen gezogen sind, durch das ganze riesige Land über alle Gebirge und Steppen bis Kalifornien, im Auftrag Jeffersons, der das Riesenreich westlich des Mississippi gerade den Franzosen abgekauft hatte, weit mehr als die Hälfte der heutigen USA, für den berühmten Apfel und das berühmte Ei. Napoleon brauchte Soldaten, der Dummkopf, er hätte ohne eine einzige Schlacht der Herrscher Nordamerikas sein können … Also, Lewis und Clark haben mit den Wilden, den Indianern, Kontakt aufgenommen, mit relativ friedlichen Absichten, und Papiere vom großen weißen Häuptling in Washington verschenkt … Hören Sie zu, junger Mann? Lassen Sie mich mal ein, zwei Minuten auf den wilden Karl-May-Wegen reiten! Bin gleich fertig. Kurz danach die Abenteurer und hinterher die Landbesetzer, und zwei, drei Jahrzehnte später werden die Indianer ausgerottet bekanntlich, ganze Völker weggemetzelt. Clark wird depressiv, Lewis war schon tot, oder umgekehrt, spielt jetzt keine Rolle. Soll man nun, frag ich meine Frager, Lewis und Clark dafür verurteilen, dass sie so mutige Entdecker waren? Die ganze Geschichte Amerikas zurückdrehen? Was meinen Sie? … Oder Kolumbus bestrafen für Cortez und Pizarro? Oder Jesus für die Kreuzzüge und den Dreißigjährigen Krieg? … Oder ist es Ihnen lieber, wenn ich depressiv werde? … Hören Sie mich? …

(Das Band hört zu)

Tatsächlich, eingeschlafen. Mitten im Wilden Westen. Da hat er eben noch mit letzter Kraft eine neue Kassette eingelegt, und dann kann er den Kopf nicht mehr halten und schläft ein … So was von respektlos! … Das Band läuft weiter, das Band hört zu, wenigstens das … Und Sie werden sich schämen, wenn Sie wieder aufwachen, dass Sie vor mir eingeschlafen sind. Dass Sie nicht durchgehalten haben, Sie Versager! … Nichts. Nicht mal beschimpfen lassen Sie sich! Typisch, jetzt, wo ich rede, was keiner hören will, über die neue Sklaverei der Software, da schlafen Sie ein! ... Könnt ihr nicht eine Stunde mit mir wachen!, hat Jesus gesagt im Garten Gethsemane zu seinen Jüngern. So bibelfest bin ich noch, täuschen Sie sich nicht! Mit diesem Spruch hat mein Chefprogrammierer uns immer wachgerüttelt damals, wenn wir nachts um halb zwei eingenickt sind, der wurde auch nie müde ... Gar nicht schlecht, dass Sie hier vor mir schlummern, schlummern wie ein Patentamt. Wenn Sie das Band abhören morgen oder irgendwann, dann werden Sie sich schämen. Sie werden sich alle Mühe geben, Ihre Schande wiedergutzumachen und mich in Zukunft mit mehr Respekt behandeln. Mich und das, was wir hier auf den Bändern speichern. Meinen Nachlass gewissermaßen. Es hat alles sein Gutes, schlafen Sie ruhig weiter, ich freu mich schon auf Ihre gesenkten Augen, auf Ihr schlechtes Gewissen ... Sehr enttäuschend von Ihnen. Ich bin wirklich sehr enttäuscht ... Der schläft fest, der schläft erst mal eine halbe Stunde ...

(Endlich allein)

Komm, Ada! Jetzt kannst du kommen ... Siehst du, ich bin endlich allein ... Endlich so weit ... Zeig dich, steig runter zu mir, Ada ... Du hast gesehen, wie ich mich den ganzen Abend angestrengt habe ... Dass wir uns treffen, noch einmal ... Seit Mitternacht hab ich gewartet, dass er endlich einschläft, der junge Mann hier ... Nur deinetwegen hab ich ihn auf unsern Berg bestellt ... Will dir nah sein, ganz nah ... Ich hab ihm alles erzählt ... Du hast es gehört, oder? ... Wie schön, du hast mitgehört ... Ich hab so gesprochen, als wenn du dabei wärst ... Unsere Geschichte erzählt, ich musste einmal im Leben jemandem unsere Geschichte erzählen ... Es war anstrengend, aber ... Sag, ob du einverstanden bist mit dem, was ich erzählt habe ... Komm, sag's mir ... Und wenn nicht, ein Wink genügt, und ich nehm ihm die Kassetten weg ... Der merkt nichts, so fest schläft der ... Ist mir egal, was er dazu sagt, wenn alles nur ein Spuk wird für ihn und die Kassetten verschwinden ... Hauptsache, du bist einverstanden ... Wenn es irgendeinen Satz gibt, der dir nicht passt, irgendein Wort, dann zieh ich alles zurück, dann werfen wir die Kassetten auf den Müll ... Du sagst nichts? Du hast keine Einwände? ... Du warst schon immer großherzig ... Ist ja auch dein Ruhm … Ich hab für deinen Ruhm gesorgt … Bald werden es alle wissen, was du getan hast auch in diesem Jahrhundert … Einfach die Wahrheit sagen, hab ich gedacht, und die Wahrheit kann nur gut sein … Ist doch in Ordnung, dass ich ihn auf unsern Berg bestellt habe … Es war nicht schwer, ihn herzulocken … Es gibt die verrücktesten Leute unter den Journalisten … In Mathematik ein kompletter Idiot, hast du ja gehört, der weiß weniger als ein Informatiker vor dem ersten Semester. So tollkühn, das gefällt mir schon wieder, dass er es überhaupt wagt, mit mir zu reden … Über dich reden wollte ich, über dich …

(Hörst du mich noch?)

Komm, Ada … Zeig dich … Es ist vielleicht mein letzter Versuch, vielleicht reicht meine Fantasie bald nicht mehr, dich zu beschwören … Meine Energie nicht mehr, dich auftreten zu lassen … Zu umarmen … Bei mir hast du's doch immer gut gehabt … Weißt du noch … Weißt du noch, als wir zum ersten Mal … Man denkt ja gern im hohen Alter … An die Liebe, an die ersten Lieben … Du kennst es nicht, das Alter … Du, immer noch in deinen schönsten Jahren … Komm, Ada, einmal noch … Ja, ich weiß, du warst oft viel nüchterner als ich … Viel schüchterner als ich … Meine Fantasie reicht vielleicht nicht mehr, dich hierher zu zaubern … Vielleicht bist du ja schon ganz nah, unten bei Hohenwehrda auf dem Hexentanzplatz, wie früher … Oder oben auf der Ruine, wie früher … Früher … Die Kräfte lassen nach … Wir können nicht so tun, als wär ich dreißig … Als wären wir die ersten Menschen und könnten noch einmal anfangen … Du bist ganz nah, ich weiß es, und immer, wenn du mir nah bist, denk ich an ein neues Leben … Noch einmal alles neu entwerfen … Die Maschinen vergessen … Und alle fiependen Geräte … Weg mit der Peitsche Zahl … Und wandern mit dem Mond … Ada, sprich mit mir … Tag soll es werden … Die Sonne soll die Zahlen fressen … Zahlen schmelzen weg wie Plastik … Ada, antworte mir … Mein Auge sollte hier genießen … Wo ich unerreichbar bin … Sogar für Herren, die mit Doktorhüten winken … Ada, sag doch was … Und auf das Morgengrauen warten … Das Morgenlicht … Was soll ich mit dem Heiligenschein Erfinder, wenn du mich nicht hörst? … Ada … Hörst du mich noch? … Du liebst die

Spielcasinos, die Pferdewetten, ich weiß … Und Männer, möglichst jung … Das ist die beste Stunde jetzt im Spielcasino … Wo räumst du heute ab? … Wo machst du wieder Schulden? … Auf welche Zahlen setzt du? … Ich seh dich nicht … Auf Rot, auf Schwarz? … Ich hör dich nicht … Du kannst mich gar nicht hören, ich weiß … Du musst dich konzentrieren auf den nächsten Einsatz … Er regt sich … Sei nicht böse … Mir nicht böse … Er regt sich … Du sollst gewinnen … Du wirst gewinnen … Warte, warte! …

(Eine furchtbar romantische Sehnsucht)

Nein, nein, Sie brauchen sich nicht zu entschuldigen … Vielleicht gehn wir wieder nach draußen, da werden Sie schneller wach … Nein, schon gut, lassen Sie das. In Ihrem Alter, da wär ich auch eingeschlafen. Ich hab mich angenehm unterhalten, einfach weitergesprochen. Ich fühl mich ganz gut in Form heute Nacht, ich wollte nicht aufhören. Ich war noch so in Schwung, da konnte ich nicht abbrechen. Ein Hundertmeterläufer bleibt ja auch nicht auf der Ziellinie stehen, selbst ein Marathonläufer nicht. Leider hab ich nur Unsinn geredet, nachdem wir den ganzen Abend so mustergültig vernünftig gewesen sind … Ich habe nur Unsinn geredet, logisch, weil mir Ihre Fragen gefehlt haben, Ihre klugen Fragen. Ich nehme an, Sie werden das löschen, wenn Sie da mal reingehört haben. Es wäre mir wirklich lieber, wenn Sie das löschen … Es ist mir jetzt schon peinlich, was ich da geplappert habe. Man wird denken, ich hätte den Verstand verloren … Mir tut der Bobbes weh vom langen Sitzen, kommen Sie, wir gehen raus auf die Terrasse. Das wird Sie erfrischen, das wird Ihnen guttun und mir auch. Ein bisschen Kühle kann nicht schaden. Und dann machen wir Feierabend. Los, kommen Sie! … Ja, klar, vielleicht fällt mir noch ein brauchbarer Satz ein … Herrlich, die Nacht, die Sommernacht … Und diese Luft … Schauen Sie, die Kegelberge im Nachtschatten, und da, das Ostlicht, der erste Hauch von Ostlicht … Dann warten wir … Gleich kommt er wieder … In Vollmondnächten passiert ja angeblich immer was. Was furchtbar Grausiges oder was furchtbar Romantisches, das werden wir morgen früh erfahren oder in der Zeitung lesen … So still und ruhig … Wir denken, alles still und ruhig und nichts bewegt sich, alles steht und liegt und schläft. Aber die Wahrheit ist, alles rast, alles rast dahin. Alle diese Lichter rasen mit dreihunderttausend Kilometern in der Sekunde durch den Raum, in der Sekunde, wohlgemerkt! Rechnen Sie im Kopf jetzt bitte diese grausige Geschwindigkeit des Lichts in Jahre und Millionen Kilometer um … Ich will ja nur, dass Sie noch einmal staunen … Sie sagen nichts. Sie haben den ganzen Abend noch nicht viel gesagt zu dem prachtvollen Sternenhimmel. Bald wird es hell, und dann … Bitte, atmen Sie durch, entspannen Sie sich … Lassen Sie sich Zeit … Die Sterne, was fällt Ihnen ein zu den Sternen? … Nein, ich meine nicht, ob Sie Ihren Kindern den Orion zeigen können oder die Kassiopeia … Sie wissen, dass die Strahlungsenergie nicht stetig fließt, sondern in Portionen, in Quanten, wie Max Planck entdeckt hat? … Auch nicht! Oh, ihr Gebildeten! Ihr eingebildeten Ungebildeten! … Haben Sie wenigstens noch Augen und Gefühle für diese Herrlichkeit, wo alles kracht vor Licht und funkelt bis in unsere feinsten Nervenenden? … Die feinsten Nervenzellen im Gehirn? … Und gibt's das noch in Ihrer Generation, die Sehnsucht, sich zu verlieren in diesem Lichterfeld, den Lichterstrahlen, Zahlenstrahlen? Sich zu verlieren und zu fangen in einem Lichternetz? … Eine furchtbar romantische Sehnsucht, ich geb es zu …

(Rechnende Räume)

Der ganze Kosmos eine gigantische Rechenmaschine … Die Idee vom rechnenden Raum, die einzige meiner großen Ideen, die noch auf breite Anerkennung wartet … Der rechnende Raum, meine zugegeben etwas kühne Verbindung von Mathematik, Astrophysik und Informatik. Da schrecken noch viele zurück, vor der Digitalisierung der theoretischen Physik einschließlich der speziellen Relativitätstheorie … Es hat keinen Sinn, dass ich Ihnen das erkläre. Auch für mich ist das zu anstrengend um diese Stunde. Ich will nur sagen, was ich spüre. Und ich spüre sie, die Quanten, die kleinsten Einheiten, die wir Bits nennen … Elementarteilchen aus unsichtbarer, unfassbarer dunkler Materie, die durch unsere Körper streifen und durch die fernsten Galaxienhaufen, ich spüre sie, ich spüre sie… Die Energie, ich spüre ihre Strahlen … Ich, ich möchte tauchen in das Licht, in den gekrümmten Raum … Ein Lichtjahr jagt dem nächsten hinterher … Wir müssen weiter denken, immer weiter ... Weit hinaus über unser dürftig vernetztes Gehirn ... Mit uns ist sie doch nicht zu Ende, die Evolution ... Die Technik ist gerade erst am Anfang, wir brauchen neuen Lebensraum, was sag ich, Räume ... Da oben, im Unendlichen, schauen Sie nach oben! ... Eroberung des Weltalls, das ist der nächste Schritt, ganz logisch ... Da sind die Räume, die wir zu begreifen haben, die wir zu erschließen haben ... Und meine Vorarbeit, der rechnende Raum ... Schaun Sie nach oben ... Die Galaxien müssen unser werden, einige der hundert Milliarden Galaxien wenigstens ... Kolumbus wird ein Waisenknabe sein ... Nur da ist Raum ... Ich werd es nicht erleben, aber ich sage Ihnen ... Der Sprung von unsrer Erde zu den Himmelskörpern ist so entscheidend wie der Übergang des Lebens vom Wasser auf festen Boden ... Sie erinnern sich an die Biologiestunde, die Amphibien, unsere Vorfahren, die kriechenden Fische ... Egal, vor vielen Millionen Jahren ... Und dafür brauchen wir Rechner, unerhörte Rechenleistungen für heute noch unvorstellbare Maschinen ... Mit Schubkraft und Geschwindigkeiten unvorstellbar ... Die Fahrt zum Mond, hab ich mal gesagt, ist die logische Folge der Gotik, der Fernseher die logische Folge der Renaissance, und der Sprung in die Milchstraßen, sag ich heute, die logische Folge der Universal-Rechenmaschine ...

(Die Unordnung nimmt zu, die Galaxien flüchten)

Verzeihen Sie, manchmal geht die alte Begeisterung des Forschers mit mir durch. Statistiker, Logistiker, Ballistiker, Weltraumforscher, Raumfahrer, in hunderttausendstel Sekunden rechnet man sich hoch ins All ... Sie sagen nichts ... Ich möchte wissen, wie sind denn Ihre kosmischen Gefühle? Fühlen Sie sich zu Hause im Weltall, getragen von den Milliarden unsichtbaren Rechennetzen? Spüren Sie, wie die dunkle Materie durch Ihren Körper stiebt, ohne dass Sie sie spüren? ... Fühlen Sie, dass der Kosmos durch und durch digitalisiert ist? ... Sie dürfen ruhig Nein sagen, es stört mich nicht. Vielleicht werden erst unsere Enkel rausfinden, ob ich da auf der richtigen Spur gewesen bin. Also, Ja oder Nein? ... Danke. Sehen Sie, ich versuche auch so offen und ehrlich wie möglich zu Ihnen zu sein. Es war mir klar, dass Sie nein sagen. Ich wollte Sie nur aufmuntern, wach machen, motivieren, damit Sie besser aufpassen, wenn ich abschwirre in meinen rechnenden Raum. Als Chef muss man seine Mitarbeiter ja ständig loben und motivieren, Tag und Nacht, bis drei Minuten vor Feierabend … Sie leisten schon keinen Widerstand mehr, Sie haken nicht mal nach, wenn ich das Wort Lebensraum in die Nacht posaune. Dabei sind Sie richtig zusammengezuckt, das hab ich gesehen … Lebensraum, der Begriff steht schon bei Spengler, dass wir Lebensraum brauchen, ins Unendliche vorstoßen, das hab ich nicht von den Nazis. Alle Völker brauchen Lebensraum, die Deutschen sind da keine Ausnahme, die Europäer nicht … Und die Computer, sie haben nicht die Aufgabe, uns flotte Unterhaltung zu spendieren, uns die Augen und Ohren vollzuknallen, uns das Lernen abzugewöhnen. Auch nicht, uns jede kleine Unbequemlichkeit abzunehmen. Nein, die Computer haben die Aufgabe, uns zu helfen bei der Erweiterung der Lebensräume, und damit meine ich nicht die Eroberung von ein paar Quadratkilometern. Der Kampf ums Dasein ist noch lange nicht vorbei … Geordnete Zustände gehen in ungeordnete über, das lehrt die Thermodynamik. Das ist überall so, auch im unendlichen Weltraum da oben. In jeder Minute, in der wir hier palavern, dehnt der sich noch weiter aus in seiner Unbegrenztheit, in die niemals vorstellbare, immer weiter wuchernde Unendlichkeit. Die Unordnung nimmt zu, die Galaxien flüchten … Sie verstehen, wie lächerlich das ist, wenn da die kleinen Fauste kommen und forschen, was die Welt im Innersten zusammenhält … Wer oder was soll denn die Welt, das All und alles zusammenhalten, im Innersten und Äußersten zusammenhalten? Da bleiben nur Computer, die sich vernetzen mit dem Computer Kosmos … Ich überfordere Sie, ich höre auf, wir machen Schluss für heute …

(Der hat schon immer gern geflunkert)

Oder denken Sie: Der wird langsam verrückt, der Alte? Oder ist der schon verrückt? Die meisten Mathematiker verlieren irgendwann den Verstand. Rundheraus: Finden Sie, dass ich verrückt bin? … Na, mein Glück, dass Sie keine Sekunde gezögert haben! Hoffen wir, dass Sie recht behalten. Sehen Sie, die frühen Ideen vom rechnenden Raum, vom künstlichen Gehirn, von Maschinen, die sich selber steuern, die hätten mich leicht auf die Straße der

Spinner lenken können. Auch das verdanke ich Ada, dass ich nicht verrückt geworden bin ... Und wer auf seine alten Tage die Menschheit mit seiner Kunst belästigt, der ist doch auch verrückt, meinen Sie nicht? ... Lügen Sie nicht! ... Und wer als Greis seine Jugendliebe beichtet, so wortreich beichten muss wie ich, ist der nicht auch ziemlich plemplem? ... Oder macht der das vielleicht nur aus Angeberei? Stellen Sie sich vor, ein alter Erfinder legt noch einmal richtig los und erfindet sich eine junge Frau als Geliebte, noch dazu eine prominente, und geht damit renommieren ... Weichen Sie nicht aus! Sie werden eines Tages darauf antworten müssen ... Stellen Sie sich vor, wenn die Leute, ich meine jetzt die, die mich ganz gut kennen, wenn die zu Ihnen sagen: Mit der Ada-Geschichte, da hat er Ihnen aber einen schönen Bären aufgebunden, der Alte. Damit hat er sich nur lustig gemacht über Sie. Das ist so seine Art. Alles erfunden, der hat schon immer gern geflunkert ... Und vielleicht haben die recht, und ich hab Ihnen tatsächlich einen Bären aufgebunden ... Wissen Sie wirklich, mit wem sie es zu tun haben, wenn Sie stundenlang neben einem Erfinder sitzen? Meinen Sie im Ernst, ein Ingenieur, ein Mathematiker könne keine Märchen erfinden? Dann müssen Sie aber noch viel lernen im Leben ... Man wird das mit Ada bezweifeln, man wird Sie anzweifeln, selbst wenn Sie diese Bänder vorlegen. Woher wissen Sie denn, dass ich Sie nicht angelogen habe, um meine Geschichte ein bisschen aufzumotzen? Um meine Heldengeschichte mit einer Frauengeschichte aufzupeppen, wie man heute sagt? Woher wissen Sie, dass Sie nicht reingefallen sind auf mich? Auf einen Verrückten? Oder, noch schlimmer, auf einen ganz normalen Erfinder, einen ziemlich geschickten Erfinder? Das wäre ein schöne Blamage, oder? ... Das ist reizend von Ihnen, dass Sie mir nichts Böses zutrauen, aber alles durchschauen Sie auch nicht, Sie nicht ...

(Ich will nichts korrigieren)

So langsam werd ich müde. Den ganzen Abend und die ganze Nacht reden, das glaubt uns ja keiner, nur Rudi ist Zeuge und der Auerhahn und dieser Haufen Bänder ... Sie haben vorhin, ich meine vor einigen Stunden, den Herrn von Karajan ins Spiel gebracht, der in den Jahren vor seinem Tod alles hat aufnehmen lassen, was er nur konnte, Schallplatten, Filme, Videos. Ich bin da viel bescheidener … Hören Sie, gähnen Sie jetzt bitte nicht, ich bin gleich fertig, ich werde gleich Schluss machen. Also, ich wünsche mir von Ihnen eigentlich nur ein Buch. Was ganz Einfaches, ein Buch aus meinen Sätzen, meinen Meinungen und Spinnereien. Alles, was ich gestern und heute auf Ihre Bänder gesprochen habe. Mit allen Fehlern und schwachen Stellen, wo ich abgeschweift bin, wo ich mir widersprochen habe, wo ich meine Dummheit nicht verstecken konnte. Und wo ich in die altbekannten, gestanzten Sätze zurückgefallen bin, in die Braunschweiger Sätze, die ich auch nicht immer vermeiden kann. Und wo mir die Stimme gezittert hat beim schönen Dreiklang aus A und D und A … Nein, die Abschrift brauchen Sie mir nicht vorzulegen, ich bitte Sie, ich will das nicht auf meinem Tisch liegen haben! Ich war doch wach den ganzen Abend, ich weiß, was ich gesagt habe! Ich will nichts mehr korrigieren oder autorisieren oder fakturieren oder saldieren … Sie dürfen meine Sätze ein bisschen arrangieren und polieren, ich spreche ja leider nicht druckreif. Nur eins dürfen Sie nicht, etwas dazuerfinden. Der Erfinder bin ich, damit das klar ist! … Und wenn Sie die Aufgabe nicht packen, meine Verdienste kann mir sowieso keiner rauben. Die Beweise stehen in den Museen. Mein Name findet sich auf Denkmälern, Schulen, Instituten, Straßenschildern. Machen Sie das mit Verstand, ich werde mich nicht beklagen. Ich werde mich nicht mehr beklagen können und bin auch ganz froh darum. Meine Freunde, die Familie, die werden sich bestimmt beklagen, die werden nicht alles glauben, was ich gesagt habe. Die einen fühlen sich zu wenig gewürdigt und die andern zu viel oder falsch. Man kann es nicht allen recht machen … Deshalb hab ich ja Sie, das müssen Sie dann auf Ihre Kappe nehmen. Stecken Sie die Bänder in einen Safe, meine Stimme ist Beweis genug. Machen Sie damit, was Sie wollen, natürlich im Rahmen unseres Vertrags, bringen Sie das unter die Leute frühestens ein Jahr nach meinem Begräbnis oder zu meinem hundertsten Geburtstag oder irgendwann 2011 oder 2022 oder 2033, es ist egal, Hauptsache, Sie werden meiner Geschichte mit Ada gerecht … Von mir aus dürfen Sie auch Ihren Namen über das Ganze setzen, ich schenke Ihnen dies Gespräch, mein ganzes Palaver, meine akustischen Hinterlassenschaften … Ja, ich wiederhole: Ich schenke Ihnen das alles … Gut, das war's, was ich … Das haben wir hinter uns, auch ohne Notar. Ich bin ziemlich erschöpft jetzt und im Augenblick nicht mehr so sicher, ob ich meine komplette Story den beiden andern Herren Journalisten auch so ausführlich erzählen soll in den nächsten Vollmondnächten. Es ist schon anstrengend, über solche Dinge offen zu sprechen. Soll ich mir das noch einmal zumuten, noch zweimal zumuten? Vielleicht besser nicht. Ein Geheimnis ist doch ein schöneres Geheimnis, je weniger Leute es kennen ... Ich will mir das überlegen, will das auch mit Ada besprechen, wenigstens versuchen mit Ada zu besprechen. Vielleicht ist es wirklich besser, ich schenk es nur Ihnen. Ich lass es bei Ihnen. Volles Risiko ...

(Meine Seele, bitte sehr)

Soll ich ehrlich sein? ... Was sonst! Was schätzen Sie, warum? ... Ich schenk Ihnen das, weil ... Nein, ich muss anders anfangen ... Wissen Sie, seit ein, zwei Stunden hab ich nämlich einen Verdacht, einen ziemlich schrecklichen Verdacht. Da bin ich endlich auf den Trichter gekommen, da hat sich plötzlich der Gedanke festgesetzt: Der Mephisto, der sind Sie ... Lachen Sie nicht ... Sie sind der Geist, der stets bejaht, und das ist Ihr Trick. Sie sagen Ja und Amen zu allem, was ich sage, und so ziehen Sie mir einen Satz nach dem andern aus der Seele. Sie sind es, dem ich meine Seele verkaufe, Sie! Meine intimsten Erlebnisse und Gefühle, meine Geheimnisse und Betriebsgeheimnisse ... Nein, nein, Sie kommen daher als freundlicher Journalist und heucheln Verständnis für alle meine Seelenlagen. Sie lenken mich ab mit der Faust-Sache, und schon haben Sie mich in der Hand. Sie verlocken mich zu sprechen und ... Ja, ich rede gern, das gebe ich zu, aber gleichzeitig falle ich auf Sie herein und verkaufe Ihnen meine Seele scheibchenweise, Satz für Satz, Wort für Wort, Band für Band, den ganzen Stapel. Und in jeder Stunde, die wir hier geredet haben und reden, geht ein neuer Brocken meiner Seele in Ihren Besitz über und damit in die Hölle, in die Höllenmaschine der Medien, um es mal hübsch drastisch zu sagen. Da wird dann alles breitgewalzt und ausgelutscht, in den Schwatzrunden durchgenudelt, in Dreiminutengesprächen runtergekocht, am Ende wird alles durch das Fegefeuer der Fernbedienung gejagt. Und deshalb will ich vom Verkaufen nichts hören. Deshalb soll mir keiner sagen, ich hätte meine Seele verkauft. Deshalb schenk ich

Ihnen das alles, was Sie hier gespeichert haben. Meine Seele, bitte sehr, geschenkt, Herr Mephisto, auf sieben Magnetbändern. Was für ein Schnäppchen! Frohe Weihnachten! ... Die Schenkung widerspricht nicht unserm Vertrag. Auch Sie werden sich an den Vertrag halten. Wie sagte der alte Franz Josef Strauß, pacta sunt servanda oder so ähnlich. Also, Sie werden warten, bis Sie Ihren Triumph auskosten können, meine Seele geschnappt zu haben, Herr Mephisto. Und meine Blamage, dass ich auf Sie reingefallen bin ... Aber ich habe auch einen Triumph ... Sie wissen nicht, und Sie sollen es niemals wissen, ob Sie auf mich reingefallen sind mit der Ada-Geschichte ... Wir sind quitt. Ich weiß nicht, ob ich auf Sie hereingefallen bin, mein lieber Herr Mephisto. Und Sie wissen nicht, ob Sie auf mich ... Eins zu eins, das ist auch binär, eine gerechte Lösung ... Genug für heute, ich werde müde ... Na, stehen Sie auf, ich gehe. Ich mach Schluss, das Diktat ist beendet, Sie sind entlassen, Herr Biograf! ... Wie schön, wenn der Himmel langsam heller wird. Die Sonne wird über dem Soisberg aufgehen, schätz ich ... So lange durchzuhalten, das hatte ich mir vorgenommen. Durchhalten bis zum ersten Morgenlicht. Man muss sich Ziele setzen, die fast unmöglich sind, aber nur fast ... Das war der letzte Spruch aus dem Speicherwerk meiner Altersweisheiten. Mehr kriegen Sie heute nicht serviert. Schluss! Die Sonne muss das jetzt alleine schaffen. Seh ich Sie dann zum Frühstück? So gegen zehn? ... Ja, uns macht man hier um zehn noch Frühstück ... Nun drücken Sie schon, oder sind Sie zu müde? Oder wollen Sie noch aufnehmen, was die Vögel zwitschern? ...

Nach diesen Sätzen sah ich ihn nicht wieder.

Ein Gespräch mit Konrad Zuse (1910–1995) über heimatkundliche Fragen im Sommer 1985, sein (offenbar verschollener) Vortrag »Faust, Mephisto und der Computer«, den ich im Oktober 1994 in der FU Berlin gehört habe, und sein Buch »Der Computer – Mein Lebenswerk« (1984) haben mich zu diesem Roman angestiftet. Weitere Anregungen verdanke ich Renate Chotjewitz-Häfner, Uwe Herms, Ute Hoffmann, Bernd Mahr und Joseph Weizenbaum.

F. C. D.

DIE ZEIT

Nachwort von
Christoph Drösser

Die Frage kenn ich auswendig, in allen Variationen, es ist die Lieblingsfrage Ihrer Zunft. Glauben Sie mir, zu mir kommt kein Journalist ohne diese Frage, und die kritischen Studenten und die technikfeindlichen Leute sowieso …

Dürfen Journalisten von heute jemanden wie Konrad Zuse zu seiner Vergangenheit in der Nazizeit befragen, in diesem Fall posthum? Einen Ingenieur, der kein Parteimitglied war, der sich während des »Dritten Reichs« nichts hat zuschulden kommen lassen? *Rassenforschung am Rechner* überschrieb der *Spiegel* seine Geschichte zum 100. Geburtstag Zuses, bei der *ZEIT* lautete die Überschrift *Tüfteln für den Endsieg.* Starker Tobak. Die Berichterstattung hatte Konsequenzen: Die von der SPD angeregte Umbenennung der Takustraße in Berlin-Dahlem (die an den Kolonialkrieg Deutschlands in China erinnert) in »Konrad-Zuse-Straße« wurde von CDU, FDP und Grünen unter anderem mit Hinweis auf die Medienberichte über Zuse verhindert.

Wie muss man die Rolle Zuses in der Nazizeit bewerten? Der Technikforscher Hans Dieter Hellige von der Universität Bremen hat auf der Jahrestagung der Gesellschaft für Informatik 2010 einen Vortrag gehalten, in dem er sehr ausführlich und differenziert die Wandlung des Ingenieurs beschreibt, vom resignierten Politikverächter zum Forscher für den Endsieg, der noch in den letzten Kriegstagen seine Z4 (in dem ansonsten sehr faktentreuen Roman von F.C. Delius heißt sie, nach Ada Lovelace, A4) vor den Alliierten retten wollte. *Ich war ein Mitläufer, und ich bekenne mich dazu,* sagt Zuse im Roman. Helliges Fazit: »Zuse muss als ein Beispiel jenes vom Selbstverständnis her *unpolitischen* Ingenieurs gesehen werden, der nur seine eigene Visionen verwirklichen wollte, der aber gerade dadurch zu einem willigen Werkzeug des NS-Staates wurde.«

Ich hatte keine andere Wahl, sagt der Roman-Zuse, *nur so konnte ich überleben und, ganz nebenbei, den Computer erfinden.* Der reale Zuse schrieb in der ungedruckten Erstfassung seiner Memoiren: »Tatsächlich bedeutet in einem totalitären Staat die wissenschaftliche und technische Arbeit eine Rückzugsmöglichkeit für freie Geister, die sich dem System allgemein nicht unterzuordnen gewillt sind.

In Laboratorien und Konstruktionsbüros können diese Leute eine Art Klosterdasein führen, den Blick nur auf ihre Arbeit gerichtet und abgewendet von den täglichen Propagandaparolen der Außenwelt.« *Ich musste mitmachen, wenn ich meine A2 und die A3 vorantreiben wollte mit faustischem Drang oder aus Liebe zu Ada.*

Diese Selbstdarstellung als eine Art Mönch, der in der inneren Emigration, die Herrschenden verachtend, seine Mission verfolgt, hält neueren Forschungen nicht stand. Zuse genoss im NS-Staat Privilegien, er wurde vom Kriegsdienst freigestellt, und er flocht die Leistung seiner bescheidenen Firma durchaus geschickt ein in das Netzwerk des militärisch-industriellen Komplexes. Die staatlichen Zuschüsse für die Entwicklung der Z4 wurden von Jahr zu Jahr größer, auch wenn die Gesamtsumme von etwa 300000 Reichsmark im Vergleich zu anderen Projekten eher klein war.

Den persönlichen Wandlungsprozess, den Zuse in den Jahren der Diktatur und des Krieges durchmachte und der typisch ist für viele Forscher in dieser Zeit, beschreibt Hans Dieter Hellige mit dem Begriff »Selbstmobilisierung«. Am Anfang steht das Bestreben, in einem ungeliebten System zu überleben und einfach seine Arbeit machen zu können – am Ende stehen das Denken in den Kategorien des Krieges und die Arbeit an militärischen Projekten. *Und ich gestehe freimütig, dass ich nicht gezögert habe, meinen kleinen Beitrag zu leisten, die Zivilbevölkerung vor britischen und amerikanischen Bomben zu schützen.*

Zuses Entwicklung der Rechenmaschinen war zu Anfang völlig zivil ausgerichtet. Es ging darum, Ingenieure von mühseliger Rechenarbeit zu befreien. In den Dreißigerjahren dann dachte er immer mehr über militärische Anwendungen seiner Erfindung nach – denn dafür gab es Gelder, die der stets klamme Erfinder dringend brauchte. So beschrieb er einen möglichen Einsatz als Chiffriermaschine im Felde, zu dem es nie kam (die Engländer dagegen setzten später ihre ersten Computer ein, um verschlüsselte Nachrichten der Deutschen zu *de*chiffrieren).

Nach Kriegsbeginn konnte er nur noch mit militärischer Begründung dem Fronteinsatz entgehen und Fördergelder bekommen. *Kriegswichtig, das war das entscheidende Kriterium, wenn man arbeiten wollte.* Flugabwehr, Raketensteuerung, aber auch schon atomtheoretische Berechnungen waren die möglichen Anwendungen, mit denen er seine Rechenmaschinen anpries. Für die Henschel-Flugzeugwerke baute er schließlich die Spezialmaschine S 1, mit der Flugbomben gesteuert wurden.

Aber Zuse hatte nicht nur waffentechnische Anwendungen seiner Maschinen im Sinn. Seine Visionen gingen viel weiter und sind heute erstaunlich, teilweise erschreckend aktuell. Konrad Zuse sah den Computer eben nicht nur (wie seine Konkurrenten in den USA) als Rechenknecht, der den Ingenieuren Arbeit abnahm. In genialer Weise sah er das Potenzial dieser Maschinen für die soziale Organisation des Gemeinwesens voraus, für die Volkswirtschaft und die Politik. Diese Arbeiten bauen auf den Gedanken seines großen Vorbilds Leibniz auf, der in seiner *Ars combinatoria* schon im 17. Jahrhundert eine Gesellschaft vorhersah, in der alle strittigen Fragen auf ihren rationalen Kern reduziert werden – und dann rechnet man die Antwort einfach aus. Seit 1938 arbeitete Zuse am Konzept des »Allgemeinen Rechnens«. Die Computer, so seine Vision, könnten alle Prozesse einer Gesellschaft erfassen, in großen Speichern hinterlegen und auf diesem Hintergrund zu vernünftigeren Entscheidungen kommen, als es einem Menschen möglich wäre. In seiner Vorstellung gab es bereits große Rechen- und Speicherzentren, die über Fernmeldeleitungen miteinander verbunden waren.

Zuse entwarf zentrale Warenwirtschaftssysteme, wie sie heute von jeder Discounterkette eingesetzt werden. Jede Information sollte zu jeder Zeit abrufbar sein. Und nicht nur Informationen über Geld- und Warenströme – in seiner Vision gab es sogar schon die automatische Erfassung des Verbraucherverhaltens, lange vor der Einführung von Internet-Cookies und Kundenkarten: »Der Tagesumsatz einzelner Artikel sowie der Gesamtumsatz kann sofort errechnet werden, desgleichen statistische Erhebungen über die Zahl der Kunden, Beliebtheit einzelner Artikel usw.« In seinen Entwürfen zukünftiger Fabriken sollten Computer nicht nur die Daten verarbeiten, sondern direkt und automatisch die Produktionsprozesse steuern – man kann das als geniale Vorausschau der digitalen Zukunft betrachten oder auch als hoffnungslose Selbstüberschätzung angesichts der Tatsache, dass seine klappernden Rechenmaschinen immer noch an den einfachsten Aufgaben scheiterten.

Diese Vorstellung der zentralen Erfassung und Steuerung aller Prozesse bezog Zuse aber ausdrücklich nicht nur auf einzelne

Wirtschaftsbetriebe, sondern auf die gesamte Gesellschaft. Wenn alle sozialen Daten zentral erfasst würden, so die Vorstellung, sei eine vernünftige zentrale Steuerung des gesamten Gemeinwesens möglich, jenseits von Ideologie und Politik. »Zuse schwebte eine Art *Rechenplanwirtschaft* vor, die die Volkswirtschaft als einen rechnenden und berechenbaren Raum begreift und damit den Gegensatz von freiwirtschaftlichen und planwirtschaftlichen Systemen überbrückt«, schreibt Hellige.

Die in solchen Systemen erfassten Daten sollten nicht nur wirtschaftlicher Natur sein. Im Oktober 1944, ein halbes Jahr vor Ende des Krieges, beschreibt Zuse in seiner Patentanmeldung eine mögliche Anwendung des Rechners: die »Erfassung der Gefolgschaftsmitglieder in Großbetrieben«. Ein Vorläufer heutiger Personalkarteien, die wir zu Recht misstrauisch beäugen. Auch nach dem Krieg führte Konrad Zuse diese Ideen fort, in einem Artikel von 1946/47 mit dem Titel *Neuartige Einrichtung der Gefolgschaftskontrolle mit Hilfe von Zuse-Geräten.* Jedem, der das Ringen um den Datenschutz in den letzten Jahrzehnten miterlebt hat, muss bei der Lektüre das Grausen kommen: Der Bürger beziehungsweise Mitarbeiter wird permanent überwacht. »Ebenso wird laufend registriert, wer in besonders wichtigen Abteilungen zu bestimmten Zeiten anwesend ist. Diese Daten können für den Geheimdienst von Interesse sein«, schreibt Zuse.

Und selbstverständlich macht die Kontrolle nicht am Fabriktor halt: »Jedes Passieren einer Sperre bei Bahnhöfen, Ämtern, Pförtnerlogen, jedes Abholen einer Bescheinigung [...] dürfen mit einer Kontrolle des Ausweises verbunden werden. Man könnte auf diese Weise eine wirklich wirksame Personalkontrolle erzielen, ohne dass sich der Einzelne kontrolliert fühlt. [...] Die Verbindungen des Verwaltungsapparates mit dem Publikum sollen nach psychologischen Gesichtspunkten so gestaltet werden, dass das Publikum nicht den Eindruck hat, einer Kontrolle zu unterliegen.«

Diese Sätze wurden geschrieben, bevor George Orwell *1984* verfasste. Wohlgemerkt, sie sind nicht Ausdruck eines nationalsozialistischen oder völkischen Denkens. Sie beschreiben ganz realistisch die möglichen Anwendungen der digitalen Technik, von denen auch später viele geträumt haben – vom BKA-Präsidenten Horst Herold, der mit seiner Rasterfahndung Terroristen einkreisen wollte, bis zum Facebook-Gründer Mark Zuckerberg, der die persönlichen Daten von Millionen sammelt, um sein soziales Netzwerk von Tag zu Tag angenehmer zu gestalten. Es ist die technokratische Vorstellung einer auf Vernunft und Berechenbarkeit basierenden Gesellschaft, die den möglichen Missbrauch völlig ausblendet. Man mag sich kaum vorstellen, wie die Nazis diese Technik eingesetzt hätten, wenn sie ihnen tatsächlich zur Verfügung gestanden hätte.

»Zuse brauchte lange, um zu begreifen, welches Glück er gehabt hatte, dass seine Erfindungen und seine Nutzungskonzepte nicht mehr Bestandteil der technischen Infrastruktur der NS-Diktatur wurden«, schreibt Hans Dieter Hellige, »und dass ihm durch glückliche Umstände eine weitaus tiefere Verstrickung in die unmenschlichen Strukturen der NS-Kriegswirtschaft erspart geblieben war.« Zuse war einerseits eine tragische Figur, weil er isoliert von der internationalen Wissenschaft seine Erfindung machte, ohne die wirtschaftlichen Früchte seiner Arbeit und die gebührende Anerkennung ernten zu können. Gleichzeitig hatte er Glück, dass sein Computer noch in den Kinderschuhen steckte und von den Nazis noch nicht zur Anwendung gebracht werden konnte.

War Konrad Zuse ein Nazi? Nein. War er ein nützliches Rädchen im Getriebe des nationalsozialistischen Unrechtsstaats? Ja. Soll man Straßen nach ihm benennen? Selbstverständlich. Denn alle Verstrickungen in die Kriegswirtschaft schmälern nicht seine wissenschaftlich-technische Leistung, für die er viel zu spät die angemessene Anerkennung bekommen hat.

Aber ehe Sie den Stab über uns brechen, denken Sie bitte mal an die Ärzte, die all die jungen Kerle tauglich geschrieben haben, oder an die Juristen, die Todesurteile verhängt haben, wenn jemand ein Brot geklaut hat, an die Lehrer, die den Kindern die Propaganda eingetrichtert haben, denken Sie an die Verwaltungsbeamten, die den ganzen Naziapparat geschmiert haben mit ihrem kriechenden Wohlwollen.

Alle kursiv gesetzten Zitate stammen aus Friedrich Christian Delius' Roman.

22. Juni 1910
Konrad Zuse wird in Berlin-Wilmersdorf geboren.

1928
Abitur in Hoyerswerda.

1935
Abschluss als Diplomingenieur an der Technischen Hochschule Berlin-Charlottenburg (heute Technische Universität Berlin), Anstellung bei den Henschel-Flugzeugwerken in Dessau.

1938
Im Wohnzimmer seiner Eltern stellt Zuse die Z1 fertig, die allerdings aufgrund des rein mechanischen Schaltwerks sehr unzuverlässig arbeitet.

1939
Die Z2 wird gebaut, ein Prototyp, der mit elektromechanischen Relais schaltet.

1941
Die Z3 gilt als der erste funktionsfähige, programmierbare Computer der Welt.
Zuse meldet die Z3 zum Patent an. Veröffentlicht wird das Patent erst 1952. Die Firmen Triumph und IBM erheben Einspruch. Schließlich entscheidet das Bundespatentgericht 1967, dass für den Computer »mangels Erfindungshöhe« kein Patent erteilt werden kann.

1942/43
Zuse baut für die Henschel-Flugzeugwerke die Spezialrechner S1 und S2, die für die Vermessung von Flügelbomben eingesetzt werden. Mit staatlicher Förderung arbeitet Zuse an der Z4.

1943
In Großbritannien wird der Spezialcomputer Colossus gebaut, mit dem deutsche Funksprüche entschlüsselt werden.

1944
In einem Henschel-Werk verwirklicht Zuse die erste Prozesssteuerung per Computer mit Analog-digital-Wandlern.

1945
Ehe mit Gisela, geb. Brandes, mit der er fünf Kinder hat. Flucht mit der Familie und der Z4 von Berlin ins Allgäu.

1945/46
Zuse entwirft eine Computersprache mit dem Namen »Plankalkül«, die er aber nie veröffentlicht. Erst 2000 wird sie erstmals implementiert.

1946
In den USA wird der ENIAC gebaut, der erste elektronische digitale Universalrechner.

1949
Zuse gründet in Neukirchen (Kreis Hünfeld) die Zuse KG. Im Lauf ihrer Geschichte baut sie 251 Computer. Die Typen heißen weiterhin Z5, Z6 bis Z64.

1950
Die Z4 ist der erste kommerzielle Computer weltweit.

1955
Die Oprema wird gebaut, der erste Computer der DDR.

1964
Zuse muss wegen Überschuldung die Anteile an seiner Firma abgeben. Die Firma wird zunächst von Schweizer Konzern Brown, Boveri & Cie. (BBC), dann von Siemens übernommen.

1969
Zuse veröffentlicht die Schrift *Rechnender Raum,* in der er den Kosmos als großen Computer begreift und die Idee der zellulären Automaten vorwegnimmt.

1983
Öffentliche Vorlesung an der Technischen Hochschule Ilmenau in der DDR.

1984
Zuses Autobiografie *Der Computer – Mein Lebenswerk* erscheint.

18. Dezember 1995
Konrad Zuse stirbt in Hünfeld bei Fulda.

7/2013 Vrsar